尤利乌斯·恺撒

这尊大理石半身雕像展现了恺撒的力量和智慧，以及他的皱纹和凹陷的面颊
(*Scala / Art Resource, NY*)

公元前44年发行的恺撒硬币

头戴桂冠的独裁官侧面像。经辨认，此为凯旋将军，即征服将军恺撒

(©BnF, dist. RMN-Grand Palais / Art Resource, NY)

庞培

恺撒最大的竞争对手

(Alinari / Art Resource, NY)

马克·安东尼

这尊大理石半身雕像展示了这位全力支持恺撒的军人政治家

(*Scala / Art Resource, NY*)

屋大维

这位后来的奥古斯都皇帝蓄着胡须,以此悼念尤利乌斯·恺撒

(*Erich lessing / Art Resource, NY*)

布鲁图斯

一些人认为,这尊大理石半身雕像为马尔库斯·尤尼乌斯·布鲁图斯,刺客中最著名的一位
(*photo 56.938, DAL-Rom*)

西塞罗

罗马最伟大的演说家,恺撒主要的反对者
(*Alinari / Art Resource*,NY)

罗马上流社会的妇女

请注意她折叠精巧的衣服、悉心梳理的头发和镇定端庄的表情。这是一尊公元前1世纪晚期的镀金铜像,身份不明,出自佩尔戈拉(Pergola)的卡尔托切托(Cartoceto)群像

(Scala / Art Resource, NY)

克利奥帕特拉和恺撒里昂浮雕

埃及丹德拉(Dendera)的哈索尔神庙(Temple of Hathor)。在其他地方,克利奥帕特拉被描绘成希腊人,但在这里,她和她与恺撒生下的儿子则被描绘为埃及人

(HIP/Art Resource, NY)

恺撒广场

维纳斯神庙及骑马的恺撒雕像,由艺术家奥林多·格罗西(Olindo Grossi,1909—2002年)创作

(©*American Academy in Rome 2014*)

卡西乌斯

一些人认为,这尊大理石雕像为盖乌斯·卡西乌斯·朗吉努斯,刺杀恺撒的主要刺客之一,亦为布鲁图斯的内弟

(*Montreal, Museum of Fine Arts*)

庞培花园与柱廊

意大利艺术家奥古斯托·特拉巴基（Augusto Trabacchi，卒于1975年）创作

(©*American Academy in Rome 2014*)

EID MAR

马尔库斯·尤尼乌斯·布鲁图斯银币上的3月15日字样，银币的一面为布鲁图斯侧面像，另一面为两把匕首和一项自由奴隶帽

(©*American Academy in Rome 2014*)

《恺撒之死》

用油画描绘的传奇一幕,法国艺术家让-里奥·杰罗姆创作于1867年

(Walters Art Museum, Baltimore)

恺撒之死

THE DEATH
The Story of History's Most Famous Assassination
OF
CAESAR

[美] 巴里·施特劳斯 著
（Barry Strauss）
苏前辉 译

献给玛西娅

目 录
CONTENTS

人物简介   1
大事记   7
地　图   11

第一部分　重返罗马　　1
RETURN TO ROME

   第一章　并辔同行   3
   第二章　精英人物   17
   第三章　庄园决策   31
   第四章　终极凯旋   51

第二部分　石上血迹　　69
BLOOD ON THE STONES

   第五章　酝酿阴谋   71

第六章　征募杀手	91
第七章　恺撒离家	113
第八章　实施谋杀	133
第九章　风雨共和	149
第十章　葬礼记忆	173

第三部分　归　途　　　　　　　　　　189
THE ROAD BACK

第十一章　为意大利而战	191
第十二章　报仇雪耻	215
第十三章　奥古斯都	237

参考文献	247
尾　注	269
致　谢	303
译后记	307

人物简介
CAST OF CHARACTERS

恺撒及其部下

恺撒，全名盖乌斯·尤利乌斯·恺撒（Gaius Julius Caesar，前100—前44年）。杰出的政治家、将军和作家，最后成为终身独裁官。恺撒是当时最具争议的人物，很多罗马人担心他自立为王并损害自己的利益，遂决定将其暗杀。享年55岁（据信）。

屋大维，全名盖乌斯·尤利乌斯·恺撒·屋大维（Gaius Julius Caesar Octavianus，前63—公元14年），原名盖乌斯·屋大维乌斯（Gaius Octavius），后为"凯旋将军·恺撒·神之子"，最终被尊为奥古斯都（Augustus）。恺撒这位才华横溢、冷峻果敢的甥孙和义子历经当时凶险的政治旋涡，成就了"奥古斯都"威名，成为罗马帝国开国皇帝。公元前44年3月15日恺撒遇刺时，屋大维18岁。

马克·安东尼（Mark Antony），即马尔库斯·安东尼乌斯（Marcus Antonius，约前83—前30年）。恺撒的得力将军之一，他以政治家的精明挫败刺客们，赢得了克利奥帕特拉的芳心，成为立于罗马帝国权势巅峰的两人之一，仅为屋大维所败。公元前44年时，39岁。

李必达，全名马尔库斯·埃米利乌斯·李必达（Marcus Aemilius Lepidus，约前89—前12年），恺撒的将军之一，其忠实的追随者。恺撒遇刺时，他统率一支军团驻扎在罗马。他原为大祭司，后为后三头同盟之一，但遭到安东尼和屋大维的排挤。公元前44年时，45岁。

行刺主谋

布鲁图斯，全名马尔库斯·尤尼乌斯·布鲁图斯（Marcus Junius Brutus，约前85—前42年）。布鲁图斯的声名、善辩和德行方面的声望使他在暗杀者中最负盛名，并成为他们的代言人。从不太积极的一面看，他有背叛倾向，并且会勒索居民的钱财。他希望除掉恺撒，又不想发动革命、侵扰和平，这简直就是痴人说梦。公元前44年时，40岁。

卡西乌斯，全名盖乌斯·卡西乌斯·朗吉努斯（Gaius Cassius Longinus，约前86—前42年）。他是一位军人，也是庞培的支持者，可能是阴谋策划者。在最后反目之前，他只是极为勉强地接受恺撒。卡西乌斯主张采取的手段比他内兄布鲁图斯更加严酷。公元前44年时，41岁。

德奇姆斯，全名德奇姆斯·尤尼乌斯·布鲁图斯·阿尔比努斯（Decimus Junius Brutus Albinus，约前81—前43年）。常被人们遗忘的德奇姆斯，是谋害恺撒的第三个主要人物。他出身于贵族家庭，作为一名才华卓越的青年将军，在随恺撒征战高卢时崛起；后来与之反目，可能是出于对共和原则的维护，也可能由于抱负受挫，或者两者兼具。他在意大利和高卢皆与安东尼为敌，遭人出卖后被处死。公元前44年时，37岁。

特雷博尼乌斯，全名盖乌斯·特雷博尼乌斯（Gaius Trebonius，约前90—前43年）。作为恺撒的主将之一，特雷博尼乌斯在针对恺撒的阴谋中发挥了举足轻重的作用，后遭人出卖而被杀害。公元前44年时，46岁。

卡斯卡，全名普布利乌斯·塞维利乌斯·卡斯卡（Publius Servilius Casca），或许卒于公元前42年。在3月15日这天，他率先向恺撒发难。公元前43年，他担任平民保民官，之后随布鲁图斯东征腓立比，或许阵亡于此地，或许尔后自刎。

盖乌斯·卡斯卡，全名盖乌斯·塞维利乌斯·卡斯卡（Gaius Servilius Casca），普布利乌斯之弟，正是他击中了恺撒的肋骨，而这极可能是致命一击。

辛布尔，全名卢基乌斯·提利乌斯·辛布尔（Lucius Tillius Cimber），或许卒于公元前42年。尽管辛布尔是出了名的闹事者和酒鬼，恺撒却十分喜爱这位军官，但是辛布尔却背叛了恺撒。在3月15日这天，他从恺撒肩上扯下外袍，示意开始行动。在担任比提尼亚总督期间，他支持布鲁图斯和卡西乌斯。他参加了腓立比之战，或许亡于此地。

庞提乌斯·阿奎拉（Pontius Aquila），卒于公元前43年。身为平民保民官的他，在公元前45年恺撒凯旋时拒绝起立，故而冒犯了恺撒。他极可能就是那个庄园被恺撒没收了的庞提乌斯·阿奎拉。在公元前43年的战斗中，阿奎拉效命于德奇姆斯，战死疆场。

女性人物

塞维莉娅，全名塞维莉娅·凯皮欧（Servilia Caepio），生于约公元前

100年，卒于公元前42年之后。高贵的塞维莉娅是布鲁图斯的母亲，卡西乌斯和李必达的岳母，加图的异父姐姐，恺撒的情妇，全罗马最有人脉、最具权势的女人。因此，对于刺杀恺撒的阴谋，还有谁会比她更加纠结呢？公元前44年时，55岁。

克利奥帕特拉（Cleopatra VII Philopator，埃及女王克利奥帕特拉七世，前69—前30年）。这位极富传奇色彩的女王是那个时代两位最具权势的罗马人的情人，首先是尤利乌斯·恺撒，之后是马克·安东尼。公元前44年时，25岁。

尤尼娅·特尔提娅（Junia Tertia），卒于公元22年。塞维莉娅之女，卡西乌斯之妻，据传是恺撒的情妇。

卡普尼娅，全名卡普尼娅·皮索尼斯（Calpurnia Pisonis）。她是恺撒第三任（亦是最后一任）妻子，出生于贵族政治家庭。在3月15日这天，她力阻恺撒前往元老院，但是未能成功。公元前44年时，33岁。

富尔维娅，全名富尔维娅·弗拉卡（Fulvia Flacca，约前75—前40年）。她先后嫁给了克洛狄乌斯（Clodius）、库里奥（Curio）和马克·安东尼，是那个时代极有能力的女人之一。在恺撒的葬礼上，她隐在幕后操纵着安东尼，并于公元前41年招募了一支军队。公元前44年时，30岁。

波契娅，又名波西娅（Portia），全名波契娅·加图尼斯（Porcia Catonis），卒于公元前42年。她是加图之女，在第一任丈夫去世后，嫁给了表兄布鲁图斯。或许是她促成了布鲁图斯转而对抗恺撒。无论如何，她知晓丈夫密谋刺杀恺撒。公元前44年时，大约25岁。

阿提娅（Atia），卒于公元前43年至公元前42年。恺撒的外甥女，屋大维（后来的奥古斯都）之母，正是她将3月15日的恐怖事件告知了远在国外的儿子。

塞姆普罗妮娅，全名塞姆普罗妮娅·图蒂塔娜（Sempronia Tuditana）。她是德奇姆斯之母，因智慧、美貌、私通和革命性政治观点而负有盛名。她在公元前63年支持喀提林（Catiline），时常邀请他的高卢盟友来家中做客。

葆拉，全名葆拉·瓦莱里娅（Paula Valeria），德奇姆斯之妻。公元前50年，德奇姆斯从海外班师归来之日，她休了前夫改嫁德奇姆斯，此事招至颇多闲言碎语。此后，她一直忠于德奇姆斯，至死不渝。

阴谋家之友

西塞罗，全名马尔库斯·图利乌斯·西塞罗（Marcus Tullius Cicero，前106—前43年）。当时最伟大的演说家和政治理论家，内战中他支持庞培，但与恺撒关系甚好。后来他又支持刺客，殚精竭虑迎战安东尼，并在与屋大维的结盟上孤注一掷，结果失败，于公元前42年被处死。公元前44年时，62岁。

多拉贝拉，全名普布利乌斯·科尔内利乌斯·多拉贝拉（Publius Cornelius Dolabella，前70—前43年）。多拉贝拉是一个变节分子，他由支持庞培转而支持恺撒，继而支持阴谋集团，后又为了获取东方显赫的控制权投靠安东尼。他背信弃义地杀害了特雷博尼乌斯，后被卡西乌斯大军击溃，自戕。

西纳，全名卢基乌斯·科尔内利乌斯·西纳（Lucius Cornelius Cinna）。公元前44年任裁判官，是恺撒前内弟，明目张胆在公开场合支持行刺者，结果激起众怒。

其他（中立者、未卷入者和隔辈之人）

小加图，全名马尔库斯·波尔奇乌斯·加图（Marcus Porcius Cato，前95—前46年）。杰出的元老，斯多葛哲学思想的信奉者，恺撒的政敌。他宁死不降恺撒，其行为激励了人们奋而反抗恺撒。

庞培，全名格涅乌斯·庞培·马格努斯（Cnaeus Pompeius Magnus，前106—前48年）。作为一名将军和政治家，他在公元前1世纪中叶时的地位仅次于恺撒，曾为其盟友及女婿，后来反目成为主要对手，最终引发内战。

格涅乌斯·庞培（Cnaeus Pompeius，约前75—前45年），庞培长子，在蒙达（Mundan）*战役中被恺撒击败。

塞克斯都·庞培，全名塞克斯都·庞培·马格努斯·皮乌斯（Sextus Pompeius Magnus Pius，约前67—前35年）。庞培幼子，率领海军抗衡屋大维和安东尼。

拉比努斯，全名提图斯·拉比努斯（Titus Labienus），死于公元前45年。是恺撒征战高卢时的得力助手，内战中则支持庞培，拼死抗击恺撒。

阿提库斯，全名提图斯·庞波尼乌斯·阿提库斯（Titus Pomponius Atticus，前110—前32年）。他是银行家、罗马骑士、西塞罗之友兼通信员，有较好的政治人脉。公元前44年时，66岁。

德奥塔鲁斯（Deiotarus，加拉提亚国王，约前107—约前40年），一个诡计多端、手段凶狠的政治幸存者，在罗马派系中屡屡变换立场，公元前47年时被指阴谋杀害恺撒。公元前44年时，约63岁。

---

* 位于西班牙行省西南部。——译者

大事记
CHRONOLOGY

公元前 100 年 7 月 13 日　　尤利乌斯·恺撒诞生
公元前（约）86 年 10 月 3 日　　卡西乌斯诞生
公元前（约）85 年　　布鲁图斯诞生
公元前（约）83 年 1 月 14 日　　马克·安东尼诞生
公元前 82 至公元前 80 年　　苏拉独裁统治时期
公元前（约）81 年 4 月 21 日　　德奇姆斯诞生
公元前 63 年 9 月 23 日　　屋大维诞生
公元前 61 年　　恺撒深入伊比利亚半岛腹地
公元前 60 年　　前三头同盟
公元前 59 年　　恺撒首任执政官时期
公元前 58 年至公元前 50 年　　恺撒征服高卢
公元前 57 年夏　　萨比斯战役
公元前 55 年　　庞培建筑群落成
公元前 53 年　　卡莱战役
公元前 52 年夏　　阿莱西亚攻城战

公元前 49 年 1 月 10 日	恺撒跨越卢比孔河
公元前 49 年春至秋	马西利亚攻城战
公元前 48 年 8 月 9 日	法萨罗之战
公元前 48 年 9 月 28 日	庞培去世
公元前 48 年秋	恺撒遇见克利奥帕特拉
公元前 46 年 4 月	加图去世
公元前 46 年 9 月 21 日—10 月 2 日	恺撒四大凯旋盛典
公元前 46 年 9 月 26 日	母神维纳斯神庙落成
公元前 45 年 3 月 17 日	蒙达战役
公元前 45 年 8 月	恺撒、安东尼、德奇姆斯和屋大维同行
公元前 45 年 9 月 13 日	恺撒为屋大维修改遗嘱
公元前 45 年 10 月	恺撒第五次凯旋
公元前 45 年 12 月 31 日	恺撒任命一日执政官
公元前 44 年 1 月 26 日	"我本恺撒,非雷克斯也"
公元前 44 年 1—2 月	恺撒成为终身独裁官
公元前 44 年 2 月 15 日	牧神节;恺撒拒绝王冠
公元前 44 年 3 月 15 日	恺撒遇刺
公元前 44 年 3 月 17 日	赦免刺客
	恺撒的法令获得通过
公元前 44 年 3 月 20 日	恺撒葬礼
公元前 44 年 6 月 7 日	安提乌姆会议
公元前 44 年 8 月	布鲁图斯与卡西乌斯离开意大利
公元前 43 年 4 月 14 日	弗鲁姆·加罗路姆战役
公元前 43 年 4 月 21 日	穆提纳之战

公元前 43 年 8 月 19 日	屋大维首次任执政官
公元前 43 年 9 月	德奇姆斯去世
公元前 43 年 11 月 27 日	后三头同盟成立
公元前 43 年 12 月 7 日	西塞罗去世
公元前 42 年 10 月 3 日	第一次腓立比战役
	卡西乌斯去世
公元前 42 年 10 月 23 日	第二次腓立比战役
	布鲁图斯去世
公元前 35 年	塞克斯都·庞培去世
公元前 31 年 9 月 2 日	亚克兴战役
公元前 30 年 8 月 1 日	安东尼自杀
公元前 30 年 8 月 12 日	克利奥帕特拉自杀
公元前 30 年	埃及成为罗马行省
公元前 29 年 8 月 18 日	尤利乌斯神庙落成
公元前 27 年 1 月 16 日	屋大维获"奥古斯都"封号

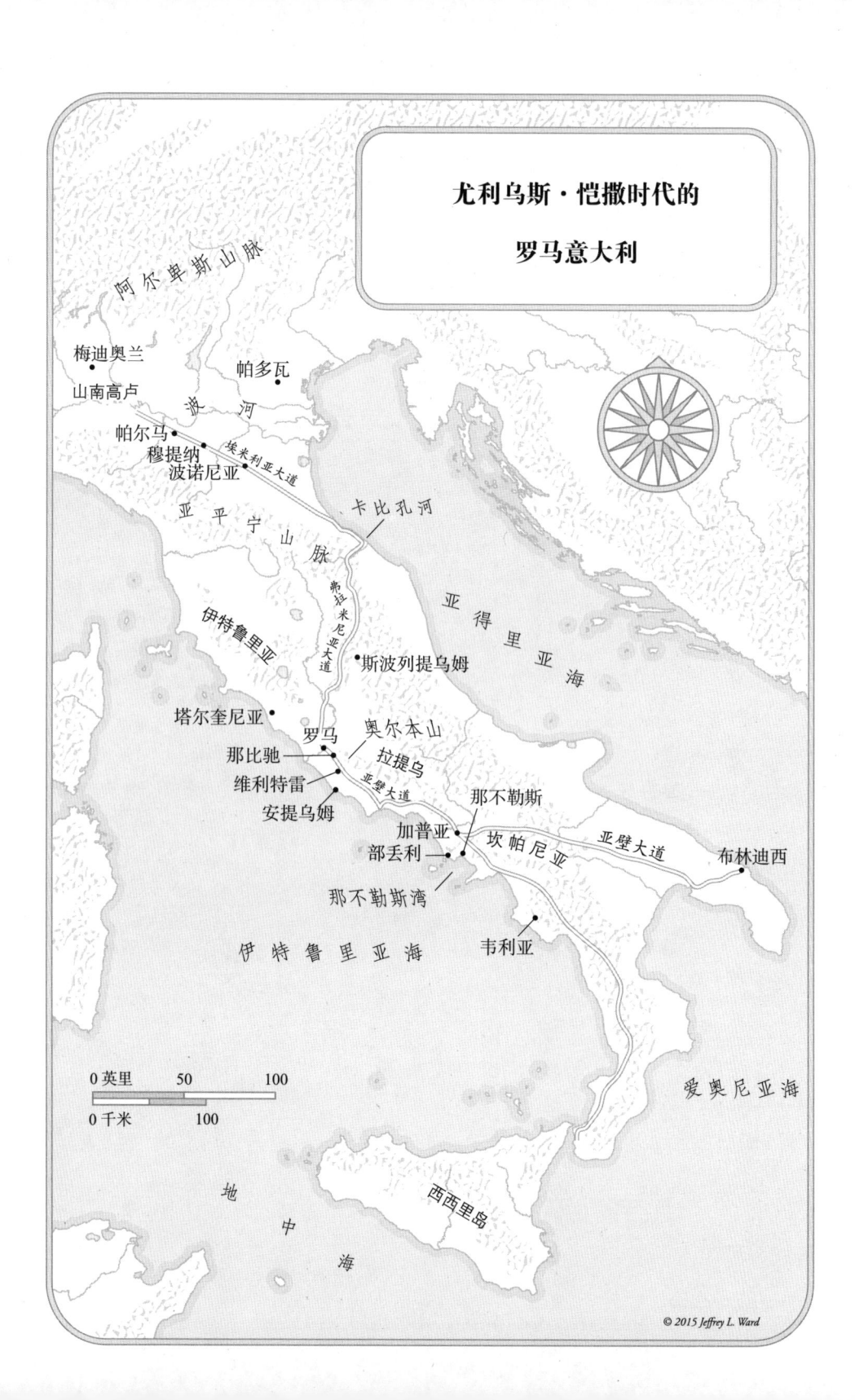

尤利乌斯·恺撒时代的罗马意大利

- 梅迪奥兰
- 山南高卢
- 帕多瓦
- 阿尔卑斯山脉
- 波河
- 帕尔马
- 穆提纳
- 波诺尼亚
- 埃米利亚大道
- 亚平宁山脉
- 卡比孔河
- 伊特鲁里亚
- 弗拉米尼亚大道
- 斯波列提乌姆
- 亚得里亚海
- 塔尔奎尼亚
- 罗马
- 奥尔本山
- 那比驰
- 拉提乌
- 维利特雷
- 亚壁大道
- 那不勒斯
- 安提乌姆
- 加普亚
- 坎帕尼亚
- 亚壁大道
- 布林迪西
- 部丢利
- 那不勒斯湾
- 韦利亚
- 伊特鲁里亚海
- 爱奥尼亚海
- 地中海
- 西西里岛

0 英里　50　100
0 千米　　100

© 2015 Jeffrey L. Ward

地图中文字标注：

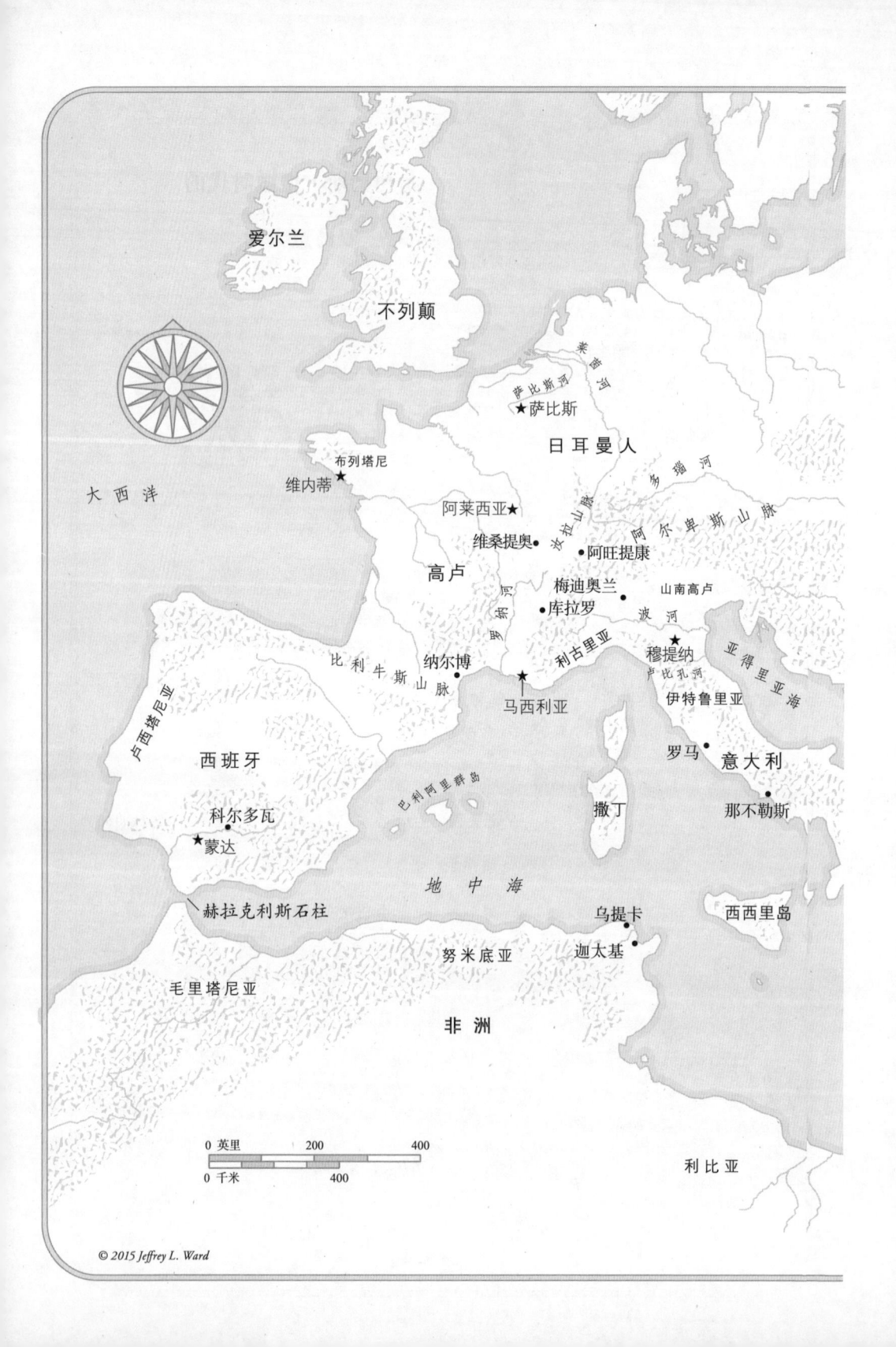

- 爱尔兰
- 不列颠
- 大西洋
- 萨比斯河
- 莱茵河
- ★ 萨比斯
- 日耳曼人
- 多瑙河
- 布列塔尼
- 维内蒂
- 阿莱西亚 ★
- 汝拉山脉
- 阿尔卑斯山脉
- 维桑提奥
- 阿旺提康
- 高卢
- 梅迪奥兰
- 山南高卢
- 库拉罗
- 波河
- 利古里亚
- 穆提纳 ★
- 亚得里亚海
- 比利牛斯山脉
- 纳尔博
- 卢比孔河
- 伊特鲁里亚
- 马西利亚 ★
- 卢西塔尼亚
- 西班牙
- 巴利阿里群岛
- 撒丁
- 罗马
- 意大利
- 那不勒斯
- 科尔多瓦
- ★ 蒙达
- 地中海
- 乌提卡
- 西西里岛
- 赫拉克利斯石柱
- 努米底亚
- 迦太基
- 毛里塔尼亚
- 非洲
- 利比亚

0 英里 200 400
0 千米 400

© 2015 Jeffrey L. Ward

罗马世界
（尤利乌斯·恺撒时期）

★ 古战场

塞西亚

克里米亚

达西亚

多瑙河

黑海

伊利里亚

亚得里亚海

马其顿

色雷斯
腓立比

本都
★ 泽拉

亚美尼亚

比提尼亚

阿波罗尼亚
卡尔迪亚
特洛伊

加拉太

布林迪西
法萨罗
★
希腊
亚克兴

爱琴海

土麦那
以弗所

亚细亚

安纳托利亚

★ 卡莱

塔尔苏斯

西里西亚

叙利亚

雅典

尼多斯

罗得岛

塞浦路斯

大马士革

克里特岛

帕提亚帝国

犹地亚

耶路撒冷

地中海

亚历山大

埃及

尼罗河

阿拉伯半岛

罗马（恺撒时期）

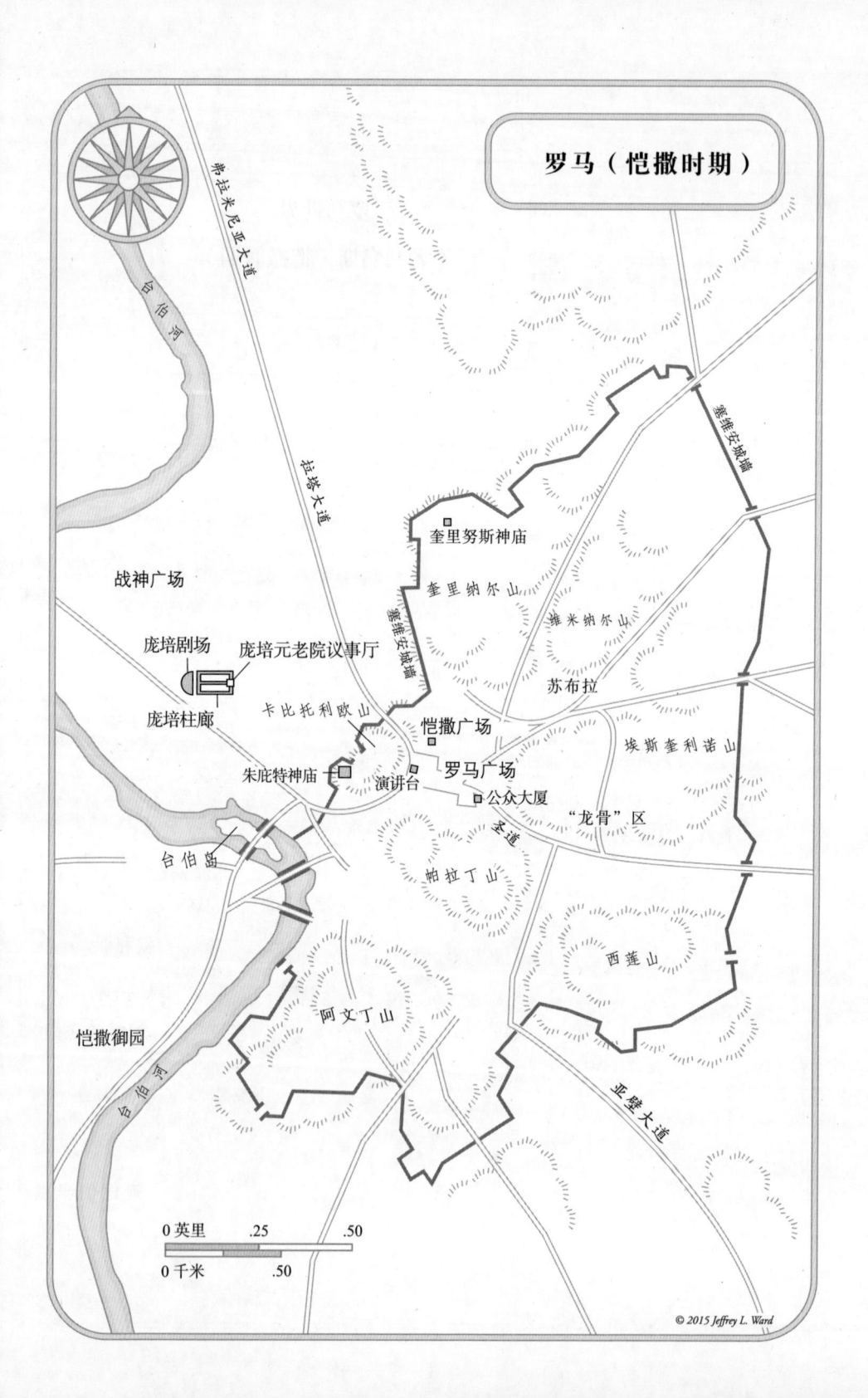

- 弗拉米尼亚大道
- 台伯河
- 拉塔大道
- 战神广场
- 庞培剧场
- 庞培元老院议事厅
- 庞培柱廊
- 卡比托利欧山
- 奎里努斯神庙
- 奎里纳尔山
- 维米纳尔山
- 苏布拉
- 塞维安城墙
- 恺撒广场
- 朱庇特神庙
- 演讲台
- 罗马广场
- 公众大厦
- 埃斯奎利诺山
- "龙骨"区
- 台伯岛
- 圣道
- 帕拉丁山
- 恺撒御园
- 台伯河
- 阿文丁山
- 西莲山
- 亚壁大道

0 英里 .25 .50
0 千米 .50

© 2015 Jeffrey L. Ward

RETURN
TO
ROME

第一部分
重返罗马

THE
DEATH
OF
CAESAR

RIDING

WITH

CAESAR

第一章　并辔同行

公元前45年8月[1]，距"3月15日事件"尚有7个月之久。意大利北部湿热的平原上，一队人马由两辆战车引领，浩浩荡荡开进梅迪奥兰城[Mediolanum，今米兰（Milan）][2]。领头的战车上昂立着罗马独裁官盖乌斯·尤利乌斯·恺撒，他刚刚平定了西班牙（Hispania）*的叛乱，气宇轩昂，容光焕发。

除恺撒之外，处于最高荣誉地位的当属马尔库斯·安东尼乌斯，即后世更为人熟知的马克·安东尼。他是恺撒授意的接任罗马两位执政官的人选之一，这是仅次于独裁官的官职。紧随其后的是颇受恺撒庇护的德奇姆斯，新近一任的高卢（Gaul，大致为今日法国）总督。德奇姆斯的身边是盖乌斯·屋大维乌斯，也就是人们熟知的屋大维，恺撒的这个甥孙**年仅17岁时便已锋芒初露。

---

* 伊比利亚半岛的罗马名。——编注
** 即恺撒姐妹的外孙。——译注

四位英豪聚首高卢南部，一同翻越阿尔卑斯山脉（Alps）³，取道多米蒂亚大道（Via Domitia）。这是一条变幻莫测、生死未卜的古道，既是往昔汉尼拔（Hannibal）的入侵路线，也是神话中赫拉克利斯（Hercules）*去往西班牙的道路。

恺撒向着罗马进发。他正盘算着时隔一年出头的再次凯旋入城，意在宣告自己辉煌的战绩，并终结这场自公元前49年爆发、持续4年之久的内战。结束这场内战实属不易，只因缘由太过复杂。事实上，这是恺撒毕生经历的第二次撕裂罗马的内战。每次战争都是对困扰罗马棘手问题的集中反映，从意大利饱受的贫困到各行省发生的压迫，从愚蠢的自私自利和旧式贵族的垂死挣扎，到一呼百应的独裁官建功立业的强烈诉求。其后隐藏的却是明白无误的残酷现实，那就是罗马的实权不在元老院，不在人民，而在军队。

浓眉乌眼、口才雄辩、孔武有力、作风狂放的恺撒拥有超强的实际才能。出于对罗马的热爱和对权力的渴求，他利用这份才能重整天下。恺撒的军队或屠杀或奴役了数百万人，其中不乏妇女和儿童。然而在一场场滥杀之后，他又宽恕了国内外的敌人。这种善意的姿态很难不激起人们的疑惑：难道这个征服者在真心安抚？不过大多数人也别无选择，只能默默认同。

在追随自己的所有罗马人中，恺撒挑选了安东尼、德奇姆斯和屋大维三人一道荣归意大利。这是为何？为何这三人中有人会在7个月之后背叛他？为什么在恺撒死后，这三人要举兵互伐，又都取道凯旋的这条路线自意大利北部杀入高卢南部呢？

这就要说到他们每个人在公元前45年之前是如何投身恺撒麾下的。

---

* 大力神，宙斯之子（参较 labours of Hercules，亦作 Heracles, Herakles, Alcides）。——译注

德奇姆斯崛起

德奇姆斯·尤尼乌斯·布鲁图斯·阿尔比努斯是恺撒的密友[4]，他们自公元前56年起共事至少10年之久。当时，时年25岁的德奇姆斯受恺撒派遣，担任高卢的舰队司令，打赢了征服布列塔尼（Brittany）、打开入侵英格兰之门的大西洋之战，建立了赫赫声名。

第一印象至关重要，在德奇姆斯身上尤其如此。战争、高卢和恺撒统统成了德奇姆斯的标记。他矫健敏捷、精力充沛、足智多谋、求战心切；他自命不凡、争强好胜、热衷功名。一如他那个阶层中志向远大的人士一般，他赢得了通过选举产生的罗马官职，但首都及其权力圈却不像高卢前线那么令他神往。

德奇姆斯生于约公元前81年4月21日。他血统高贵，系罗马共和国缔造者卢基乌斯·尤尼乌斯·布鲁图斯（Lucius Junius Brutus）的后裔。德奇姆斯的祖父是大将军和政治家，但其父非军界人士，其母则作风轻佻，常与人私通，或许与恺撒就保持有这种关系——恺撒在罗马曾勾引过多名已婚贵妇。有位著名历史学家曾有暗示，称德奇姆斯为恺撒的私生子。[5]揣度虽耐人寻味，但却没有事实依据。

无论如何，青年德奇姆斯终究成了恺撒的幕僚。[6]军界非常适合德奇姆斯。得益于恺撒的提携，他一路青云，重展家族昔日执掌军权的雄风。他支持恺撒，这一点与其他罗马人并无二致。

德奇姆斯长相如何，我们不得而知。他极有可能如他母亲一般魅力无穷，其母可是远近闻名的大美人啊！他身材高大，与他曾假扮的高卢人相比也毫不逊色。他遗下的十数封信函中，兼有军营的粗野和罗马贵族刻板的礼貌与自恃，文雅的字里行间时常夹杂着愚笨的语句，例如："取下你牙间的嚼子，开口说话吧。"也许角斗士身上特有的粗鄙已经侵染了他——德奇姆斯手下豢养了许多角斗士。纵然如此，也无法阻止他与罗马最伟大的演说家马尔库斯·图利乌斯·西塞罗相互寒暄调侃。

在高卢，德奇姆斯参与了他那个时代最大规模的军事行动。恺撒仅用8年时间（前58—前50年）就征服了这片被罗马人称作"长毛高卢"（Gallia Comata）*的地区——这里地域宽广、人口稠密、尚武好战，覆盖了当今法国大部、比利时全境、荷兰部分及德国的一小部分（法国的普罗旺斯地区当时已为罗马行省），之后还入侵不列颠。凭借高卢的黄金、农业出产和奴隶资源，恺撒一跃成为全罗马最富有的人，并与德奇姆斯等人共享这些财富。

公元前56年在布列塔尼近海的海战中获胜之后，德奇姆斯接下来再次露面的时间是公元前52年。这一年高卢发生了叛乱，罗马统治险些遭受颠覆。在战事最为激烈的日子里，德奇姆斯亲临阿莱西亚［Alesia，今勃艮第（Burgundy）］的攻城之战现场。根据恺撒的说法，德奇姆斯面对高卢的进攻奋起反击，恺撒威风凛凛、身着绛紫色披风紧随其后。敌军全线崩溃，战事宣告结束，只留下清理战场行动待次年展开。

公元前50年，德奇姆斯返回罗马首度任职，[7]官职是经由选举产生的财务官。同年4月，德奇姆斯迎娶来自贵族家庭的葆拉·瓦莱里娅。为嫁给德奇姆斯，葆拉在他确定从海外行省返回的当日休了前夫。[8]那本是一个很出色的男子，对此，社会上颇有微词，但未引起太大反响。

德奇姆斯与葆拉完婚一年后，即公元前49年，内战爆发。内战在恺撒和主张寡头政治的反对者之间展开。在他们眼中，恺撒是一个危及他们生活方式的权力狂人和平民主义煽动者；而恺撒则认为，他们对他荣誉的侮辱是心胸狭隘的表现，他们并不像罗马贵族那样看重荣誉。

---

* 当时的高卢人普遍留有垂散的长发。——译注

恺撒的主要对手是庞培和加图。庞培即格涅乌斯·庞培·马格努斯，他绝非空头理论家；事实上，他是恺撒的前政治盟友和女婿。为图霸业，他远征西班牙、罗马亚细亚（今土耳其）与黎凡特（Levant）*。在恺撒出现之前，庞培是罗马最伟大的在世将军。马尔库斯·波尔奇乌斯·加图，人称小加图，是一位杰出的元老，信奉由贤明而富有的精英人士治理自由国家的古典观念。刻板教条的他坚持认为，罗马就是柏拉图（Plato）的"理想国"；而其他人则认为罗马是罗慕路斯的下水道（Sewer of Romulus）**9，小加图因此饱受嘲弄。他是恺撒的大敌。

德奇姆斯的大多数家人倾向于同情庞培和加图，他的内兄弟们就甘愿为这两人而战。德奇姆斯成年后为帕斯图米乌斯·阿尔比努斯（Postumius Albinus）家族收养，这是一家名门望族，其祖上一贯与罗马国王为敌，思想保守。然而，德奇姆斯却坚持留在恺撒军中。大概在公元前49年年初，德奇姆斯发行了硬币10，纪念他的高卢胜利、他的忠诚、他的责任感及团结精神，而这一切都是内战中恺撒刻意宣扬的主题。

同年，恺撒任命德奇姆斯为马西利亚［Massilia，今马赛（Marseille）］攻城战的海军司令，此地为高卢人在地中海海岸所仰仗的重要港口和海军基地。在此后为期半年的战事中，德奇姆斯击败了马西利亚舰队。凭借战斗中彰显的活力、斗志、口才、卓识和敏捷，德奇姆斯赢得了恺撒的交口称赞。他极大地推进了恺撒的霸业11，因为此前，海军荣耀一直为庞培独享。

恺撒回到意大利后，接着又挥师东进与庞培决一雌雄。在公元前45年

---

* 历史上的地理名称，指托罗斯山脉以南、地中海东岸、阿拉伯沙漠以北和上美索不达米亚以西地区。——译注

** 罗慕路斯（约前771年出生，约前717年逝世）与雷穆斯（Remus，约前771年出生，约前753年逝世）是罗马神话中罗马城的奠基人。按照普鲁塔克和李维等人的记载，罗慕路斯是罗马王政时代的首位国王。也有传说称，罗慕路斯和雷穆斯兄弟是被野兽抚养长大的。

一年间，他将德奇姆斯作为副帅留在马西利亚，担任高卢总督。后来德奇姆斯击败号称高卢最骁勇斗士的贝洛瓦契（Bellovaci）[12]叛军，再立战功。

德奇姆斯似乎有如这个他度过大部分成年时光的国家一般粗野。有那么一些罗马人接受了作为敌手的野蛮人的做派和习俗，这样的人虽然不多，也许比文献资料承认的更为少见，但德奇姆斯就是其中之一。他讲高卢的语言，这一点罗马人中极少有人能做到；他对这个国家的了解十分透彻，他可以穿上高卢服饰，像当地人那般招摇过市。

大约在公元前45年7月，德奇姆斯自西班牙返回途中，与恺撒在高卢南部相会。毫无疑问，德奇姆斯当即就独裁官缺位期间他统治下的高卢行省向恺撒做了汇报。恺撒对德奇姆斯非常满意，这一点可以从他返回意大利时赋予德奇姆斯的荣誉地位中得到佐证。

侍奉恺撒10多年后，德奇姆斯以英雄的身份衣锦还乡，顺风顺水。在公元前45年年底，他准备就任罗马裁判官（高级司法官员）时，恺撒已经指定他于公元前44年出任意大利高卢（即山南高卢，大约位于意大利北部）总督和公元前42年的执政官。

总而言之，德奇姆斯当时正处于重振家族声誉的上升通道之中。这里只有一个障碍。德奇姆斯的父亲和祖父是通过罗马人民的自由选举、在元老院的指令下担任公职的；而德奇姆斯则在恺撒的个人授意下获取一切，这不免有悖于罗马贵族推崇的理想——"dignitas"。该词极难翻译，除"尊严"外，它还有"价值""威望"和"荣誉"之意。或许，单一地翻译为"等级"最为贴切。

对于当时的德奇姆斯来说，问题在于他是继续依附恺撒，还是另辟蹊径自我主宰。

马克·安东尼

恺撒在归途中进入梅迪奥兰时,马克·安东尼与他并立于战车之上,俨然一位大英雄。生于大约公元前83年1月14日的马克·安东尼,此时正如日中天。他英武、坚定而健壮,仿效赫拉克利斯蓄了胡子,这是他们一家奉为先祖的神话人物。罗马人都将赫拉克利斯与西班牙关联在一起,这为安东尼的出场赋予了象征意义。安东尼的个性彰显活力,他喜好交际,悟性极强,自信满满;他在公众场合饮酒豪放,与士兵同吃共饮,打成一片。正如有些人所言,如果恺撒的健康状况因多年的征战而变差,那么安东尼强健的身影一旦出现就会使众人重拾信心。

安东尼出自元老家庭。他的父系家人倾向于温和保守;其母尤利娅(Julia)是尤利乌斯·恺撒的第三代表亲。这层关系似乎成了他进入恺撒高卢核心班子的门票,安东尼加入这个班子是在公元前54年。

青年安东尼在罗马曾经"出尽风头"。他饮酒滋事,声名狼藉;他行为不检,风流成性;他挥霍无度,债台高筑;他交友不慎,尽处狐朋狗友。在25岁左右,安东尼决意痛改前非。他远赴希腊学习演讲;在公元前58年至公元前55年间的东方*,他一跃成为骑兵指挥官而声名大振。在首次攻城战中,他率先冲上城墙;他身经百战,英勇无比,屡战屡胜。

安东尼早年在高卢是如何为恺撒效力的已无据可查,但一定引人注目,因为恺撒在公元前53年派遣他返回罗马参加财务官竞选,并成功当选。之后,安东尼又重返高卢,虽仍为恺撒的将军,但与德奇姆斯一样,美好的前程已经开启。

与德奇姆斯一样,安东尼也于公元前50年获选任职。作为一年一度

---

* 指罗马帝国以东地区。——译注

经选举产生的代表民意的十大平民保民官之一，安东尼在当年元老院内部恺撒与其政敌的重大冲突中发挥了作用。当时在加图的鼓动下，元老院剥夺了恺撒对高卢的掌控权和第二次竞选罗马执政官的机会。恺撒担心，他一旦回到罗马，就会受到政敌的指控和不公的判决。安东尼竭力阻止元老院反对恺撒，但是遭到断然拒绝，最后只得逃离罗马，直奔恺撒营地而去。

作为恺撒最优秀的战将和不可或缺的政治密探，安东尼积极投身针对庞培的内战之中。他被委以如下重任：组织意大利防御，率领恺撒的军团跨越敌军密布的亚得里亚海，赴罗马马其顿（Macedon）行省与恺撒会合。公元前48年8月9日，希腊中部爆发了法萨罗之战（Battle of Pharsalus），在这场抗击庞培的决定性战役中，安东尼统率恺撒的左翼大军，发挥了最为重要的作用。当时，恺撒的老兵们一举突破庞培军队的防线，安东尼的骑兵一拥而上，奋力追击落荒而逃的敌人。

对于恺撒的敌人而言，这是一次突如其来且惨不忍睹的失败。不过，他们还有牌可打——数百艘战舰、成千上万的士兵、数位盟友和充足的财力。但目睹法萨罗之战结束时成千上万庞培士兵的遍野陈尸，你会仿佛听到了罗慕路斯下水道中政治波涛的奔涌。

在接下来的几年里，恺撒在东方争取盟友、筹集钱款、征服叛军、追求新的情妇，并将安东尼遣回罗马。在罗马，安东尼的使命是谋划让恺撒担任独裁官，自己担纲帝国骑兵统帅*，即通常所称的"独裁官的副指挥"，其实就是恺撒的副独裁官。这不免令热爱自由的人士心灰意冷。同时，传统主义者们对安东尼恣意重启从前那种粗暴堕落的生活方式大为光火。他彻夜狂饮、公开宿醉、广场呕吐、狮牵战车，诸如此类的恶行疯传罗马。

---

* 独裁官握有绝对的军事治权与城内治权，法定有权指定一位骑兵统帅作为自己的下级同僚。一旦独裁官离任，骑兵统帅的职务立即取消。——译注

还有一事不得不提，那就是他与一位女演员（曾经的奴隶）之间的风流韵事，此人艺名为茜赛莉丝（Cytheris），或称"维纳斯姑娘"[13]，两人曾一道乘坐轿舆招摇过市。

罗马的民政和军事政治事务渐渐脱离了安东尼的控制。拥护债务免除和（土地）租金控制的人们变得狂躁暴力，恼羞成怒的安东尼调来军队，大开杀戒，一举屠杀了800人，整个广场血流成河。此时，恺撒旧部军团中的一些人也回到了意大利，他们因为报酬和复员揭竿而起。

时局迫使恺撒采取强硬手段。他于秋季回到罗马，镇压了叛乱，虽然他拒不取消债务，但却降低了租金。对安东尼，恺撒总能将他的弱点变成长处。在元老院数落了一通安东尼之后，恺撒转而赋予他一项新的使命。

那是一份除安东尼之外，极少有人愿意承接的差事。安东尼缺乏政治谋略，但不在乎做"脏活儿"，而且他这人十分忠诚。恺撒派予他的差事，是让他将从庞培那里罚没的资产变卖给形形色色的私人买家。庞培是全罗马第二富有的人，在他之上只有恺撒。安东尼负责的只是其中某个环节，差不多就是一个"切割师"，即从公开拍卖中将罚没的资产买下，然后再将其一件一件分别售出赚取利润。罗马人都认为这是一种不光彩的营生，与安东尼的出身格格不入。它不仅是一桩肮脏的交易，还是一份要承担风险的差事，因为在公元前47年时，庞培的盟友和儿子们尚未被解除武装。任何人只要具备安东尼那种骁勇善战的品质，都会毫不迟疑地奔赴非洲和西班牙战场大显身手，建功立业。但是在整个公元前45年，安东尼却决意留在罗马，通过资产处置为恺撒筹集军饷。其实，安东尼自己也时常囊中羞涩，如果他从中稍有克扣，恺撒也会宽大为怀，不予计较。

安东尼现在试图通过再婚来弥补自己早年的放浪。这次他迎娶的是一位两度守寡的女贵族，名叫富尔维娅。在当时所有的女强人中，富尔维娅独树一帜。她曾经腰佩刀剑，独自募兵。[14]她的敌人为了讽刺她，将她的名字连同对她身体的猥亵暗示一同嵌刻在掷弹上。[15] 但富尔维娅大多数时候是用语言来战斗。作为一个彻头彻尾的平民主义者，富尔维娅先后嫁过三位政客：一位是热衷于煽动街头暴力的克洛狄乌斯，另一位是支持恺撒的平民保民官库里奥，最后一位就是她命中注定的安东尼。安东尼的敌人称他完全听命于富尔维娅，其实不然。不过，这位女强人倒可能使其挺直腰板，几乎可以肯定地说，她向安东尼传授了两位前夫的政治权术。

安东尼在恺撒公元前45年8月班师意大利途中与之会合，深得独裁官的青睐。他伴在恺撒左右，一同踏进梅迪奥兰城，领受公众的热烈欢呼。此时的安东尼一定在构想着自己的锦绣前程，但前方的道路却布满荆棘。

屋大维

追随恺撒的第三人是屋大维。他出生于公元前63年9月23日。比安东尼或德奇姆斯年轻足足20岁的屋大维绝不会屈从于年长者们的权威。如果说安东尼是赫拉克利斯，那么屋大维便是身材矮小版的阿波罗（Apollo）[16]：模样俊俏，目光炯炯，一头微带卷曲的金发。只是一口坏牙和疏于打理的头发暴露出他那不重外表重内心的个性特征。正是一种内在的力量弥补了他不够魁梧的外表。

安东尼和德奇姆斯都没有能够跟随恺撒征战西班牙，但屋大维得到了这个机会。尽管如此，屋大维却因到场太迟而无法参加战斗，起因是一场让他卧床不起的重病，而且屋大维原本就不属于身体特别健康的那一类人。一经康复，屋大维便同战友们一道直奔西班牙加入恺撒大军，途中历经了一场海难和一段穿越敌国的征程，对此恺撒赞不绝口。在与这位聪敏而天才的年轻人的相处中，恺撒对其的赞誉与日俱增。在西班牙，恺撒赋予了他这位甥孙与他共乘一车的荣耀。¹⁷ 这并非恺撒第一次赏识屋大维，不过话说回来，这位年轻人也一直在展现他的大有可为。

公元前 51 年，年仅 12 岁的屋大维走上罗马演讲台为外祖母（恺撒的姐姐）致悼词；公元前 48 年，刚满 15 岁的他当选罗马高级祭司。临时地方长官也是屋大维的职责之一，在这个年纪就坐到公共广场的法官席上发放判决书可真够夺人眼球的。公元前 46 年，恺撒回到罗马，庆祝在高卢和内战中取得的一系列胜利。在其中一次凯旋庆典上，恺撒让屋大维跟在自己的凯旋战车后面（大概是骑马），胸前佩戴军官徽章，尽管当时屋大维根本没有参加过任何战事。¹⁸ 鉴于这份荣耀通常为凯旋的将军之子独享，这表明恺撒已经将这位年满 17 岁的甥孙视为自己事实上的儿子了。这一抉择可谓有趣。

与安东尼、德奇姆斯，乃至恺撒本人不同，屋大维绝非纯粹的旧式罗马贵族之后。他的贵族血统仅在母系，其母阿提娅（Atia）系恺撒姐姐尤利娅之女；其父盖乌斯·屋大维乌斯系富人家庭出身，但不是社会的高层，而是罗马骑士家庭，也就是一个虽然富有但不在元老院任职的社会阶层。盖乌斯·屋大维乌斯是家族中的首位元老。屋大维乌斯家族来自维利特埃［Velitrae，今维莱特里（Velletri）］，一个坐落于罗马郊外奥尔本（Alban）山区名不见经传的小地方，而这种出身为势利小人们鄙夷他提供了充分的素材。盖乌斯·屋大维乌斯本有一段成功的军事和政治经历，只因他公元前 59 年（时年大约 40 岁）的离世而过早终结了。

然而，屋大维本人倒具有某种特质。他是恺撒的血亲，但恺撒看重他却是因为他其他的品质。屋大维的堂兄弟昆图斯·佩迪乌斯（Quintus Pedius）和卢基乌斯·皮纳留斯（Lucius Pinarius）也系恺撒姐姐尤利娅之后，但他们却得不到恺撒同样的赏识。年轻的屋大维无疑显露了智慧过人、志向远大、政治敏锐、眼光独到及冷峻果敢的端倪，总之，就是一种将他送入权力巅峰的天资。

四大骑士

乘坐战车进入梅迪奥兰的四人并未结为一个整体。三人都邀宠于恺撒，但仅有一人能够得宠。安东尼即将在恺撒的应允下赴任执政官；德奇姆斯将登上罗马裁判官*的宝座，并获恺撒允诺接下来挂职一个要地的总督，两年后登顶执政官；而屋大维不久就能获得同等高就，甚至更易于占得权力先机。

对于这位年轻对手的迅速崛起，安东尼和德奇姆斯会作何反应？我们只能猜测。罗马人对年轻人往往不太有好感，更何况出身卑微者，故而人们可能低估他。不过，安东尼和德奇姆斯这类经验丰富的人肯定会留意屋大维在恺撒身边人中的地位。屋大维可能长得十分迷人，但德奇姆斯却深谙他这位同车而行的伙计所表现出来的冷峻抱负。德奇姆斯宣称自己为共和国元老的后代，但却被一个维利特埃地方政治家的孙子强行挤出罗马统治者的视线。忌妒可能是一个太过强烈的字眼，然而德奇姆斯是罗马人，荣誉对他至关重要。

西塞罗称安东尼是公元前 46 年企图暗杀恺撒的幕后主使。[19] 此话听上去像是一位罗马演说家惯常的诽谤，然而在公元前 45 年时，这一说法似乎又不无道理。据西塞罗所言[20]，在安东尼公元前 45 年夏天奔赴高卢南部与

---

* 职位仅次于执政官。——译注

恺撒会合时，有个同僚小心翼翼地建言行刺独裁官。安东尼对此毫无兴趣，但他也未能像一个忠实的朋友该做的那样将恺撒面临的危险通报于对方。

当凯旋的游行队伍开进梅迪奥兰时，几人表面团结一致，但表面的平静下面却隐藏着权力的角逐。独裁官本不该忽略这一点，然而他确实忽略了。就在此时，他需要接见几十个人，都是一路向北前来迎接他的罗马名流。所有这些人中，最重要的是马尔库斯·尤尼乌斯·布鲁图斯（可别和德奇姆斯·布鲁图斯搞混了）。短短几年间，布鲁图斯就由恺撒的敌人变成了他的朋友和副手。而幕后总有一个人将他们联系到一起，此人就是塞维莉娅，布鲁图斯的母亲，恺撒旧时的情妇。

THE
BEST MEN

第二章 精英人物

布鲁图斯

公元前45年8月,恺撒在梅迪奥兰城接见了马尔库斯·尤尼乌斯·布鲁图斯,[1] 他一年前选定的山南高卢总督[2]。公元前45年,该省总督一职由他人担任,布鲁图斯已返回罗马。此时布鲁图斯又风尘仆仆赶到意大利北部,向他的首领做报告。

接受独裁官的视察是一件令人胆怯的事,尽管年已55岁的恺撒开始显露老相。他常犯阵发性眩晕,这或许是一种偶发性的癫痫症状[3],并且开始脱发。经历了近15年的征战,恺撒的面庞上出现了皱纹,面颊凹陷。但是,恺撒依然诡诈而危险。一位同时代的人这样描述道:恺撒俨然就是天资、策略、记忆、学问、审慎、精细、推理的化身。[4]

当然,布鲁图斯也并非能被轻易吓倒之辈。此时他40岁,正是一生中如日中天的年纪。他自信满怀、才华出众、冷静持重、品格高尚,或许还稍显自负。至少,布鲁图斯具有领袖之相。[5] 无论是钱币还是大理石胸像,只要能辨识出是布鲁图斯的肖像，无一不展现出其聪颖、坚毅的个性，以及端正而古典的容貌。布鲁图斯精力充沛、意志坚定、成熟稳重。他一头浓密的卷发，额头外凸，眼睛深陷，鼻梁挺直，嘴唇厚实，下巴突出，脖颈强壮。但在恺撒面前，布鲁图斯可能手心冒汗，只因他不像安东尼、德奇姆斯或者屋大维那样，是恺撒的长期支持者，他是一个被改造过来的敌人。布鲁图斯是恺撒宽容政策的一个范例——宽恕对手，有时甚至还委以公职。

恺撒将山南高卢交托给布鲁图斯，以示对他的信任。这是一个极具战略地位的行省，公元前 49 年，恺撒正是从这里开启他内战中向罗马进发的征程。而且，行省总督的权限还包含了两个军团的指挥权。当然，总督一职肯定不能派予野心家，也不能派予无能之辈或贪婪之徒。该行省的居民皆为恺撒的支持者，因为正是恺撒赋予了他们罗马公民的身份，而绝大多数的意大利人此时已经成了罗马公民，因此山南高卢的居民需要得到善待。这种情势迫切需要一个能力强但不具威胁性的行政官，此人非布鲁图斯莫属。

与安东尼、德奇姆斯或恺撒本人不同的是，布鲁图斯并非行伍出身。作为一个彻头彻尾的平民百姓，他绝对遵从于罗马的宪法规范。罗马虽无成文宪法，但也在政府行为中有迹可循。这种规范对布鲁图斯这样的人来说是至高无上的，而对那些无缘特权圈子的人来说则是另一番情形。布鲁图斯是一位哲学家，也是一位通晓世故之人。他信奉共和，信奉自由，信奉惠及友人，也信奉大展宏图。恺撒是能够与这样的人合作的。布鲁图斯也的确是一个出色的总督，一个少有的从不盘剥当地人的罗马人。出于感激，当地居民在梅迪奥兰为他立起了一座雕像。[6]

布鲁图斯对于自己的任命大概也荣宠不惊。公元前 53 年，他在西里西亚（Cilicia，今土耳其南部）做副总督（司库）时，对当地人倒是强取豪夺，赚得个盆满钵满。而到了山南高卢，他大为收敛，夹起尾巴做人。因为恺撒推行一套与各省精英人士结盟的政策，任何人很难再有机会从中捞取个人好处。而且，恺撒派出专人密切监视总督，特别是在诸如山南高卢这种重地，因此布鲁图斯也收敛了劫掠民财的勾当。恺撒自有其他方式奖励那些效命于他并依他意愿行事，而非那些受到罗马贵族推崇的自行其是的人。

恺撒和布鲁图斯一同徜徉广袤的山南高卢地区，[7] 可能还就将这个富裕行省的哪些地块划拨给恺撒的退伍老兵们交换着意见。独裁官对布鲁图斯出色的表现大加褒奖，并允诺给予他美好前程。恺撒称，他将让布鲁图斯担任公元前44年的城市裁判官（罗马的首席法官），以及公元前41年的两执政官之一。除独裁官之外，执政官就是罗马的最高官员。作为政治家，恺撒或许还做了别的允诺。恺撒在内战期间为自己攫取了大权；现在，和平重现，乐观者们都希望他能还权于元老院和罗马人民。鼓励这样的期待并不耗费恺撒什么，这也许能很好地说明为什么布鲁图斯后来会说，他认为恺撒最终会站在他们这一边，即站在传统上统治罗马并恪守一种狭隘而保守的公共利益愿景的精英人士这一边，这帮人乐于称自己为"贵人派"或"精英派"。

罗马不存在政党，但政治家们往往分成两大群体。与"贵人派"或"精英派"相对的为"平民派"或"平民主义者"。[8] 两大群体皆由精英统领，皆通过提供福利争取普通民众选票。

"精英派"代表继承特权。他们认为，以罗马贵族为中心的精英小众理应一如若干世纪以来统治罗马城那样，继续统治帝国及其5000万民众。在他们眼中，唯有这一为数极少的群体具备使罗马伟大而自由的出身、素养、财富及美德。他们无意与意大利乃至罗马帝国的上流阶级分享特权，更别说普通民众了。

"平民派"倡导变革。他们维护穷人、无地农民、外国人、非公民、身陷债务的贵族，以及全意大利拥有财富而无贵族身份的人的利益。后者即罗马骑士,他们企盼受到元老院的接纳。

元老院是一个专属的俱乐部,其成员是终身的,他们小心翼翼地捍卫着这份特权。元老院成员大多具有显赫的家庭背景,每人都可担任罗马最高政治职务,任期一般为一年,之后有时也可赴海外任职,接下来便终生留在元老院。尽管"精英派"主宰着元老院,但其中也有"平民派"的代表。

恺撒并不属于"精英派",恰恰相反,他是罗马最大的平民主义者。恺撒结成新的广泛联合战线,通过民意和他军团士兵手中的刀剑夺取政权。

罗马人将自己的政治制度称作"共和"(Republic),即拉丁语的"联邦"(commonwealth)。恺撒夺得政权后罗马是否还是共和制,对当时的"精英派"来说的确是一个问题。

西塞罗

如果说"共和"在公元前45年时曾经发过声,那就是来自西塞罗,而且也是一个含糊不清的声音,因为几乎没人胆敢公开反对恺撒。作为前执政官和"精英派"的领袖人物,西塞罗在公元前49年的内战中支持庞培,随后又与恺撒媾和。西塞罗这时年近花甲,退出了大部分的政治生活,主要专注于哲学研究。古代的胸像将他刻画得苍老不堪但又活力四射,脸上起皱,颏部凸出,鼻梁高挺,发际后移。

西塞罗信不过恺撒,私下里叫他国王。[9]西塞罗觉得,布鲁图斯对恺撒和"精英派"的乐观态度简直是莫名其妙。

"他究竟能在何处找到他们?"[10]西塞罗煞有介事地问道,"那他只有去上吊自杀了。"因为内战大喋血之后,几乎没有"精英派"存活下来。布鲁图斯倒算一人，至少西塞罗曾经这样认为，但布鲁图斯却又太令人失望。"要说布鲁图斯，"西塞罗继续道，"他知道哪边能够为他的面包涂黄油。"*[11]

当恺撒远在数百千米开外时，西塞罗要怀疑他倒很容易。一旦与恺撒同坐一屋，想抗拒他可就难了，而这正是布鲁图斯的处境。明白此道的西塞罗私下里贬损恺撒，公开场合却不断称赞他。恺撒是一个顶级的演讲家，其魅力足以引领潮流。西塞罗曾写道，恺撒"讲起拉丁语来口若悬河，其流利程度超过了几乎所有的雄辩家"[12]；恺撒则投桃报李，称西塞罗"几乎就是雄辩术的先驱和发明者"[13]。更有甚者，恺撒称西塞罗"将罗马人才华的边界向前推进，其功勋远比将罗马帝国的疆域向外扩展更加伟大"[14]。论及西塞罗的政治见解，恺撒倒从未如此热情，而西塞罗最为关切的恰恰是政治。

在公元前46年至公元前44年间出版的哲学著作中，西塞罗对共和理想展开了精彩的论述。西塞罗为共和伤悲，他知道共和难以幸存。毕竟，罗马人都很现实。公元前46年时，他在一封信中写道，共和毁于暴力而非公义。"自由已经丧失。"[15]西塞罗写道，但同年晚些时候，他在给一位友人的信中又写道，鉴于恺撒在罗马正致力于建立某种宪政制度，[16]他又看到了希望的曙光。目睹布鲁图斯向恺撒大献殷勤，西塞罗十分体恤。"除此之外，他还能怎样？"西塞罗说道。[17]

无论西塞罗喜欢布鲁图斯与否，他都认可布鲁图斯的才华和卓绝。在《布鲁图斯》(Brutus)一书中，西塞罗不吝笔墨对他大加赞赏，称布鲁图斯如此年轻便取得如此成就，定能成为罗马广场伟大的雄辩家。换句话说，布鲁图斯完全能成为另一个西塞罗。西塞罗不惜把话说得很满，尽管他私

---

* 即哪边能成为他的靠山。——译注

下也很怀疑布鲁图斯的辩才。至于布鲁图斯为何没能达到雄辩家的高度，答案是显而易见的：恺撒打压了言论自由。奉承取代了坦率，西塞罗在公元前46年的一次演讲便是例证。这位雄辩家对恺撒及凭其"神勇"取得的"不朽功名"[18]极尽恭维之能事。他在随后致友人的信中写道，那天他真是开心极了，因为他好似见到了共和重现的端倪。[19]

在新罗马，想保持乐观实在太难。西塞罗黯然神伤于希腊历史，因那当中太多的案例表明智者居然能容忍君主制[20]和国王。这些词语在罗马统统代表滥用权力。在罗马人眼中，君主制意味着专断的权力、暴政，甚至奴役；国王则是自由和宪政之大敌。[21]

布鲁图斯的先辈因很久以前从罗马赶走最后一位国王而声名远扬，然而布鲁图斯非但不反抗恺撒，而且事实上完全听信了独裁官的一派胡言。西塞罗因之而叫苦不迭，[22]不过此刻他可能也明白过来，布鲁图斯就如何选择捷径有自己的认识。在一生的左右摇摆之中，布鲁图斯表现出一种惊人的灵活性。或许，布鲁图斯的成长经历是对其始终不一最好的诠释。

塞维莉娅

布鲁图斯的母亲塞维莉娅是罗马强势的女人之一。她出自名门望族，集天资、美貌和抱负于一身。她生来就拥有良好的人脉，并志在获取新的人脉。她最在乎的莫过于她的儿子和她的情人。

公元前77年，年仅8岁的布鲁图斯丧父。其父亦名马尔库斯·尤尼乌斯·布鲁图斯，曾经作为领导人之一发动过一次起义，后为庞培所镇压。他在重围之下坚持了一段时间后投降，结果遭背信弃义地杀害。对此，庞培既未下令，也未阻止。无论哪种情形，死者的家人都一样谴责庞培，鄙视庞培。

这样一来，教育小布鲁图斯的担子就落到了塞维莉娅的肩上。罗马女性出嫁得早，塞维莉娅十几岁就生育了布鲁图斯。丈夫去世时，塞维莉娅刚二十出头。随后，她嫁给了另一个要员，但她从未将自己的真心托付于他。

精于吸引权势之人的塞维莉娅，将自己奉献给了最具权势的人——恺撒。有个作家这样写道：

> 在所有女人中，恺撒最先爱上塞维莉娅，[23]即马尔库斯·布鲁图斯的母亲。恺撒在首任执政官期间（公元前59年），为塞维莉娅买下了价值600万塞斯特斯*的珍珠。（这相当于一个恺撒军团士兵年薪的7000倍，等同于今天的数亿美元。）[24]

塞维莉娅既为恺撒的红颜知己，又时常在微妙的政治商谈中担任其代理人，同时在恺撒出征海外时充当他在罗马的耳目。后来，恺撒移情别恋，但塞维莉娅总有本事介入重要的场合并设法掌控局面。她也总有办法结交金融家和政治实权人物。[25]

身为一名生活在强大女性时代的强大女人，塞维莉娅总在幕后行使政治权力。这个"知性而谨慎的女人"[26]——如西塞罗的描述——有时会有一些显赫的人物登门求教[27]；而她也能够对法规的拟定施加影响。似乎没有人认为这有什么不正常。

塞维莉娅主要关注的还是她的孩子们。她把自己的三个女儿嫁给了前程远大的政治家们。关于儿子布鲁图斯，那是她的"一生牵挂"[28]，一位通信者在布鲁图斯成年后如是告诉他。这话确实不假，自布鲁图斯幼年起

---

* sesterce：古罗马货币单位。——译注

就一直如此。塞维莉娅将自己的全部心血都倾注到了儿子的事业上，首先就是将他纳入自己的家族。在小布鲁图斯的心目中，最主要的男性楷模就是加图——他的舅父，他母亲的同母兄弟，此人也是恺撒的头号敌人。

布鲁图斯似乎半生在践行，半生在辜负加图坚定的期望。后来，就在公元前 46 年，即布鲁图斯面见恺撒的头一年，加图辞世。然而加图的"幽灵"似乎变得日益硬朗，不认同的怒目飘荡在整个罗马上空，直盯住布鲁图斯柔软的心灵。这位已经不在人世的舅父对布鲁图斯的影响竟比他在世时还要大。

加 图

才华横溢，能言善辩，雄心勃勃，热爱祖国而又性情古怪，这就是原本的加图。他堪称精英，他蔑视民众。然而，他也捍卫言论自由，遵守宪法，忠于职守，清廉施政，讲求公益。

与恺撒相同的是，加图给人留下高傲而善言的印象；与恺撒不同的是，加图崇尚简朴。加图遵循斯多葛哲学思想，藐视奢侈生活，出门靠步行，而非如同阶层的人士那样乘坐轿舆。有时，加图会赤足在鹅卵石铺就的罗马街道上行走。尚存的加图胸像上流露出的是一副严肃、沉思、恍惚的表情。[29]

加图信奉一个严格、尚德、自由的共和国，其官员在元老院的指引下施政。元老院则是一个全罗马最高贵、最智慧、最有经验的人公开论辩的场所。

加图认为，恺撒关心的只是权力和荣耀，为了推进他的霸业，他会毁弃共和自由。愤怒时，加图称恺撒为酒鬼，但他却也更了解恺撒。"恺撒，"

加图后来说道，"是唯一一旦清醒便会致力于颠覆共和国的人。"[30] 他对恺撒的批评曾经产生过事与愿违的结果，在一次剑拔弩张的元老院会议上令自己难堪不已。当时加图见到有人私下给恺撒递了一封信，他立刻察觉到了某种阴谋，遂要求公开。结果，那是他同母异父的姐姐塞维莉娅写给恺撒的情书。[31]

布鲁图斯和加图一样，对于任何专断弄权的人都十分敌视。他们坚信，自由需要权力共享。如远房表弟德奇姆斯一般，布鲁图斯也宣称自己是卢基乌斯·尤尼乌斯·布鲁图斯之后，他们的这位先辈于公元前509年驱逐了罗马的最后一位国王，建立了共和国。依母系，布鲁图斯的先辈盖乌斯·塞维利乌斯·奥哈拉（Gaius Servilius Ahala）于公元前439年刺死了一个蓄意成为专制君主的人。为了显示自己的传承，布鲁图斯特意在家中的客厅摆放了一幅家谱图，作为对时下贵族人家在家中备受尊崇的位置摆放蜡质先辈面具的补充。

与未受过正规教育的安东尼或德奇姆斯不同，布鲁图斯与舅父一样热爱哲学，或许在一定程度上，一样不信任塞维莉娅的情人——恺撒。布鲁图斯不大会置称他为恺撒私生子的传言于不顾。这种说法几乎就是无稽之谈，因为布鲁图斯公元前85年出世时恺撒刚满15岁。有讽刺意味的是，这一谣传好像反倒成就了这位年轻人的飞黄腾达，尽管布鲁图斯对这个说法十分恼火。

学会了如何在加图和塞维莉娅之间左右逢源，布鲁图斯养成了妥协的习惯，久而久之，渐渐练就了见风使舵的本领。

易 帜

小布鲁图斯的事业顺风顺水。公元前53年担任副总督时,布鲁图斯曾以高达48%的年利率向塞浦路斯一座城市里的人放贷。这些人后来想赖账,布鲁图斯的执行人仰仗武装骑士的势力,将城里的市政会成员关进市政厅,直至饿死5人。西塞罗得知后,十分震惊。

4年后的公元前49年,内战爆发。加图领导的顽固分子坚称,恺撒是共和国的威胁,万万不可妥协。尽管布鲁图斯指责庞培害死了自己的父亲,他还是站到了庞培一边,继续奉行共和原则,继续追随加图。在往后的战事中,布鲁图斯参加了公元前48年的法萨罗之战,与恺撒决一雌雄。庞培设法从法萨罗逃脱,布鲁图斯也大抵如此。根据一份记录,布鲁图斯败北后,从遭到包围的庞培营地悄然溜走,然后穿越沼泽去往附近的一座城市。就在那里,他给恺撒去了一封信。

布鲁图斯大概知道,恺撒颁布过一项宽恕政策。他宽恕敌人的做法,相对罗马的前独裁官卢基乌斯·科尔内利乌斯·苏拉(Lucius Cornelius Sulla)来说简直是惊人的逆转。在苏拉的残酷统治时期(前82—前80年),独裁官的敌人无一例外地要被处死,财产全部没收。现在,恺撒表明自己与苏拉不同。布鲁图斯期望的不仅仅是宽恕;他想要的是发迹,而且他居然真的做到了。

据说,恺撒在法萨罗发出指令,要求放过布鲁图斯,之所以这样做,为的是讨好塞维莉娅。[32] 恺撒绝非感情用事之人,因此,如果确有其事的话,那一定是一种政治举措。强势的塞维莉娅是一个难得的朋友,同时又是一个危险的敌人。还有人说恺撒应该是担心布鲁图斯是他的儿子。[33] 这纯粹是无稽之谈,但恺撒肯定也明白人们在飞短流长,他不想让任何人产生疑心,觉得他把自己的孩子杀了。

恺撒对于布鲁图斯自有判断。多年后，西塞罗从恺撒的一位密友那里得知，恺撒总把布鲁图斯挂在嘴边。"这人想要什么，是一个大问题；但是不管他要什么，他都十分迫切。"[34] 恺撒准确把握了这个重要、果决，但总是欲壑难填之人的个性。

布鲁图斯的价值对恺撒来说，充其量就是一个象征。作为加图的外甥，在罗马人所共知、拥有诚信口碑的人物，布鲁图斯是加入恺撒阵营的罗马贵族第一大人物。或许，布鲁图斯会辩解自己在法萨罗之战中已经尽职了，恺撒获胜了，总该接受现实吧。他绝非冥顽不化的那种人。

恺撒当然热烈欢迎布鲁图斯。普鲁塔克（Plutarch，约公元45—公元125年）*称，两人时常一同散步。无旁人时，恺撒会询问庞培的去向。布鲁图斯说他也不得而知，不过他推断，埃及是庞培极有可能的目的地，因为那里有庞培的盟友。恺撒信了，普鲁塔克说，于是他放下一切，朝着埃及开拔。[35]

恺撒在《内战记》（*Commentaries on the Civil War*）一书中陈述的是另一番情形[36]，此书是他集历史与宣传于一体对内战做的经典解读。在谈及内战中滥杀罗马同胞那些不光彩的事情时，他必须倍加谨慎。恺撒说，他向东直奔以弗所（Ephesus，今土耳其），后来获悉庞培在塞浦路斯，并据此判断庞培的目的地是埃及。于是，恺撒又奔赴埃及。但在《内战记》中，恺撒从未提及布鲁图斯。或许恺撒想隐瞒布鲁图斯背叛庞培的事实，或许恺撒觉得布鲁图斯提供的信息不足以令他奔赴埃及。

西塞罗也与恺撒媾和，但是元老院里的许多贵族继续反对恺撒。他们手中仍然有人、有钱、有地中海最强大的舰队。有些人前往罗马的阿非利加行省［今突尼斯（Tunisia）］。在这里，他们可以指望盟友的支持。庞培

---

* 希腊史学家、传记作家，以《希腊罗马名人传》著名。——译注

去了埃及，结果一上岸就被杀了。

一年之后，恺撒才着手解决罗马阿非利加行省的敌人。他在公元前46年4月出手，轻而易举将其全歼。之后，恺撒向西进发，到达阿非利加行省的首府、港口城市乌提卡（Utica，今突尼斯西部）。该城由加图管辖，是北非最后的抵抗力量。恺撒期望加图投降，一旦成真，这将是一场具有伟大象征意义的胜利，他希望加图接受"恺撒的仁慈"。

但是，加图拒不接受。在加图心目中，恺撒是一位暴君，[37]他说恺撒施舍的仁慈比死亡更难承受。加图决意自尽。他告诉儿子，自己自幼饱受自由的滋养，[38]现在年岁大了，学不会接受奴役了。夜深人静的时候，加图取出一柄匕首，[39]刺进腹部，将肠子扯了出来。他的支持者发现后，叫来医生为他缝合。不过，加图最终又将缝合口撕开，就此死去。

待恺撒得知后，很可能这样说："啊，加图，我本不忍心让你死；只因你不让我留你一条生路啊。"[40]加图的自尽破坏了恺撒的如意算盘。不过，恺撒还有简单有效的手段来控制这种损害，那就是沉默。如今我们往往认为罗马人都崇尚高贵的自杀，但那只是后来的事。在公元前46年，自杀是遭人蔑视的。即使是布鲁图斯，也不赞成舅父这种不体面、不男人的做法。[41]然而，恺撒失策了。

恺撒于公元前46年夏季回到罗马，随即获得元老院的许可，连续举行四次凯旋盛典，这让他超越了庞培。庞培只在三个连续的年份举行过三次凯旋盛典，其中最后一次是他在东方获胜之后举行的，时间是公元前61年，那次可谓盛况空前。恺撒的庆典当然更加奢华。

由于庆祝罗马公民的死亡实在不合时宜，恺撒需要在凯旋中对内战部分加以粉饰，他仅重点强调了打败高卢人及其他海外敌人的胜利。他的士兵们揶揄道："罗马人啊，看好你们的太太吧。看哪，这个秃顶奸夫回来了。"[42]人们则尽情享受着这些始料未及的瞬间。

凯旋庆典游行中出现了巨幅标语牌。恺撒十分审慎,他不会让任何一个罗马人的名字出现在标语牌上,但同意展示以在非洲败北的三位罗马主要将领的自杀为题的绘画,其中一幅就是加图"如野兽般撕开自己"[43]。人们对此纷纷叹息。通过抨击加图之死,恺撒唤起了人们对他死敌的记忆。

这只是事情的开端。随后的几个月发生了一场关于加图宣传册的"战争"。这本小册子是布鲁图斯委托西塞罗撰写的《加图》,一个赞颂他舅父的短篇。冒着惹恼恺撒及其友人的风险,西塞罗还是承接了这份委托。他认为加图是一个伟大的人,[44]对未来的预测非常明晰。虽然这部作品没能留存下来,但很显然是歌颂加图的;在其他场合,西塞罗将加图称为"世间血性第一人",[45]对加图的溢美之词不绝,[46]但不知为什么,布鲁图斯对这部作品却不甚满意,他拟写了一份篇幅不长的颂词《加图》。恺撒则报之以《反加图》,攻击加图为贪婪之徒、酒鬼、淫棍。

舅父加良师的加图在北非宁可自尽也不投降恺撒,布鲁图斯在意大利北部平原倒尽享"恺撒的仁慈"之利。然而,布鲁图斯始终还得正视自己行为中的诸多矛盾。

波契娅

对布鲁图斯的母亲塞维莉娅来说,公元前45年夏季简直是一个如坐针毡的时期,虽然她在那不勒斯(Naples)邻近地区得手了一套新的住宅。[47]这套住宅从庞培的拥护者手中罚没而来,落入塞维莉娅之手可能是他人馈赠,也可能是她以一个好价钱购得的。显然,塞维莉娅在恺撒心中或在他的盘算之中仍然拥有一席之地。无论如何,损恺撒之敌而利己对塞维莉娅来说并不会心有不安。

不过，塞维莉娅还有一个新的儿媳需要应付。布鲁图斯与妻子克劳迪娅（Claudia）离婚，迎娶新娘波契娅——他的表妹，他舅父加图之女。波契娅的前夫毕布卢斯（Bibulus）是恺撒的夙世冤家，于两年前去世。

波契娅是一个颇难对付的女人。她年轻时，曾有一位著名演说家想将她从毕布卢斯那里夺走，为的是延续香火。该演说家年纪不轻，是加图的崇拜者，十分渴求最佳育种。他甚至愿意在波契娅为他产子之后将其归还毕布卢斯——如果毕布卢斯仍然爱她的话。但是，在这件事情上享有绝对权威的加图拒绝了他的请求，改将自己的太太许配给他！

但是，波契娅这人虽难对付，可值得拥有。若传闻属实，波契娅曾把刀刺进自己大腿[48]以示对布鲁图斯的倾心。这一举动似乎也表明波契娅确为加图血脉，虎父无犬女！波契娅的确属于对强势的塞维莉娅之子有吸引力的那一类女性。

要弄清塞维莉娅的苦衷也不难。在公元前45年夏季，塞维莉娅与波契娅闹着别扭，[49]尽管布鲁图斯竭力取悦双方。这两个女人为何不和倒没有记载；但是，布鲁图斯对恺撒的效忠却肯定存在问题。毫无疑问，布鲁图斯和波契娅的婚姻是爱的结合，但不少罗马人认为布鲁图斯的婚姻对恺撒是莫大的侮辱。因为有一点可以确信：塞维莉娅之子会听信恺撒的花言巧语，但加图之女不会。

DECISION
IN A
VILLA

第三章　庄园决策

公元前45年8月，恺撒自西班牙回返意大利，但他并不急于直奔罗马；直到10月他才入城，[1] 这也是凯旋庆典的时间。在这期间，恺撒去了他位于邻近那比驰（Labici）[2]、罗马城南约30千米的庄园。在这里，他可以从自己的卧室里醒来，卧室地面铺有精美的、如地毯般的哑光玻璃马赛克瓷砖，这些瓷砖以植物为主题，描绘了插满鲜花的花瓶，所有图案都被框在回纹装饰带内；他可以在用华丽的黄色大理石装饰的、阴凉的柱廊间一边漫步，一边处理公务。

那比驰这个地方满是肥沃的火山土，在古时就因其果蔬和葡萄酒而闻名。恺撒尽享着奥尔本山区的凉爽与宁静，如今这里仍是罗马人的避暑天堂。不过，如果都城里棘手的公务为恺撒提供了延迟返程的由头，那也完全可以理解。

罗马人都希望恺撒恢复内战前的政治制度，而恺撒却另有打算。人民谋的是城市，恺撒谋的是帝国。恺撒曾经写过，一旦内战结束，人们就能期盼意大利的宁静[3]、行省的和平和帝国的安全。恺撒看到的绝非仅是眼前的元老院和罗马广场的各个角落。事实上，他在构建一个崭新的元老院和崭新的广场，他对被众多同时代人看得十分神圣的共和国不屑一顾。毕竟，恺撒渴望的是权力。他已获任为期10年的独裁官，这一头衔是元老院于公元前46年授予他的；除此之外，他还享有诸多殊荣。关于恺撒对未来的构想我们不得而知，他也从未有过明确表述，也许他的计划尚在酝酿之中。无论如何，有一点可以断定：恺撒对罗马未来的愿景与原来的罗马共和国绝对不可相提并论。要么恺撒，要么共和国，二者只能存其一，不可能两者并存。

愿景冲突

既然内战已经结束，罗马元老院势必收回他们认为理所当然属于自己的权力。元老院认为：经过5年的战争，成千上万的人被杀，城市遭到劫难，自由遍体鳞伤，钱财被用于杀戮，现在穿长袍的人该走上前台了。元老们明白，鏖战沙场、沐浴战火的凯旋将军们需要主导权，或者说独裁权，有时还需要为此除掉一些人。元老院对这一切有所察觉，而且认为这并不重要。

罗马贵族深受集体权威的影响，无法想象这种权威能被人僭越。他们深信能够笼络最强大的对立面，将其重新纳入共和国。他们驯服了庞培，因此确定也能如法驯服恺撒。说来道去，他们始终认为恺撒想要的就是共和。在向奴隶发号施令的信件中、在酒会上、在以潺潺喷泉水为背景的花园中漫步时，他们都在叙说着同样确信无疑的结论。然而，他们被蒙骗了。

恺撒无意于元老院的游戏。这一点加图清楚，西塞罗有时也清楚，但多数人却不清楚。恺撒的魅力遮掩了真相。他宽恕敌人，甚至安排他们进入高层；他几乎对每个人都报以笑容，哪怕在战争期间也照写私信；他赠人奢华的礼品。这些不失为善举，然而也仅仅是举动而已。

恺撒已足够强大，不再囿于罗马这座城市及琐碎的争执。他委敌人以裁判官和执政官职务，因为这些官职不再重要。现在，实权已经旁落恺撒的朋友圈。他不再关心元老院，他的问题就是不要做得太露骨。

早在一年前的公元前46年，恺撒从北非回到罗马时，就已经很是老练。此时的公元前45年，经历了西班牙鏖战的恺撒更不会妥协。公元前45年3月17日，战争在蒙达（Mundan，今塞维利亚附近）进入大决战阶段，敌人几乎就要夺得胜利。那时的恺撒只得恳求士兵们拼尽全力，而他自己的性命也一度岌岌可危。最终，他的敌人兵败如山倒，不过在那之前，敌人险些取胜。

这次经历要么动摇了恺撒，要么固化了他最为阴郁的内心。不管哪种情形，西班牙都使他更加专注，更少耐心，更敏感于生命的脆弱，更不愿求诸外人。

原则上，内战结束了，但在帝国的边沿地区依然战云密布，罗马的政局动荡频仍。叙利亚（Syria）发生了叛乱。

顷刻间，塞克斯都·庞培——庞培的小儿子，败者中的幸存者——会从山区复返，再度对西班牙形成威胁。而在罗马，元老们及普通市民皆不会接受长期独裁统治的理念，他们期望恺撒让他们重返共和，尽管恺撒拥有巨大优势。

多数的精英人士依然热爱他们的共和国。西塞罗说，世上没有什么能与共和相比拟。[4] 伟大的历史学家撒路斯提乌斯（Sallust）*在大约公元前46年就曾规劝过恺撒："为了未来，巩固共和国吧，[5] 不要仅依靠武力和打

---

*撒路斯提乌斯（前86—前35年），罗马历史学家。——译注

击敌人,也应该使用仁慈的和平之术,这是一项更为艰辛的工作。"

即使是城市平民(罗马人对罗马城中一般百姓的称呼)也发现共和还是有可爱之处的。穷人不担任公职,但他们也有选举权,而选举会使通常为富人的候选人关注他们,馈赠他们礼物。白热化的竞选常常能给穷人带来生活福利。

恺撒则不那样看。就是这个人,凭其智慧和魅力足以让罗马众多的已婚人士神魂颠倒;就是这个人,西塞罗曾经把他视作纨绔子弟而不愿搭理,因为他太过在乎他的发型[6];但也正是这个恺撒,有时则好似一柄直击要害的利剑。在恺撒之敌撰写的一本小册子[7]中,提到恺撒把共和国称作"无用之物,浪得虚名"[8],这话大概是杜撰的,不过听上去倒不乏恺撒那种尖刻而机智的口吻。

保守派称,他们需要法治而非人治的罗马。恺撒则完全不接受,他认为保守派要么欺诈成性,要么偏听偏信,要么两者兼具。恺撒相信只有自己的天资能够赋予帝国人民和平与繁荣。欲知该结论从何而来,我们需要弄懂恺撒其人。

恺撒其人

恺撒一路走来,路途漫漫。恺撒童年生活在罗马的苏布拉(Subura)贫民区,后来年岁不大的他获选担任罗马大祭司,迁居罗马广场外的皇家寓所;他从为躲避独裁官苏拉的死刑判决而藏身于意大利中部山区,同时还得与疟疾抗争,到后来发起抗击罗马宿敌的战斗,并以辉煌的战绩赢得了这场安纳托利亚(Anatolia)山区之战,这些经历之精彩,恺撒只能述之以他的那句名言 VENI VIDI VICI——"我来,我见,我征服"[9];年仅20

岁的恺撒便荣获罗马第二高的军人荣誉,尊享全体元老起立鼓掌欢迎(每次他来到议事厅)的待遇,并对拜倒在他脚下的高卢叛军败将发号施令;恺撒先后有过三次婚姻,与罗马要员的太太们频频偷情,甚至与一位身为亚历山大大帝(Alexander the Great)麾下将军后裔的女王有过私情。早年的恺撒是一位富于改革精神的执政官,他与元老院针锋相对并大获全胜;他认为,除了罗马当时最伟大的将军庞培和当时的首富马尔库斯·李锡尼·克拉苏(Marcus Licinius Crassus),无人能与自己相比。到公元前45年,恺撒先后超越了两人;他征服了三个大洲,撰写的军事回忆录作为文学经典流芳2000年。他既为天才,也是魔鬼,精于权术、战争和写作——三冠之王绝无仅有。

在恺撒生活的社会,谦逊并非美德。恺撒属于亚里士多德(Aristotle)所称的拥有伟大灵魂之人[10],志向远大而目空一切。他对自己的智商、才干和效能充满自信。他不乏勇气,也不缺魄力,且极其热衷于自我吹嘘。他自认是个平易近人的权术大师。战争中,他总能力挽狂澜,一次次地拯救军队于覆灭。对敌人,他冷峻、公平而审慎;对罗马人,他无限宽厚仁慈。他赞同这样一种信念,即"依其功绩,凯旋将军盖乌斯·恺撒理应受到共和国的褒奖"[11]。

自幼年起的经历[12]使恺撒意识到他理应成为罗马第一人[13]。他自信可以不用太多地求助元老院就能领导好人民;他认为元老院有碍于他实现一个崭新的、更加伟大的罗马的愿景。按其愿景,这个重塑的罗马城必须与帝国相称。在这个重构的帝国中,所有居民都是公民,而非臣民;在这个经过改革的国家里,公众都是公共物品的贡献者,而非贵族精英道上的绊脚石。

恺撒于公元前59年担任执政官,克服了元老院的重重阻碍,通过两项旨在减轻穷人负担的土地法案。他还率先通过了一项旨在保护帝国人民免遭行省总督滥用权力的法案。元老院反对恺撒，但恺撒避实就虚，使法案在立法会议上获得人民的通过。这虽合法，但不合惯例。

恺撒对惯例和元老院都缺乏耐心。他是穷人的庇护者[14]，并以此为傲；而元老院对穷人的要求则拒不做出丝毫让步，这使恺撒从心底里藐视元老院。恺撒提拔了那些让元老院的势利鬼们感到恐惧的人——罗马骑士、意大利人、来自高卢和西班牙的新公民，乃至自由人之子，且莫说那些来自欠债和戴罪的贵族家庭的年轻人。对此，恺撒不做辩解，事实上，他曾经说过，如果需要动用暴徒和杀人犯[15]来捍卫他的荣耀，他会很乐意地委这些人以高就。恺撒也会毫不迟疑地动用武力抗击他的精英对手们。在一次激烈的争执后，他将加图赶出元老院并将其囚禁；他一位身为精英人士的执政官同事，只因试图阻止一项土地法案的通过，就在公共场合遭到了攻击。

恺撒毕生热衷冒险，信奉暴力。有一次，他同几个朋友和奴隶乘坐小船冒险跨越亚得里亚海，[16] 丘尼卡*下的大腿上只缠了一柄军用匕首以防碰上海盗——这一切只因年轻的恺撒着急赶回罗马。还有一次，因麻痹大意，恺撒把部队开进了位于高卢萨比斯河畔的敌人伏击圈，[17] 眼看就要被准备充分的敌人击溃。他将战场上所有的人马聚集起来，亲临前线作战，依靠出色的副手提图斯·拉比努斯（Titus Labienus），最终夺得胜利。恺撒在《高卢战记》（Commentaries）中将这次危难描述为一场大胜，然而对他副手的贡献着笔不多。

恺撒所冒的最大风险是他公元前49年跨过卢比孔河的那一次。这条小河是山南高卢和意大利本土的分界线。任何将军未经元老院批准率部进入意大利都是不合法的。但是，恺撒在公元前49年1月（依照现行公历则是公元前50年11月）的一天夜里就这样做了。

---

* 一种长及膝盖的袋状贯头衣，古罗马男性通常将其穿在里面，外套托加长袍。——编注

今天,"跨过卢比孔河"(crossing the Rubicon)的意思是破釜沉舟,说的就是恺撒。他目无元老院,违抗法律,这也是5年内战的开端。在加图和庞培的统领下,元老院中那些反对恺撒的人要求他交出军队的指挥权,以一介平民的身份回到罗马。恺撒意识到如果照做,就算不是生命的结束,也意味着政治生涯的结束,他拒绝了。他向士兵们发表演说时称,他的政敌执掌着元老院,[18]正危及罗马人民的自由和他的尊严。士兵们纷纷表示将衷心拥戴自己的统帅。于是,恺撒不惜冒着挑起内战的风险,跨过卢比孔河向罗马进军。

任何政治家都不能阻止恺撒,任何军队也无法将他击溃。在10年左右的时间里,高卢人将恺撒奉为自己的王。举个小小的例子,在阿莱西亚遭到恺撒围攻之后,高卢叛军首领韦辛格托里克斯(Vercingetorix)*身披上好的甲胄拜倒在恺撒脚下。[19]亲自体验过来之不易的权力之后,恺撒再也无意将其让渡于那帮卑劣而险恶的罗马政客,他深知正是这些家伙不顾他对国家立下的汗马功劳,将内战强加到他的头上。

但是任何一个对男女私情多少有些兴趣的人,都难免会认为激励恺撒捞取更多权力的最大动力在于他的情妇——埃及女王。

克利奥帕特拉

恺撒是在公元前48年赴埃及追击庞培时遇见克利奥帕特拉的。庞培被所谓的朋友、埃及法老托勒密十三世(Ptolemy XIII)**出卖,刚一上岸便遭人刺杀。恺撒厌恶托勒密,因他使恺撒领受庞培投降的愿望破灭,再则,

---

* 高卢人首领,领导反对罗马人的统治,后失败。——译注
** 古埃及托勒密王朝法老,统治时期为公元前51—前47年。——译注

他拒绝资助恺撒的部队。但是,恺撒却与托勒密的姐姐克利奥帕特拉一拍即合,结为盟友。克利奥帕特拉乐意资助恺撒,条件是恺撒必须支持她申索王位。

如某个故事里描述的那样,她身裹床单被偷偷带到亚历山大(Alexandria)的一座宫殿里,一直到了恺撒面前才揭开。克利奥帕特拉身材娇美[20],个头不高却活力四射,善骑马打猎。依硬币上克利奥帕特拉的肖像判断,她并非传统意义上的那种美,她下颚突出,嘴巴硕大,鼻子敦实,但硬币上的肖像可能赋予了她某些言过其实的阳刚气,让她看起来更具君王之相。可以肯定地说,克利奥帕特拉十分机灵、可爱、诱人。她的确魅力无穷——她就是埃及,那个古老而典雅的国度;她就是荣耀,因为她是曾为亚历山大大帝将军的托勒密一世的后人;她还很年轻。当时的克利奥帕特拉21岁,恺撒52岁。他们相会不出一个月,她就怀孕了。

恺撒和克利奥帕特拉每每相聚,总要通宵达旦寻欢作乐。他俩同乘她那艘富丽堂皇的驳船巡游尼罗河。他们在400多艘船的陪同下,一路向南,几近埃塞俄比亚(Ethiopia),沿途览尽雄伟的庙宇和奇异的动植物。这是一次发现之旅、探险之旅,也是一次浪漫之旅。

公元前47年春天,经过在亚历山大和尼罗河三角洲的艰苦作战,恺撒成了埃及的主宰,克利奥帕特拉也成了他的情妇,或者传说是这样传的。两人都是追逐权力的政客,绝非一味傻傻地追求爱情。明智的政治思维促使恺撒选择了克利奥帕特拉,而不是托勒密,因为前者更柔弱一些。托勒密在亚历山大享有强大的民众支持;而克利奥帕特拉需要罗马,作为埃及的统治者,她将衷心接受恺撒的庇护。

然而,这个精明的年轻女王可能已经对恺撒产生了影响。例如,假如她问恺撒为什么他不是神,恺撒会怎么想呢?毕竟,克利奥帕特拉是神,因为埃及的每一位法老都是神,不论男女;亚历山大大帝是神;同理,希腊东部其他的统治者也都如此。为什么恺撒不是神呢？就此而言，为什么他不是国王呢？通过称赞恺撒在亚历山大咄咄逼人的表现，克利奥帕特拉很可能强化了恺撒的这一意愿，即撇开元老院那帮令人生厌的贵族和隐藏在后面保护其特权的那些章程上的繁文缛节。克利奥帕特拉与亚历山大的关系使恺撒意识到在东方还有新的天地待他征服。

公元前47年的夏天，恺撒离开埃及后，克利奥帕特拉生下一个男孩。她给孩子取名为托勒密十五世·恺撒（Ptolemy XV Caeser），但人们都叫他恺撒里昂（Caesarion）或小恺撒。克利奥帕特拉声称孩子的父亲为恺撒。恺撒作何反应不得而知（如果有的话），因为这一话题被纳入了后来的一场场宣传战之中。罗马一则史料透露，"一些希腊作家"[21]宣称小恺撒的神态和走路姿态都与恺撒极为相像。

恺撒或许不是一个溺爱孩子的父亲，但是也不难想象这孩子会鼓舞他的灵魂。20年前恺撒33岁时，曾经惋惜亚历山大大帝[22]在他这个年纪就已离开人世了，当时的恺撒仍然一事无成，默默无闻。现在，他已经是伟大的征服者，小恺撒从基因上使他与亚历山大大帝的一位将军产生了关联。纵然恺撒承认这是他的孩子，他也断然不会将这半个埃及人的私生子立为自己罗马的继承人。

现在，我们更有理由相信亚历山大给恺撒留下了深刻印象。这座城市给任何人都会留下深刻印象的，其人口与罗马相当，但更加宏伟。它由亚历山大大帝奠基，是托勒密王朝的大观园；起于耸立在城北一座小岛上大约106米高的灯塔。亚历山大的建筑简直令人眼花缭乱。宫殿区、港口、柱廊、博物馆、大图书馆、托勒密家族和亚历山大大帝的陵墓、纵横交错的宽阔林荫大道、交错镶嵌的大理石与花岗石——一切的一切无不使游客着迷。亚历山大使罗马相形见绌。难怪恺撒后来强调一定要建设一个更大、更好的罗马。

恺撒在公元前47年离开亚历山大后对克利奥帕特拉念念不忘。第二年他回到罗马，将一尊镀金的女王雕像陈列到新建的广场上。这尊雕像成了一记扇在罗马守旧派脸上的响亮耳光。

但是，恺撒并不把他们放在眼中。他知道，元老院里的多数元老及几乎所有的前执政官在内战中都反对他。对恺撒而言，重要的是罗马及各行省的新精英人士中为数不多可信赖的忠臣和他的盟友、城市平民，特别是军队。对于安抚整个"精英阶层"，他已经做到了仁至义尽，他们要抱怨，就让他们抱怨去吧。恺撒的部下会给予他的应得，他就是这个国家最大的希望所在。

恺撒部下

高卢一战不仅成就了恺撒史上"伟大征服者之一"的威名，也让他建立了一个国中之国。首要的是他的军队。

恺撒之前的将军们也都将下属的忠诚作为政治工具，但没有谁比他干得更漂亮。这在当时是有目共睹的，在恺撒《高卢战记》的字里行间也依然焕发着光辉。这部作品情系百夫长——相当于上尉，而不是高级军官。恺撒对他们的勇敢、自我牺牲和专业素养不吝笔墨，大书特书；在罗马，他们对恺撒的报答也不仅是充当他的政治盟友，在恺撒公元前49年跨过卢比孔河、发动内战前，他们甚至借钱给他。

百夫长并不穷困。他们可能都来自上层中产阶级，纵然不是，他们凭职位也能获得优厚待遇。相比之下，普通士兵却很穷，他们只是拥戴自己的首领。对此，恺撒倒没什么感伤的。他曾说，权力依赖的只有两样东西[23]：士兵和金钱。恺撒给手下金钱，让金钱发挥奇效；他也养就了一种坚韧的作风——与士兵们同甘共苦，风雨同舟。例如，每次作战伊始，恺撒总会将军官的马匹放走，[24] 表明此次战斗非胜即亡。当然，他率先放走的是自己的马匹。

不论小事，如以不理发剃须[25]表达对重大伤亡的哀悼；还是大事，如分发薪水、战利品和土地，恺撒都能事无巨细，精心打理。所产生的效果是恺撒下属"对他绝对效忠，坚定不移"[26]。人们对罗马传说中的建国者罗慕路斯的评价同样也适用于恺撒：

> 他取悦民众胜于取悦元老院；[27] 但在士兵心目中，他是迄今最受爱戴的人。

公元前46年，他的士兵们行进在恺撒凯旋庆典的队伍中，身着配有荣誉饰品的军服，一边欢呼着，一边高唱着以恺撒风流韵事编成的段子歌曲。他们还齐声高叫道："做对了你要受惩罚，做错了你就做国王。"[28] 他们的意思自然就是身为执政官的恺撒违背法律，挑起内战，不但逃过惩罚，最终还能雄冠天下。据说，恺撒对于他与部下间的相识相知甚感欣慰，但他不会将这种意气相投流于口头。

每获胜利，恺撒都会给士兵们分发巨额奖金。每个老兵都能一次性获得6000第纳里乌斯*，这是军团士兵年薪（225第纳里乌斯）的25倍还多。百夫长的收入是老兵的两倍，军事保民官和骑兵统帅的收入是老兵的4倍——这些数额巨大的奖金只能以恺撒从战争中掠夺来的庞大财富做保障。

这是后来一系列事件的开端。士兵才是罗马实力的体现。这一点在未来不出3年的时间里将有目共睹。就当下而言，人们仍然相信士兵会对当权者俯首帖耳。

---

* 大约公元前211年开始铸造使用的古罗马银币。——编注

恺撒企望的是城市平民的支持，他也会给平民钱。士兵们对有人参与财富分配愤愤不平，他们发动暴乱以示抗议，然而都被恺撒逐一平定。超过25万的男性公民每人都能获得100银币。接下来是罗马和意大利其余地区的租金减免，这无疑是穷人的一大福音。恺撒绝不会认同几个世纪之后罗马皇帝塞普提米乌斯·塞维鲁（Septimius Severus）临终前对他儿子说的话："让士兵们富起来，别管其他人。"[29] 恺撒深知，没有军队支持，他根本无从统治，但没有人民支持，他就不能和平地统治。因此，他杀了三个闹事的士兵，其中两人按程序行刑；他将他们的头颅砍下挂在自己办公室门外示众，以儆效尤。

除了士兵和城市平民，恺撒还构建了一个新的精英阶层。自身居高卢时起，恺撒就组建了一个由政治家、行政人员、律师、宣传员、调停人和银行家共同构成的顾问团，分别充当事务把关人、麻烦终结者、特工和舆论杀手的角色。他们中几乎没有人来自罗马贵族阶层，有的甚至不是土生土长的罗马市民。他们大多来自意大利的上流社会，也算罗马人，但基本上都无法担任高级职务。

恺撒精英团队中，权力最大的两个人是罗马骑士盖乌斯·奥庇乌斯（Gaius Oppius）和来自西班牙的新公民卢基乌斯·科尔内利乌斯·巴尔布斯（Lucius Cornelius Balbus）。因既熟悉内情又能守口如瓶，[30] 两人隐身幕后充当恺撒的耳目。他们身负参谋长、通信部长和财政部长的职能，在幕后操纵着罗马方方面面的事务。西塞罗抱怨道，巴尔布斯在拟定法令[31]时，不征求他的意见就直接在上面替他签名；西塞罗也曾感叹，过去自己是罗马共和国这艘大船的实际舵手，[32] 而现在他在这里几乎无足轻重。

最令西塞罗不快的是，他发现不经过巴尔布斯和奥庇乌斯就几乎见不到恺撒。这一程序不仅折腾人，还有辱他的人格尊严——试想一下，他得与等级低下的人们混在一处！似乎恺撒本人也承认，他的这些事务把关人使他多么不得人心。据传，恺撒曾经说过，如果西塞罗这样的人都要候见他，[33]那么包括西塞罗在内的所有人一定都会非常记恨他。恺撒明显感觉到了这一点，但非常不幸，他别无选择。

恺撒的改革

恺撒在那比驰庄园等待入城时，可能已经想到自己给罗马带来了多大的变化。前一年，他通过了一系列令人眼花缭乱的法令，从多个方面——从粮食赈济到历法，从乡村到海外新殖民地——推动了国家的发展。

对于城市平民，恺撒带来了赈济品、娱乐和不至于损害到富人的债务减免；对于各大行省的支持者们，他带来了罗马的公民权；对于罗马骑士，他开启了通往公职和元老院席位的大门，使元老院席位由原来的600个增加到900个。恺撒的新元老中，有些人来自山南高卢，还有阿尔卑斯山脉以北高卢地区*的公民。对于庞培原来的追随者，恺撒皆予以宽恕并加以提拔。他以巨额财富收买新朋友，这些人中，有获得低息借贷或无息借贷的元老，也有自由民，甚至还有能够左右主人的奴隶。

恺撒为老兵们划拨土地，为城市贫民提供粮食，但是也有无奈之举——减少接受粮食赈济的人口数量，启动将大量城市贫民移居海外新殖民地的计划。到恺撒去世时，共有8万移民得到了安置。恺撒颁布法令，按内战前的价格评估土地，以此减轻债务人负担，但他拒绝将债务一笔勾销，这就消除了债权人的疑虑。与此同时，他鼓励医生和教师迁居罗马。

恺撒将行省总督的任期压缩至两年，为的是不让别人模仿自己曾经利

---

* 即"山北高卢"。——译注

用高卢那样，以行省作为跳板跃向权力之巅。他增加公职人员的数量，这样既能缓解繁重公务的压力，又能为朋友们提供职位。但是，到目前为止，他最重要的行政改革与历法相关。鉴于一年大约354天的罗马太阴历已经失去了合理性，恺撒推出了一项划时代的改革，即施行365天加闰年的太阳历。时至今日，该历法仍为世界上多数国家采用（公元18世纪时做了一些调整）。新的历法于公元前45年1月1日启用。

就都城而言，恺撒以帝国的气派取代了共和国的节制，并为这座城市加上了王朝的烙印。世间万物的中心位置非恺撒莫属，这个独裁官，这个几近半神的人物。

大理石之城

在公元前46年9月的罗马凯旋庆典之后，恺撒举行了一系列壮观的公众晚宴和娱乐活动，其中就有为他已去世9年的女儿尤利娅举行的格斗比赛。为纪念女儿而举行此类赛事，史无前例。更为罕见的是，这项赛事与9月26日投入使用的新神庙，即母神维纳斯神庙（Temple of Mother Venus）的落成仪式同时举行。这座神庙很重要，事实上，它标志着罗马城中心大规模重建的开始。正如其他事情一样，恺撒正在追随庞培的脚步。

庞培曾建起了一片壮观的新式建筑群，旨在纪念他公元前61年的凯旋与在东方建立的功勋。当时庞培已经清除了海上的海盗，战胜了本都（Pontus）恐怖的谋反国王米特拉达梯（Mithradates），为共和国赢得了一系列崭新而耀眼的行省和受保护领地。这一新式建筑群由两个相互连接的部分组成，即庞培柱廊和庞培剧场，罗马人有时把它们叫作"庞培建筑群"。虽然其轮廓可以从当今的街道规划中，乃至一些建筑物占用的空间里寻得端倪，但留下的遗迹所剩无几。不过，这一建筑群在当时却如日后的罗马斗兽场一样具有标志性意义。

庞培建筑群包含罗马首座永久性剧场（其实是首座罗马公园）、胜利的维纳斯（Venus the Victorious）神庙（庞培个人的胜利女神）、艺术画廊、商场、政府机关、新的元老院议事厅，以及庞培雕像。整体而言，建筑群就是一座巨型纪念碑，专为一位盛气凌人的将军而立，此人以其自大和野心相威胁，要扼杀共和国的自由。

自公元前 55 年落成，庞培建筑群就广受欢迎。一年后，恺撒启动了一个自己的、新的大工程——尤利乌斯广场，或称恺撒广场。如庞培柱廊一样，它也是柱廊，一个带有维纳斯神庙的矩形空间；不同的是，恺撒的神庙是献给"母神维纳斯"的，因为维纳斯既为恺撒家族祖先，也是罗马人民的母亲。* 因此，这一由"胜利者"向"母亲"的转变具有了双重含义。

在"母神维纳斯神庙"前，矗立着一座以亚历山大大帝那种征服者姿态为摹本的恺撒骑马雕像。毗邻广场的是新建的元老院议事厅，也叫"尤利安元老院议事厅"（Curia Julia），以尤利乌斯·恺撒家族的族名命名。

与庞培建筑群不同的是，恺撒广场不设剧场，但恺撒计划在附近修建一个具有类似功能的建筑（最终建成了"马尔切洛剧场"，完工于奥古斯都时期，今日仍有部分残存）。这里没有公园，但正如我们将在下文看到的，在这一点上，恺撒有一个超越庞培的计划。最重要的，也是区别于庞培建筑群的是，恺撒广场居于罗马的中心位置，与罗马广场毗连。而庞培建筑群位于战神广场，大约在 800 米开外，地处共和国城墙与台伯河（Tiber）转折处之间低洼的平地上。恺撒这是在罗马的权力中心实实在在地插上了

---

* 在罗马神话中，维纳斯被认为是全体罗马人的母亲，恺撒则宣称维纳斯是自己的祖先。——编注

自己的旗帜，单是这块地产本身就耗费了一笔巨资，[34] 数额之大几乎足以供养整整一代罗马军队。

神庙里供奉着一尊维纳斯雕像，这是罗马著名的希腊雕塑家阿尔克西拉乌斯（Arcesilaus）的作品。神庙里的其他饰品都是献给女神的礼物，有贵重的画作、宝石雕刻、镶有不列颠珍珠的胸甲。最后，还有克利奥帕特拉的镀金雕像。

恺撒建造的新广场和元老院议事厅只是一个开端。他还命令全面翻修位于元老院议事厅前面的集会场地，这是罗马最重要的政治资产。这里将来会建一个新的集会场地，一个新的演讲台；在其东边，部署有一座新的司法综合建筑，即"尤利安法院"——也是以恺撒家族族名命名。他计划在战神广场兴建的用于选举的巨型大理石柱廊，叫作"尤利安围场"。这表明，共和国最为神圣的场地已被某一家族不友好地攫取了。具有讽刺意味的是，尽管恺撒扩展了公众发言和选举的空间，却使两者相互脱节。在幕后，这位独裁官操纵着无形的权力之线，决定着谁能或谁不能担任公职。

不仅于此。恺撒还策划了一座大型的、新的战神神庙和一座能与亚历山大图书馆相媲美的图书馆。为了终结城里经常性的淹水问题，他授命将台伯河从罗马市中心改道，还计划在位于罗马西南方30多千米奥斯蒂亚（Ostia）的台伯河河口筹建一座大型港口。

我们不禁猜想，恺撒和克利奥帕特拉共同策划了上述工程，为的是使罗马也如当时的亚历山大一般壮观，成为一个匹配恺撒威名的城市。再说，这些公共设施项目既能为穷人带来工作机会，还能带来产生战略性收益的合约，两者皆能为恺撒赢得更多支持。

恺撒所图

纵然做了10年的独裁官,纵然元老院已经扩大、广场已经重建、广场上是惊恐的沉默、人口大涨大落,恺撒依然缺乏正统性。大多数的罗马人希望一如既往延续共和制。然而,恺撒的行动盖过了所有话语。人们深知,独裁官希望的是让属于元老院和人民各个传统机构的权力落入他及他朋友之手。

恺撒会通过强调改革的必要性和守旧的顽固派的冥顽不化来证明自己行动的合理性。但这样的言辞都将被置若罔闻,元老院和人民都不愿放弃他们自古以来的自由。恺撒无法说服他们,只能通过改革的累积使人们适应改革。因为如果罗马延续共和,他将永远无法获得他认为的能配得上其尊严与成就的赞赏。

要改变罗马,一生一世是做不到的。何况,恺撒浑然不知此生还剩下多少时间。

有些人以为他意气消沉。"就欲望或荣耀而言,此生足矣。"[35] 恺撒在公元前46年多次这样说道。他的一些朋友认为,[36] 鉴于恺撒的健康每况愈下,他也不期望能活得太久。在恺撒垂暮之年,出现了关于他昏厥和夜惊频频[37]的记载,这也许是癫痫的症状。

恺撒是一个癫痫患者[38],也是一个政治家,因此他会认真管理自己的健康信息。他的癫痫的确会偶尔发作,还可能伴有眩晕和昏厥,但史料中提及的一些事情似乎又存在疑点,很可能是用于掩盖公共广场演讲中的失策或战争中失误的托词。总体来说,恺撒身体很好。事实上,他正在谋划另一场重大的军事行动。

尽管如此,恺撒明白自己也是凡人俗胎。他也明白,自己没有一个合法继承人,一个能够继承他罗马遗产的儿子。

屋大维

恺撒在他位于那比驰的庄园里修订了遗嘱，那天是9月的月中日，即公元前45年9月13日。[39] 这份文件的关键点[40]在于，恺撒过世后，他收养盖乌斯·屋大维乌斯（即屋大维）为义子，将"恺撒"之名赐予他，并让这个屋大维家的后嗣继承自己四分之三的财产。

那年初夏，恺撒在返回意大利途中授予安东尼一项特别任职，也授予德奇姆斯和屋大维同等的任职。这似乎为安东尼期望成为恺撒义子的传闻[41]提供了充分依据。德奇姆斯乘坐的是第二辆战车，并且他已被另外一人收养；不过，有志者事竟成，他也可能期望被选中。然而，恺撒选择了屋大维。

我们可以把安东尼的指责当作诋毁加以驳斥，他说屋大维是卖身投靠[42]，但问题依然是为什么恺撒会做此选择。也许，这个老狐狸觉察到屋大维比安东尼更为持重。如果真是这样，恺撒的选择就是自然而然的了。接下来发生的事很快证明，屋大维确实才华横溢、精明机敏、志向远大、敢作敢当又冷酷无情，这样的人正中恺撒下怀。屋大维知道如何施展魅力，这无疑使恺撒印象至深，甚至产生了奇效。再说，恺撒选来承担见不得光的财务工作的安东尼，并非伟大恺撒继承人的人选。这可否用血浓于水来解释？安东尼是恺撒的远房表亲，而屋大维是他的甥孙。

就德奇姆斯而言，他与恺撒非亲非故。德奇姆斯在战场上是一位英勇的指挥官，但不是一位战略家。德奇姆斯和安东尼与旧式贵族的联系比屋大维更紧密，但两人都不如他诡诈。安东尼和德奇姆斯都已年近不惑；而屋大维离18岁还差1个月。然而，在恺撒眼中，屋大维就算不比两人更优秀，也是与二人旗鼓相当。

从西班牙归来之后，子嗣的问题就摆到了恺撒的面前。庞培死去已经3年，但他仍能经由儿子与恺撒作战。恺撒或许除了与克利奥帕特拉的孩子，那个非婚生的小恺撒之外再无儿子，收养屋大维不失为一个解决之道。

不论从法律的角度，还是从政治的角度，收养都十分复杂。在罗马，收养成年人倒是常规操作，但依照遗嘱来收养就不然了。当然，倒也没有要求屋大维非接受不可。事实上，恺撒已经为屋大维的拒绝留出了余地，他已指定了候补继承人。毕竟，恺撒才50多岁，有望再活20个年头，那时屋大维也就成熟了。恺撒也考虑到自己可能会有一个合法的儿子，这样就可以优先于屋大维了。不过，这份遗嘱表明，恺撒异乎寻常地信赖他这位年轻的甥孙。

遗嘱交由维斯塔贞女（Vestal Virgins）的首席女祭司妥善保管。很显然，即使在罗马这个少有或根本就没有什么东西是神圣的地方，这样做也意味着遗嘱是保密的。不过，令我们不得不怀疑的是，当他们三人（安东尼、德奇姆斯和屋大维本人）在公元前45年同车返回意大利时，有没有人觉察到了恺撒决定性的选择呢？

CAESAR'S
LAST
TRIUMPH

第四章 终极凯旋

公元前 45 年 10 月初，在那比驰庄园住了很长一段时间后，恺撒最终进入罗马城。这是他的第五次凯旋，标志着他在西班牙取得的胜利，其主题为西班牙著名的金属财富——银。这一次要掩藏这场战争的内战实质比公元前 46 年更难，因为作战的对象是罗马人而非外敌。因此，这样的凯旋就算不非法，也是令人不悦的。纵然如此，恺撒依然要加以纪念，这就难免不出事了。

当独裁官乘坐凯旋战车从平民保民官面前通过时，其中 9 人起立致敬，1 人无动于衷。每年选出的平民保民官有 10 位，原则上代表普通民众，但有时也有人来自精英阶层。这位坐着不动的就是内战中曾经支持过庞培的庞提乌斯·阿奎拉。这个庞提乌斯很可能就是西塞罗的朋友，也极有可能就是那个失去了那不勒斯附近房产[1]（现在已落入塞维莉娅之手）的庞提乌斯。如果真是那样，他肯定对恺撒充满了个人怨恨。

恺撒被激怒了。"向我讨回共和吧，保民官阿奎拉！"他叫嚣道。[2] 这还不算完。几天来，每当恺撒要公开做出允诺时，都会讥讽道："那行，如果庞提乌斯·阿奎拉允许的话。"³ 当然,并不是每个人都喜欢这样的玩笑,因为普通罗马人将平民保民官视作自己的保护者。

恺撒为罗马人民举办了公共晚宴,以此为自己在西班牙的胜利画上了句号。4天后,他又为民众举办了一次宴会,这次堪称盛况空前。他说,他想为首餐的不充分做些弥补。作为政客,恺撒能敏锐地觉察到民众为平民保民官报不平,并试图做些补救。昔日在西班牙杀过不少罗马人的他,此时正款待着另一些罗马人。

为举办晚宴,恺撒向公众开放了自己的新庄园。可别与恺撒位于罗马城南约30千米的那比驰庄园弄混了,这座庄园名为"恺撒御园"(horti Caesaris)。它位于罗马城外台伯岛东南大约1600米处的小山头上,离城墙不远,能俯瞰台伯河西岸。罗马的王公贵族们在城里或城边的小山上建了许多娱乐用的大宅邸,这样的地方既可以沐浴夏日微风,也能够避开疟蚊栖息的泥塘,恺撒御园就属于这一类。御园里有大厅、柱廊和大庭院,每个地方都布置有精美的雕塑和画作,很可能还有狄俄尼索斯(Dionysius)神龛。狄俄尼索斯是当时受人喜爱的埃及神。在这里,可以饱览河对岸这座伟大城市令人叹为观止的景色,也可以看到一个用来进城的私人码头。

但是,恺撒御园绝不只是一处宏伟的住所。恺撒打算将柱廊用作政治舞台的背景。在一次凯旋盛典之后举行的盛宴上,它确实大显其效——事实上适得其反。恺撒站在圆柱间的空地上接受人群的致敬。不巧,一个被称为希罗菲卢斯(Herophilus)⁴ 或亚玛提乌斯(Amatius)的人就站在他旁边那块空地上,接受着几乎同等的热烈欢迎。希罗菲卢斯声称自己是伟大的马略的孙子,让自己成了穷人的宠儿。身为苏拉死对头的盖乌斯·马略(Gaius Marius,约前157—前86年)是一位伟大的将军和平民主义者,他娶了恺撒的姑母尤利娅。在罗马,扮演马略的人或所谓的马略后人比比皆是,且层出不穷。

如今，恺撒御园已荡然无存，我们对其仅有一个大致的位置概念。罗马有两尊雕像很可能是从那里搬来的。两件都是希腊原作的罗马复制品，表现众神之力和命运无常的经典主题。

两尊雕像的选材都是雅典城郊最优质的彭特利库斯（Pentelic）大理石。一尊是阿波罗神[5]，端坐在德尔斐（Delphi）神庙里的岩石上，希腊人认为德尔斐标志着世界的中心。这件不完整的作品表现的是阿波罗面向观众的健硕身躯，他的右手原本很可能握着权杖。另一尊是尼俄柏（Niobe）之子[6]。这名男孩以一个夸张的姿势倚靠在地面上，面朝观众，头扭向侧上方，流露出极度惶恐的神情。传说尼俄柏有14个孩子，都很英俊美丽，她夸耀他们，侮辱众神。出于报复，众神派出阿波罗和他姐姐阿尔忒弥斯（Artemis），后者在几分钟内就将这些孩子全部打死。尼俄柏和丈夫悲愤万分，不久就离开了人世。

不管马屁精们如何阿谀奉承，这些雕像会不会使恺撒明白自己也只是人类呢？或许，这只是两件更漂亮的战利品？

步入神坛

从公元前45年10月初至公元前44年3月中旬，恺撒在罗马度过了6个月时间。这是他15年间在罗马待得最久的一次，不过这一次与其说是返乡，不如说是到这里歇息。他决定一开春就东进，发动帕提亚（Parthia）＊之战，正如一年前他西进发动西班牙之战那样。那么恺撒在罗马的这几个月有何意图呢？稳定局势呗，西塞罗写道："他们说，他（恺撒）绝不会出征抗击帕提亚人，除非罗马的问题得到解决。"[7] 准确地讲，"解决"二字

＊ 黑海东南部的古国。——译注

的意义的确有些含混不清，因为截至公元前45年，没有谁还把恺撒看成是共和国之友的。

执政官本应该有两位，而恺撒却成了唯一的执政官，这很反常。不过，他在9月份就任期届满了。恺撒连续做了10年的独裁官，其实这一职位是经过元老院再次确认了的。但恺撒依然坚持要让自己两位最忠实的将军盖乌斯·特雷博尼乌斯和盖乌斯·法比乌斯（Gaius Fabius）担任那年余下时间的补任执政官，他懒得再搞投票表决。后来，法比乌斯走进剧场时，人们向他喝了倒彩，因为他不具备当选官员的合法性。这也表明，人们对恺撒剥夺他们选民权利的做法愤愤不平。

最后一根稻草似乎在公元前45年12月31日这天降临。法比乌斯突然身故。恺撒让老战友盖乌斯·卡尼尼乌斯·莱比鲁斯（Gaius Caninius Rebilus）担任本年剩余时间（不到24小时）的补任执政官。此刻的恺撒正在催索内战红利——多年后历史学家塔西佗（Tacitus）这样写道。[8] 当时西塞罗开玩笑说，卡尼尼乌斯在任执政官期间警惕性极高，眼睛都没眨过一下，不过这是出自一位保守人士笔端的尖刻幽默；西塞罗还写道，这种情况下要憋住眼泪简直太难。[9] 他说，在当时，这类事太多太多，不胜枚举。

所有这一切只不过是序幕。主场的开启是在公元前44年1月末或2月初，就在这个时候，元老院任命恺撒为终身独裁官[10]。这一新头衔十分重要，不论事实上是否名副其实。

恺撒已有多项大权在握，现在权力不成问题了。不经他的批准，没有人能够获得高位，虽然他不具备法律意义上的否决权。恺撒掌控着军队和国库，愿意的话，他也可以成为执政官。

问题也不在正式的君主制。恺撒反复申明自己不做国王。他说他不企望国王的头衔，这是可信的。比起价值，这可恨的头衔更招惹是非。但是，终身独裁官就是事实上的国王，古代人们都是这样认为的。3月15日刚过，西塞罗就写道："我们应该把我们实际上视为国王的人称作国王。"[11] 恺撒的支持者、后来的伟大历史学家阿西尼乌斯·波利奥（Asinius Pollio）[12] 在公元前 43 年写道，他崇敬恺撒，但也知道有他在，罗马就会蒙受不受制约的统治，一切都得任其摆布。

问题在于未来。恺撒一旦做了终身独裁官，一切就不可逆转了。即使苏拉也未曾获得过如此头衔，恰恰相反，苏拉让位下台，于退隐中了却一生。恺撒以俏皮话的方式告诉人们他的看法："苏拉交出独裁权时，连（政治的）门都没入。"[13] 意思是苏拉对政治的基本法则一无所知。这段引言来自恺撒的政敌，这点千真万确，因此这话很可能是捏造的，然而它却泛着恺撒智慧的灿烂光辉。

恺撒维持独裁统治的另一个标志就是元老院通过投票做出的誓约。每个元老都承诺确保他的万无一失，[14] 将其奉若神明。也就是说，任何一个伤害恺撒的人都有可能被处死。

国王都有法定继承人。恺撒选择他的甥孙屋大维作为自己的法定继承人，公众对此并不知晓；不过公众知道，恺撒正式任命屋大维担任第二年大半年时间的独裁官副指挥[15]，即骑兵统帅。任命自公元前 44 年 3 月 18 日生效，因为这一天，恺撒和他的将军兼时任骑兵统帅马尔库斯·埃米利乌斯·李必达将按计划离开罗马，各自奔赴外地作战，直至年底。这对于一个 18 岁的青年来说简直是莫大的荣誉，特别是在罗马人普遍对年轻人不信任的背景下。将这一任命与恺撒的遗嘱结合起来，就可清楚地看出终身独裁官已经安排好了继任者。这意味着罗马共和制度的丧钟已经敲响。

这一系列新的荣誉尽管琐碎，但无疑表明了一些罗马人将在新的权力格局下俯首帖耳。

公元前 45 年 4 月 20 日，蒙达胜利的捷报一传到罗马，元老院便不失时机地向恺撒谄媚。元老们提议举行为期 50 天的感恩活动，这比前一年他们为恺撒的北非胜利批准的假日多出 10 天；他们确定每年的 4 月 21 日为周年纪念日，举行各种广场活动；他们称恺撒为"祖国之父"[16]，为其授予"解放者"头衔，批准修建"自由神庙"；他们允许他永久使用"凯旋将军"头衔，而之前的将军们仅仅是临时使用。凯旋将军或"统帅"，是部队取得重大胜利后授予将军的头衔。元老们还允许恺撒在所有正式场合身着紫金色凯旋战袍，头戴桂冠——这是众神之王朱庇特的形象。人们戏称桂冠是恺撒最中意的荣耀，[17]因为它能够遮蔽他那后退中的发际线——他对自己的秃顶毫无办法。

加图的元老院和他那样的人永远也不会如此堕落，但这些人已经消失了。内战消灭了他们。作为元老院最后的"狮子"，西塞罗也已处于半隐退状态，再说他也不会冲着恺撒大叫大嚷。现在的元老院似乎连半只"大猫"*也没剩下了。

因此，奉承竞赛已经逐步升级至授制新雕像的阶段了。（战神）奎里努斯（Quirinus）就是一个显例，他是罗马人敬奉的默默无闻的众神之一。奎里努斯最初可能是一位地方神，到恺撒时期，奎里努斯被用以代表英雄罗慕路斯——后被封神的传说中罗马的创始人。因此人们决定在奎里纳尔山的奎里努斯神庙里立一尊带有"献给无敌之神"字样的恺撒雕像，象征着将恺撒奉为罗马第二创始人。西塞罗私下提出抗议，他在致友人的信中诙谐地写道，让他与奎里努斯神共享神庙[18]，要好过与救世（Salvation）女神共享神庙。为什么？因为如果他像奎里努斯，那就有望除掉他。因为据传，为了阻止最早的奎里努斯（罗慕路斯）成为暴君，元老们把他给杀了。[19]

另一尊恺撒雕像被安放在卡比托利欧山（Capitoline Hill）上，位列

---

* 指元老院里有重大影响的人物。——译注

罗马七位国王的雕像和第八尊非国王雕像之后。就是这第八个人将最后一位国王赶走，于公元前509年相传的建国日创立了罗马共和国。这个人就是卢基乌斯·尤尼乌斯·布鲁图斯，布鲁图斯和德奇姆斯都声称自己是他的后人。还有一尊恺撒雕像出现在公元前45年7月的蒙达凯旋盛典开幕的游行队伍中，排在胜利女神雕像之后。这尊恺撒雕像用象牙制成，这样的荣耀通常为众神尊享。

这些雕像的摆放位置、出现在游行队伍里和使用的材料（至少有一尊用象牙制作）近乎将恺撒捧上神坛。奎里努斯神庙里雕像上的铭文对此毫不掩饰。人们不禁要问，恺撒是否会把铭文抹去，如一年前抹去称他为"半神"的铭文[20]那样。关于这些雕像，确实有人反对。据西塞罗所言，没人为夏天游行队伍（他称之为"令人厌恶"的游行[21]）里出现的恺撒雕像欢呼。

不过这些都不重要了。公元前44年年初，元老院迈出了最后一步，他们将恺撒立为罗马帝国正式的神。恺撒将拥有自己的神庙、祭司、圣像神龛和名称——"神圣的尤利乌斯"。不过，所有这一切在他有生之年皆未能施行。

这些荣耀中是否有或哪几项是恺撒主动提出的，我们不得而知。元老院封神恺撒，很可能意在赢得来自希腊东部的和赞赏这种姿态的罗马居民的支持。

克利奥帕特拉在罗马

在恺撒向公众开放自己台伯河对岸的御园之后不久，就将其关闭，以供克利奥帕特拉专享。这是继克利奥帕特拉前一年造访罗马后的第二次造访。外国的统治者因外交事务来到这座城市本来就不鲜见。克利奥帕特拉的父亲，即托勒密十二世在位时就曾经来过。不过，无论外交官与否，克利奥帕特拉都是恺撒的情妇，她想再怀一个恺撒的孩子。

作为一国之君，克利奥帕特拉十分繁忙。在罗马，她无疑需要花大量的时间处理一些惯常事务，诸如会见国王和王后——也就是与重要人物建立关系网。双方往往互赠礼物。克利奥帕特拉从埃及带来了手镯，而罗马人提供的是信息和机会。

马克·安东尼来见她。也许正是这一见所撞击出的火花点燃了后来堪称史上最热烈浪漫之爱情的熊熊烈焰。西塞罗也来见她，但他心中并无爱恋，丝毫也没有。西塞罗得到的是一个承诺——一些埃及著名的王室藏书，但他一直没有拿到。

"我憎恨这个女王。"西塞罗在公元前44年的春天这样写道。[22] 也许有这种情绪的人不止他一个。罗马人不信任外国人，特别是希腊人和强势的女人。克利奥帕特拉的王者身份只能为谣言推波助澜，有的谣言说恺撒自己想做国王，有的说恺撒打算永久迁都亚历山大（他情妇的城市）或特洛伊，后者是他神话中的祖先埃涅阿斯（Aeneas）的城市。人们还说他要掠光帝国的财富[23]，耗尽意大利的人力资源，将罗马城交托朋友。

返身东进

恺撒打算先处理好罗马的事务[24]，再出征帕提亚。他说，他很担心自己的法令被人漠视。[25] 但是，恺撒在罗马待的时间太短，让我们很难认为他真的有此担忧。更有可能的是，他发现罗马的政治与他喜欢的舞台——战争——相比实在太憋气，也太乏味。又或许，恺撒认为有个喘息的空间，能够让罗马人适应他的统治。实际上，如果恺撒留在罗马的人达不到他的水准[26]，人们甚至会更加盼望他回来。

恺撒集结了一支庞大的军队，规模之大，至少在公元前45年秋季就已经开始调兵遣将。这是恺撒有史以来统率的最强大的军事力量——16个军团，或者说8万名步兵（如果满员）和1万名骑兵。其中的6个军团外加预备部队必须于冬季到来之前赶到艾格纳提亚大道（Via Egnatia）西端的阿波罗尼亚（Apollonia，今阿尔巴尼亚境内）附近，这条大道由罗马向东直达达达尼尔海峡（Hellespont）*。恺撒计划于公元前44年3月18日离开罗马奔赴新的战场，这是春天出征季通常的开始时间，距他在蒙达获胜恰好1年零1天。

乍一看，恺撒的帕提亚远征好像关乎国家安全；但仔细看，它能够对国内政治产生爆炸性的影响。国家安全论着眼于保卫罗马东部边境，御敌于国门之外——此前罗马叙利亚行省已遭敌国进犯。强大的帕提亚从伊朗东部延展到今天的土耳其东部和库尔德斯坦（Kurdistan）**地区。帕提亚是唯一能够威胁罗马的毗邻国家。征服了帕提亚就消除了威胁，然而一涉及战争，罗马人就会分化为不同阵营。平民主义者是鹰派，精英们是鸽派。

在恺撒的鼓动下，克拉苏曾于公元前53年进攻帕提亚，但未能得手。对于恺撒，帕提亚意味着另一次重大的军事行动；与在高卢一样，这一次针对的是外敌而非内战中的罗马同胞。高卢的胜利使恺撒坐上了终身独裁官的宝座，帕提亚的胜利也许能够为他赢得王位。那些信仰共和的人注定不会坦然面对这场新的战争。

---

* 位于土耳其欧亚两部分之间，连接马尔马拉海与爱琴海。——译注
** 位于西亚北部，范围大体从幼发拉底、底格里斯和阿拉斯等河上游起到伊朗的哈马丹，包括土耳其东南部、伊拉克北部和伊朗西部若干地区，以及叙利亚和亚美尼亚的一小部分。——译注

但恰恰相反，这场战争也许会受到胸怀大志的罗马年轻人的欢迎，无论精英还是民众。高卢之战使成千上万的人发财得势，帕提亚之战能够为有志者提供同样的成功机会。他们很可能一蹴而就，如愿以偿。

有个年轻的罗马人从此战中的获益将超越任何人，他就是屋大维。公元前45年12月，恺撒派遣他奔赴罗马重要的军事基地阿波罗尼亚，与军团和军事导师一同过冬。导师可以教授屋大维兵法，军团可以让他操练政治权术。这是恺撒将选定的继承人介绍给他的士兵的方式。而对于密切关注局势的人来说，这正是另一个惧怕帕提亚之战的缘由。

在共和国里，反战的意见可以在元老院充分发布。这里允许自由辩论，允许安排演讲，允许责难，允许吹嘘，允许分歧，允许投票，允许失败。但是现在的一切统统都是独裁官说了算。

恺撒宣称自己已经获得了足够的荣耀，[27] 但也许还没有。也许，他想以对外作战而不是内战来结束自己的军事生涯。因为他曾在公元前53年鼓动克拉苏进攻帕提亚，现在恺撒可能觉得他的尊严需要他一雪前耻。恺撒可能还想为卡莱大决战中阵亡的那些人复仇，如克拉苏的儿子普布利乌斯。普布利乌斯曾随恺撒出征高卢，是其麾下高卢骑兵部队的将领之一。恺撒还打算消除帕提亚人为逍遥法外的庞培之子塞克斯都提供援助的可能性。

在奔赴帕提亚途中，恺撒还得应对罗马叙利亚行省的局势。昆图斯·凯基利乌斯·巴苏斯（Qintus Caecilius Bassus）是一个能干而危险的人物，他在公元前46年就掌控了该行省。作为庞培的支持者，他迅速派人杀害了恺撒的堂兄塞克斯都·恺撒（Sextus Caesar）。第二年恺撒派去的新总督也被巴苏斯挫败。现在，恺撒决定亲自收拾巴苏斯。

庄园喜剧

在罗马，任何一个有头有脸的人都有一座庄园。事实上，他们通常有若干座。比如西塞罗在那不勒斯海湾就拥有三座，另外在奥尔本山区中的图斯库卢姆（Tusculum）还有一座。罗马精英都喜欢这两个地方。西塞罗在位于鲁克林努斯湖（Lake Lucrinus）东岸高地上的部丢利城［Puteoli，今那不勒斯附近的波佐利（Puzzuoli）］外就拥有一座漂亮的那不勒斯式海景庄园。

西塞罗时常抱怨他那个富有而冷漠的邻居卢基乌斯·马尔西乌斯·菲利普斯（Lucius Marcius Philippus）[28]，这家人宽大的豪宅带有多个鱼塘。这在西塞罗眼里，象征着毫无价值且并不可靠的财富。曾为执政官的菲利普斯是一个谋士，虽然与恺撒沾亲带故，但在整个内战期间却做到了保持中立。内战结束时，他获得了恺撒的嘉许。菲利普斯娶了恺撒的外甥女阿提娅，于是顺理成章成了屋大维的继父。总而言之，菲利普斯人脉不错。

因此，菲利普斯在公元前45年12月18日晚间受到恺撒的拜访，也就不足为奇了。那是罗马冬季节日农神节的第二天晚上。独裁官可是一个非同寻常的访客，因为他从不简装出行——据西塞罗所言，陪同恺撒出行的有2000名士兵外加一帮随员。这样说可能有些夸张，但恺撒肯定带上了许多人，庄园里挤满了军队。这个情况引起了西塞罗的注意，因为恺撒第二天要来他家。出于准备的需要，西塞罗向朋友借来了卫兵，并为恺撒的士兵们搭建起临时帐篷。西塞罗当天急匆匆给朋友阿提库斯去了一封情节跌宕起伏的信[29]，描述了整个过程，信中充满口语词和希腊词语，好像迫不及待地要把整个故事和盘托出，可又想把故事讲得漂亮一些。

漫长的一年过去后，西塞罗很乐意受到恺撒的关注。在2月份，西塞罗心爱的女儿图利娅（Tullia）产后身亡。她的儿子倒是活下来了，孩子的父亲、图利娅的前夫普布利乌斯·科尔内利乌斯·多拉贝拉也在时局中活下来了。两人经历了一段不幸福的婚姻后，几个月前才离婚的。西塞罗伤心欲绝，很多朋友和同事都向他表示哀悼。恺撒从西班牙来信慰问。[30] 一位朋友狡黠地写道：[31] 图利娅随共和国一同香消玉殒了。

5月，西塞罗写了一封致恺撒的信，寄出之前首先向巴尔布斯和奥庇乌斯征求意见。由于他们要求的改动太多，西塞罗思虑再三，最终放弃了写信的念头[32]。他要与这位大人物面对面交流。

公元前45年12月19日，恺撒工作了一个上午，到海滩上散了一会儿步之后，来到西塞罗的家里。后来他泡了一个澡，当然也做了推拿，刮了痧，还涂了香油。最后，恺撒坐下来，自由自在地美餐一顿。餐后是他惯常的呕吐。如许多罗马精英一样，恺撒在享受美食的同时，也会以定期呕吐来控制体重。

一切都非常友好而有节制。西塞罗经过认真但不令人崩溃的努力，给人留下了良好的印象，他对此感到很满意。恺撒似乎也很高兴。不过，西塞罗留意到恺撒在得知有关一个支持者的坏消息时，表情并没有发生变化。恺撒表面上热情洋溢，背地里却剥夺了西塞罗的政治权力和影响力；而西塞罗表面上奉承和感恩，背地里却对恺撒耿耿于怀。

西塞罗说，他们没谈什么大事，倒是谈了不少的文学。这个前执政官对这次见面有何感想？"这不是一个能让你说出'如果你能再来我会非常高兴'的客人，一次足矣。"[33] 离开西塞罗的别墅，恺撒的下一站是多拉贝拉的豪宅。作为一个曾经试图超越恺撒民意支持率的蛊惑高手，多拉贝拉在非洲和西班牙都追随过恺撒。独裁官计划将来重用此人。此刻，恺撒的随从正从多拉贝拉的庄园旁走过。恺撒端坐马上，所有武装士兵在道路两旁列队向多拉贝拉致敬。

西塞罗信件的结尾呈现的，几乎是一幅罗马权力的现实图景，波澜壮阔犹如电影大片。这位曾经借助元老院左右国家命运的演说家，现在沦于为一介马上武夫作报道。关键在于，有谁能够将这个马背上的人拉下马来？

最后的三根稻草

3月15日恺撒遇刺时，提图斯·李维（Titus Livius，公元前59—公元17年）还是少年。作为一名意大利北部地区的帕塔维乌姆（Patavium，今天的帕多瓦）人，他被卷入了那个时代的几次内战。但是正如众所周知的那样，李维最终幸免于难，写就了一部伟大的古罗马史。这部著作的大部分章节流传至今，但遗憾的是，有关尤利乌斯·恺撒的章节仅有一份简略的概述，完成于后来的罗马帝国时期。好在这份概述中包含有重要的分析。从中我们可以得知，恺撒在即将承担新角色的时候，面临着来自公共关系的巨大挑战。恺撒一生既是操控大师，也是导演。但是，终身独裁官的角色需要新的剧本。在罗马，不论"改稿人"技艺多么高超，都不可能叙写一个不引起部分观众抵制的故事。

元老院授予恺撒最高荣誉，反过来他们也带来了罗马政治家的噩梦：忌妒，也就是憎恶。据李维所述，发生于公元前45年12月、公元前44年1月和公元前44年2月的三起事件[34]使民意极大地背离恺撒而去。对某些罗马人而言，这似乎就是骆驼背上最后的那几根稻草。

第一起事件发生在公元前45年12月或公元前44年年初。元老院为独裁官表决一个又一个的荣誉。有些人说，恺撒的敌人见风使舵，为的是让恺撒在荣誉的重负下丢人现眼。只有少数的元老投了反对票。最后，元老院决定正式授予恺撒各项荣誉。他们集体走向恺撒广场，由执政官和裁判官领头，元老院其他官员和成员紧随其后。元老院的到会率向来很低，不过总人数 800～900 人的元老院中也有 100～200 人到场。他们身着威严的官袍，景象蔚为壮观，后面尾随了一大群寻常百姓。

恺撒坐在维纳斯神庙前。按礼仪要求，他应该向元老们起身致意，但他没有。不仅于此，他还开了他们一个玩笑[35]，称自己的荣誉本应减少而不是增加。几乎拒绝接受礼物，拒绝承认元老们的地位，恺撒这是在侮辱他们，而且有些人认为这也是在侮辱罗马人民。恺撒这样精明的人为什么会这么做，实在不得而知。也许，他想检验自己权力的边际何在。

各种史料就此事有太多说法。[36] 就恺撒为何要侮辱元老存在诸多解释，但无人确切知道他的侮辱是否有意而为。有人说这是导致恺撒被敌视最主要、最致命的原因，还有人说这为后来的阴谋家提供了首要的遁词。恺撒的敌人可以据此证明他在要求别人称他国王。

罗马人常常认为自己的政府就是"元老院与罗马人民"，即著名的 SENATUS POPULUSQUE ROMANUS（SPQR）。恺撒广场发生的事给人们留下这样一个印象，即恺撒不再介意元老院。接下来，他的锋芒似乎就要转向罗马人民了。

第二起事件使恺撒与公元前 44 年在任的两位平民保民官盖乌斯·厄比底乌斯·马鲁路斯（Gaius Epidius Marullus）和卢基乌斯·凯塞提乌斯·弗拉乌斯（Lucius Caesetius Flavus）形成对立。公元前 44 年 1 月的一天，两人在罗马广场演讲台的恺撒雕像头上见到了一顶冠冕。没人知道这是何人而为。这种冠冕无异于古希腊时期的王冠，只是制作得简单了些，但始终是王权的象征。它用白丝带绣成，端头打结并带有两根流苏。马鲁路斯和凯塞提乌斯把它取了下来，并以赞扬的口气说恺撒根本不需要这样的东西。即便如此，恺撒还是十分愤怒。他怀疑这是蓄意而为，是两位平民保民官安排人先放上去然后再把它拿掉的，只为作秀。同时，人们也会怀疑他真有称王之意。之后不久,在公元前 44 年 1 月 26 日这天,事态恶化了。

当天,恺撒及其随从从奥尔本山(今卡沃山)上的拉丁姆之神朱庇特(Jupiter Latiaris)神庙出来,走过山间窄道,行进在亚壁大道上。奥尔本山位于罗马东南方向,俯瞰清澈透明的阿尔比努斯湖(Lake Albinus)。恺撒一行人在这里庆祝拉丁人古老的、一年一度的拉丁节。通常,这个节庆在春季举行,但是独裁官因为出征帕提亚的缘故将它挪到了 1 月份。他们一路向北,经过布维利(Bovillae),这是尤利乌斯家族可追溯至罗马建立之前的故地。

元老院允许恺撒骑马返回罗马,如庆贺小胜一般。因此,当他到达亚壁门(Appian Gate)时,人们簇拥着这位骑在马上的独裁官。突然,人群中有人叫了他一声"国王"(rex),其他人也应声附和。恺撒回答道:"我本恺撒,非雷克斯(Rex)也。"[37] 这很机智,因为正如英语单词 King(国王,也用作姓)一样,Rex 既为姓氏,也是王室头衔。恺撒的这个文字游戏暗示有人把他名字叫错了。愤世嫉俗的人认为,这一切都是精心策划的,只为让恺撒有机会卖弄一下他所谓的共和情怀。

保民官马鲁路斯和凯塞提乌斯倒不觉得好笑。他们逮捕了那个先叫"国王"的人。现在,恺撒终于有机会宣泄自己的愤怒了,他指控二人煽动人们反对自己。马鲁路斯和凯塞提乌斯反过来发表声明,称他们在履行公务时感到被人威胁。恺撒随即召集了一次元老院大会。

有人呼吁处死这两个平民保民官,但被恺撒驳回了。他说,他是伤悲多于愤怒。他想网开一面,但这事关人格尊严。[38] 因此,他坚持罢免这两位平民保民官的职务,剥夺他们的元老资格,也确实如愿了。临走时,恺撒要求保民官凯塞提乌斯的父亲收回儿子的继承权,[39] 但遭其拒绝,后来这事也就不了了之了。

照理说,解除平民保民官的职务意味着就此事了,但有些人指控恺撒责难信使[40]。他们说，恺撒恼怒的应该是那些叫他"国王"的人，而不是平民保民官。其后不久，罗马举行新执政官选举，一些人将票投给了马鲁路斯和凯塞提乌斯。这表明人们对恺撒将选举沦为例行公事的做法深恶痛绝。

罗马的百姓十分看重他们的平民保民官，认为那是他们的保护者。恺撒曾经也是如此，他曾称公元前49年跨过卢比孔河的主要原因之一，[41] 就是要保护平民保民官，使其免遭元老院的欺凌。现在，恺撒却将自己置于民意的对立面，结果引得天怒人怨，[42] 一切的一切就因他要做国王。而令恺撒真正痴迷的，是罗马古代国王的华服，[43] 例如红色的靴子和金色的桂冠。

李维所列的第三起事件，是公元前44年2月15日牧神节的庆祝活动。恺撒广场发生的事没有剧本；亚壁门事件或是没有剧本，或是逐渐失控。而牧神节事件确实是有剧本的，至于撰写者是谁、写了些什么，倒不甚了了。

事情的原委是这样的。牧神节是一个与丰收相关的年度节日。祭司们献祭之后，只围一块腰布，在罗马城中心地带一边奔跑一边用羊皮带触碰旁观者，特别是妇女。该节日与神话中罗马的创始人罗慕路斯相关，这无疑会激起恺撒或任何将他视作罗马第二创始人的人的兴趣。2月15日前，元老院为恺撒组建了一个特别的祭司团，处理节日相关事务。马克·安东尼为大祭司，由他领跑。

牧神节的庆典一年一次，但公元前44年的牧神节非同寻常。最令人瞠目结舌的是，有人为恺撒献上王冠，而他又堂而皇之地予以拒绝。当时，恺撒就坐在罗马广场的演讲台（Rostra）上。

作为恺撒对罗马市政中心重新规划的一个部分，演讲台是一个引人注目的新建纪念物。旧的演讲台在用了几个世纪之后已被拆除。Rostra一词也有喙状物之意，指被俘战船上用铜包裹起来的冲撞角或是船首的喙状装饰。演讲台是向罗马人民致辞的主要场所，因此，旧的演讲台一直处于中心位置。在恺撒重建罗马市政设施时，将新的演讲台挪到罗马广场的一个角落里，这预示着恺撒对公众演讲人态度的改变。

恺撒的演讲台高3米多，长13米多，前缘呈圆弧形，在地基的支撑下向前延伸出一个矩形平台，后面有七级台阶上通演讲台，正面是开阔的广场。整个演讲台皆用大理石衬砌，饰以四尊雕像。恺撒复原了早年被人损毁的苏拉和庞培的雕像，他们各自骑在马上。另外，还立了两尊恺撒雕像，一尊戴着著名的橡树叶花冠，代表荣誉勋章或公民王冠；另一尊戴着青草野花花环，代表更高的军人荣誉。这两尊雕像的其中一尊骑在马上。简言之，演讲台上这几尊雕像人物，有两个独裁官和一个盛气凌人的大将军兼政治家，后者还是恺撒的女婿。可就没有一个如布鲁图斯的先辈卢基乌斯·尤尼乌斯·布鲁图斯那样的自由的捍卫者。

2月15日牧神节那天，恺撒就坐在演讲台上。他头戴金冠，身披凯旋将军的紫色托加长袍，内穿旧时国王的长袖丘尼卡，脚蹬高筒靴，坐在镀金的椅子上。台下人山人海。

一阵奔跑之后，马克·安东尼登上演讲台，将一顶冠冕戴在恺撒头上，说："人民让我把这个奉献给您。"[44] 有几个人鼓掌，但多数人沉默不语。新当选的骑兵统帅李必达也在现场。他哼了一声，面色阴郁[45]。恺撒取下冠冕，安东尼试图再给他戴上，但是又被恺撒取下。最后，恺撒命人将冠冕送往卡比托利欧山神庙，并附上文字"朱庇特是罗马人唯一的王"[46]。这引起了巨大反响。

为了纪念这一事件，恺撒在罗马官方历法"纪年表"中加上了这样一个条目："执政官马克·安东尼遵从民意向终身独裁官盖乌斯·恺撒敬奉王位，但已为恺撒所拒。"[47]

各家史料纷纷推测[48] 这后面是谁在操纵，企图为何。一些史料认为安东尼是主要推手，称他使恺撒大吃一惊，这样做或是为了奉承恺撒，或是为了为难恺撒；随后又称安东尼意在让恺撒恢复理性，放弃称王的念想。[49] 还有史料认为主角是恺撒的敌人。在这个版本中，恺撒的两个反对者[50]走上演讲台，欲使恺撒接受那个冠冕。我们无从知晓这个牧神节的真实情况，但有一点是显而易见的，那就是恺撒需要与担心他野心的民众改善关系。

恺撒依然拥有众多拥护者。例如他忠实的同僚奥卢斯·希尔提乌斯（Aulus Hirtius）后来坚持认为，恺撒是一个才华非凡的人（vir clarissimus）[51]，他使罗马更加强大。奥卢斯与其他一些人称恺撒是一代伟人[52]。只有贵族和那些"申索权力"的人才会认为恺撒"不可容忍"，一个老年拥护者如是说；多数人"为他频频取得辉煌战绩而欣喜"，并"仰慕这个他们认为超凡的人"。[53] 然而，在公元前44年的冬季，普通罗马人的所思所想是值得商榷的。恺撒通过终止贵族的暴力纷争，为城市平民带去了土地与和平，同时也以公共盛宴和壮观景象丰富了人们的生活。但是，城市平民厌恶恺撒攻击平民保民官和暗中破坏选举的做法。也许，人们不太在乎那些来自高卢的新元老。在一些人看来，恺撒似乎正在失去人心。

那时，很多人认为恺撒在牧神节上拒受王冠是想试探人们是否支持[54]他做国王。人们相信他确实想做国王，故而十分鄙视他。

敌意是统治者的巨大危险之一[55]，特别是当敌意来自于普通百姓时。敌意激发阴谋，来自人们的敌意使阴谋家们认为他们的计划能够得手。恺撒即将亲身检验这条原则。

3个月来，恺撒蔑视元老院，罢免平民保民官，亲近君主制。到2月份，那个推翻恺撒的阴谋正在酝酿。事实上，它可能早已形成。

BLOOD
ON THE
STONES

第二部分
石上血迹

THE
DEATH
OF
CAESAR

THE BIRTH OF A PLOT

第五章 酝酿阴谋

行刺恺撒的阴谋始于盖乌斯·卡西乌斯·朗吉努斯穿过小镇前来拜会他内兄期间。虽然卡西乌斯娶了布鲁图斯的妹妹,但他已经好几个月没跟马尔库斯·尤尼乌斯·布鲁图斯说话了,只因布鲁图斯抢了他的肥差而心生怒气。然而,现在卡西乌斯需要布鲁图斯两人谈话一开始就十分友好,彼此都表示要言归于好,接着是长时间认真的商讨。最后,卡西乌斯张开双臂拥抱了布鲁图斯。自此,尤利乌斯·恺撒已命在旦夕。这时是公元前44 年 2 月。

或者说,众所周知的史料是这样陈述的。[1] 这一说法貌似可信,但事实上,我们根本就无从得知阴谋是如何开始的,也不知道同谋是谁。莎士比亚告诉我们,布鲁图斯和卡西乌斯是阴谋的始作俑者,但是这位大诗人不过在沿用旧有的传说。还有史料称,阴谋的主谋是三人,不是两人,除了布鲁图斯和卡西乌斯,还有德奇姆斯。我们最早的关于这一阴谋的全面史料甚至将德奇姆斯列为所有阴谋家之首。[2]

德奇姆斯绝非仅仅是被指定执行特别使命的人;他才是关键人物。布鲁图斯和卡西乌斯为庞培与共和国而战，但是德奇姆斯却已效忠恺撒10年有余。为什么现在变节？尽管德奇姆斯后来宣称自己完全是为了拯救共和，[3]但他是一个精明而实际的人，属于为机遇、荣誉和私利所驱动的那一类人。不仅德奇姆斯一人，恺撒其他的朋友也参与了这一阴谋。对恺撒而言，这就绝非只是公众关系上的失策，简直是信任危机。恺撒破坏了罗马人生活的不成文规定，这伤及了他本该被报以忠诚的友谊，甚至让重要的朋友们相信，没有自己的话，他们会过得更好。

可以预见，罗马贵族根本不会接纳一个终身独裁官。出于对自有特权的保护，一旦他们认为时机基本成熟，就会抓紧密谋除掉恺撒，而非屈从。在公元前44年冬季，人民不满的种种迹象为他们带去了信心。他们可能迟疑过，但是恺撒临近的帕提亚出征迫使他们立即动手。

公元前49年时，在一些人眼中，恺撒好似汉尼拔第二——那个策马自西而来、进犯意大利的伟大统帅。公元前44年时，恺撒犹如亚历山大大帝第二（庞培一般但更危险）。此时，一场将使恺撒以王者雄风凯旋的东征大战即将开启。那些随他出征的人将收获荣耀与权力，如屋大维。那些被留下来的人，纵然是效忠者，也全都唯恐湮没无闻。恺撒确实留下了一些久经沙场的将军。我们不知道这是为何，但他曾经也抛弃过那些对他不再有用或有可能功高盖主的人。

所有恢复共和国的希望——破灭。恺撒已经是终身独裁官，已经封神，已经不屑元老院和人民，已经过分强烈申辩自己无意为王。现在，他似乎立刻就要成为亚历山大似的亚细亚之王。尤利乌斯国王与当年那个高卢地方总督相比简直是天壤之别。许多罗马人都害怕恺撒，他已经将埃及王后，也许还有她所宣称的恺撒之子安顿在台伯河对岸的庄园里，他正在策划一次大规模的远征，以征服曾为亚历山大所征服的古代伊朗。人们担心恺撒以君主制取代共和制。像恺撒这等嗜血成性、追求华贵、热衷权力的家伙是完全做得出来的，这一点谁又会怀疑呢？

证据的出处

在转而论及阴谋家及其所犯罪行之前，需要说明一下我们证据的出处。当时如果真有充分的调查报告，现在也早已不见了踪影。西塞罗的信函中有几十封他与 6 位共谋者的通信，这些信件珍贵且有趣，[4] 但是提供的仅仅是一些关于动机或行为本身的有限证据。有几个共谋者发行了硬币，这些硬币倒能够提供些重要线索。罗马城里的一些古迹，也能为 3 月 15 日的事件增添重要的信息。

那个时代有多人对行刺作过著述。阿西尼乌斯·波利奥（Asinius Pollio，公元前 76—公元 4 年）所著的公元前 60 年至公元前 44 年的断代史也许堪称最佳。这位优秀的历史学家是恺撒的朋友，但也知道他的缺陷。遗憾的是，3 月 15 日时他不在罗马。李维生于帕塔维乌姆，在罗马接受的教育。如果 3 月 15 日那天他不在罗马，几年后他也会趁这个故事仍然鲜活的时候去往那里。他会将恺撒之死写入他不朽的罗马历史巨著中。著名地理学家和史学家斯特拉博（Strabo，约公元前 62—公元 23 年）生于安纳托利亚（今土耳其），在屋大维时期迁居罗马。他将恺撒之死写入《历史》，归入大约公元前 145—前 30 年的历史中。恺撒的同僚奥庇乌斯撰写了一部恺撒回忆录；布鲁图斯的继子毕布卢斯写了一部关于布鲁图斯的类似书籍。布鲁图斯的朋友恩庇卢斯（Empylus）也写了一本以恺撒之死为主题的小书。如果今天能够读到这些书籍倒是很有教益，可遗憾的是，这些书已荡然无存。李维著作留下的也仅仅只有关于恺撒章节的一份简要。值得庆幸的是，一些后来著述这个主题的古代作家确实都读过这些书籍。更为庆幸的是，有两份恺撒时代的著述留存了下来。

其中就有西塞罗在公元前44年的一份著述,[5] 很可能写就于3月15日过后几周的时间里。西塞罗可是一位"3月15日事件"的目击者,但很可惜,他的著述只是短短的一个段落。这篇短文证实了后来诸多说法中的某些细节,虽然当中有一些夸大其词。

更为重要的是另一份那个时代的著述,虽然时间上稍微迟了些。这份记录更为详尽,载于大马士革的尼古劳斯(Nicolaus)*所著的《恺撒·奥古斯都生平》(*Life of Caesar Augustus*)一书中,本书为奥古斯都皇帝(此前的屋大维)的生平。关于阴谋、"3月15日事件"及其余波的早期详尽著述目前尚存5份,这也是我们今天最为重要的史料来源,尼古劳斯的著作正是其中之一。他的记叙很有见地,但也有问题。虽然公元前44年时尼古劳斯已经成年,但他当时并不在罗马,甚至也不是罗马人,他是叙利亚裔希腊人。数十年后,尼古劳斯写下了当年的刺杀事件,但成书具体年份不详。他这人有倾向性,在某种程度上引用了奥古斯都的自传,事实上,他效力于奥古斯都,因此他有毁谤阴谋家的动机。最重要的是,我们实际上没有尼古劳斯的原始文本,有的只是后来的一个删节本。不过,幸存的记叙也够引人入胜的了。在所有古代的著述中,尼古劳斯最为着力宣扬的观点是,驱使着这伙阴谋家的不是公共职责,而是私人恩怨,唯有布鲁图斯例外。

在希腊中部土生土长的著名作家普鲁塔克在他的三部传记作品(《恺撒》《布鲁图斯》和《安东尼》)中对阴谋的形成和行刺的经过皆有叙述。尽管普鲁塔克对事件的叙述写于其发生一个多世纪以后,但身为学者的他查询了诸多早期著作。像布鲁图斯一样,他也学习希腊哲学,并将布鲁图斯视为心目中的英雄。布鲁图斯在针对恺撒的阴谋中扮演了重要角色,但

---

* 尼古劳斯生于公元前64年;卒于公元前4年之后,具体日期不详。

普鲁塔克的叙述也许有些夸大其词——由于普鲁塔克在史料来源中地位突出，而且他是我们了解莎士比亚的主要史料来源，这一点我们需要谨记心中。而尼古劳斯不为布鲁图斯所动，这反倒成了一种平衡。

苏维托尼乌斯（Suetonius，约公元 70—公元 128 年之后）用拉丁语写就了著名的《罗马十二帝王传》，其中包括了尤利乌斯·恺撒。这本书时而八卦时而敏锐，时而赞扬时而批判，对阴谋和行刺均有详细的记述。同普鲁塔克一样，苏维托尼乌斯对早期史料的涉猎颇为广泛。他敬仰身为将领的恺撒，但对身为政客和人的恺撒无情批判。虽然苏维托尼乌斯才华横溢，但也并非总是正确。

来自埃及亚历山大的希腊人阿庇安（Appian，约 90—160 年）在罗马度过了大半生。在他的多部著述中，有一部写罗马内战史。从五大史料来看，他的这部著作为恺撒遇刺提供了篇幅最长的连贯历史叙述。与普鲁塔克和苏维托尼乌斯一样，他大概也查阅了阿西尼乌斯·波利奥的著作。作为一名优秀作家，阿庇安认为恺撒首先是一名战士。

最后就是时间最近的一份史料，卡西乌斯·狄奥（Cassius Dio，约 164—229 年以后）是一位著有八卷本罗马史的希腊元老。他博览早期历史书籍，且难能可贵地秉持着自己的学术独立性，分析也十分精准。遗憾的是，他也犯了一些事实性错误。作为一个君主制的坚定支持者，他对行刺恺撒的凶手毫无怜悯之心。

以古代历史的标准评判，这些文本不算糟糕；但依现代尺度来看，简直就是一锅粥。文本依据几乎全部来自二手资料，而且大多是比较晚近的。每个文本都带有偏见，作者各有居心。支持罗马皇帝的人对阴谋家不甚有用，而反对皇帝的人则将阴谋家视作凡间圣徒和楷模。

不过，五大史料对阴谋和罪行的描述基本一致，仅在某些重要的细节上各执己见。面对这样的史料，历史学家需要展开想象、发挥独创性，还需要小心谨慎。最为重要的是，历史学家需要在每一点上权衡证据。所以请建立这样的意识，让我们转而审视那些怀有强烈动机要刺杀恺撒的人吧。

卡西乌斯

公元前45年1月，卡西乌斯接受恺撒为一位"随和的老主人"[6]。一年后的公元前44年2月，卡西乌斯决意要杀了恺撒。布鲁图斯也发生了类似的逆转，或许是自发的转变，[7] 也或许是受卡西乌斯的诱发。[8]

在2月之前，阴谋是不可能存在的。原因之一是缺乏诱因，因为2月之前恺撒尚未废黜保民官，也未曾拒受王冠；再则也存在风险，如此众多的同谋者不可能做到长时间保守秘密。

盖乌斯·卡西乌斯·朗吉努斯是一个引人注目的人物。卡西乌斯比布鲁图斯稍微年长，家族中出过多位执政官，其中包括他的父亲——在与反叛角斗士斯巴达克斯交战中战败。卡西乌斯的母亲姓甚名谁不得而知，但有位政客曾经提及他母亲在一次公共演讲中发表过意见，这说明她是一个不容小觑的人。

少年时期的卡西乌斯曾与后来的独裁官苏拉的儿子在学校打过架，后者当时吹嘘他父亲的权力如何之大。后来的作家认为这次斗殴预示着卡西乌斯将终生敌视暴君，同时也表明他是一个血性之人。西塞罗曾描述他生起气来两眼充满着勇气，如同战神一般；恺撒则称他身体瘦削面容苍白——恺撒对布鲁图斯也用过这样的措辞。莎士比亚对卡西乌斯的描述更甚，他作品中的恺撒说道：

那个卡西乌斯一副清瘦而饥馑的面容，[9]

他思虑过度，此类人十分危险！

从一尊疑似卡西乌斯的罗马胸像[10]上并未见到丝毫饥馑的神色，倒是确实清瘦，但活力无限且意志坚定。这尊大理石胸像展示了一个中年人威严的形象，理着平头，鼻梁挺拔，颧骨凸出，两颊下凹，下颚丰满；他双唇紧闭，面无笑意，目视前方。

就打架一事，庞培平息了这次纷争，表明他与卡西乌斯之间的政治友谊。除庞培之外，西塞罗也极大地影响了一心寻求与政治家为伍的青年卡西乌斯。西塞罗笔下的卡西乌斯天资极高，勤奋刻苦，勇敢无畏。与西塞罗一样，卡西乌斯也学习哲学。他赴罗德岛（Rhodes）学习，练就了一口流利的希腊语。

但是，卡西乌斯一听到军号就兴奋异常。战争是他的专长。从这个意义上讲，他比布鲁图斯更像恺撒。卡西乌斯对自己的尊严极为重视。西塞罗给卡西乌斯去信，称他为"最勇敢的人，"[11]自从首次踏进广场，只在最体面的情况下参与讨论"。

此人在公元前53年的罗马东部找到了机会。卡西乌斯担任叙利亚总督马尔库斯·李锡尼·克拉苏的副手。克拉苏渴望征战帕提亚并赢取荣耀，但因失误而陷入灭顶之灾——在卡莱［今土耳其哈兰（Harran）］附近惨败，大约4万规模的大军伤亡惨重。更糟糕的是，帕提亚人还缴获了数面军团鹰旗。克拉苏在战后一次与帕提亚人的谈判中被人杀害。

这次罗马受损荣誉中的唯一一个亮点属于卡西乌斯。他战前敦促人们要小心谨慎，但是枉然；不过，他在随后指挥幸存者撤往叙利亚省安全地带的行动中发挥了关键作用。据估算，有1万人的性命是由这位令人尊敬的副总督拯救下来的。

从公元前53年至公元前51年，卡西乌斯担任罗马叙利亚事实上的总督。公元前51年，他伏击了一支帕提亚的偷袭部队。在这次作战中，帕提亚的高级军官受了致命伤。其结果是帕提亚人从叙利亚省撤军，卡西乌斯告胜。他写信告知国内，帕提亚战事结束。元老院宣读了他的报告。

这可以算是一种证明，因为早前元老们曾经嘲弄过他。在卡西乌斯第一次写信通报帕提亚人进犯叙利亚省的情况时，舆论普遍认为，他在为自己的劫掠捏造托词。元老们说，这完全是一场作假的战争，卡西乌斯不过是让一些毗邻的阿拉伯人进入该省，然后宣称他们是帕提亚入侵者。在罗马，元老们都说卡西乌斯贪得无厌。但是，后来罗马的一个盟友传来一份单独的报告，证实了帕提亚的进攻，人们方才相信卡西乌斯。

不过，元老们说卡西乌斯贪得无厌并没有错。与大多数的罗马总督一样，卡西乌斯确实敲诈过行省居民。罗马贵族耻于言商，然而，卡西乌斯却大肆买卖叙利亚商品。根据后来的一则八卦信息所述，他为自己赚得了一个"枣椰子"[12]（即棕榈树的果实）的诨名。这可不是美誉。同一时期，卡西乌斯入侵犹地亚（Judea），据说奴役了大约3万犹太人——奴役本身就是一桩利润丰厚的大买卖。

内战发生时，卡西乌斯站在庞培一边。公元前48年，卡西乌斯受命指挥一支舰队，抗击西西里岛（Sicily）和意大利南部的恺撒军队。恺撒在《内战记》中描述过两次战役，[13]对卡西乌斯的迅捷、闯劲、机智、灵活、精力、整体效能均赞扬有加。也许恺撒意在借助热情洋溢的措辞，将卡西乌斯拉入己方阵营，或者卡西乌斯此时已经加入了。无论如何，大约在恺撒取得法萨罗大捷的一年后，卡西乌斯投靠了他。

在内兄布鲁图斯的撮合之下，卡西乌斯与恺撒在安纳托利亚南部达成和解。后来，卡西乌斯宣称和解时几乎就要杀了恺撒，但这话听上去像在吹牛。

卡西乌斯的变节是打在那些死硬派战士脸上一记响亮的耳光，也是对庞培之子极大的侮辱。然而，卡西乌斯会说，他将推进和平，继续报效共和国。恺撒对他表示欢迎，任命他为自己麾下的将军。卡西乌斯领受何命，我们不得而知；但恺撒似乎不会将重要的使命派予一个最近还是敌人的人。和平的复归压缩了卡西乌斯施展才干的空间。依卡西乌斯在叙利亚行省的经历，他更有资格担任总督，但恺撒还是提拔了布鲁图斯。恺撒不会将山南高卢委予一个具有卡西乌斯那般军事天赋的人。

不过，当庞培之子于公元前46年在西班牙反叛时，卡西乌斯并没有提供援助。背叛了庞培的事业后，他担心一旦庞培之子夺取罗马，自己会遭到报复。卡西乌斯在公元前45年1月致西塞罗的信中写道：

> 我将在忧虑中死去。[14]我宁肯伺候一个宽容的老主子，也不愿应付一个残忍的新主人。你知道格涅乌斯（庞培）有多傻吗，他居然会认为残忍是美德，他居然会认为我们在讥笑他。我担心的是他反过来笨拙地凭借他手中的剑"讥笑"我们。

恺撒后来的胜出打破了平衡。他消除了庞培之子带来的危险，也消除了反对者们让他活着的理由。

如许多罗马人一样，卡西乌斯对恺撒的君主行为感到震惊。西塞罗声称，卡西乌斯来自一个反对专制独裁，甚至连集权都不能容忍的家庭。[15]的确，卡西乌斯是公元前44年2月为数不多投票反对授予恺撒一长串特别荣誉[16]的元老之一。这一行动彰显了勇气，也彰显了对共和理想的敬重。如果有哪位罗马人会通过杀死一个妄图称王的人来维护公民基本责任的话，那个人就是卡西乌斯。

但是，个人原因也在动摇着卡西乌斯。他紧盯高位，首先是裁判官，之后是执政官。他特别想做的是审理民事案件的城市裁判官。布鲁图斯是这一职位的主要竞争对手。公元前45年12月，布鲁图斯获得了这一职位。卡西乌斯出任的裁判官，很可能专事审理非公民间的争端。

据说，恺撒告诉朋友，说任用卡西乌斯理由更充分一些，但他还是选择了布鲁图斯。但恺撒对两人的观点都不甚明了。说实话，卡西乌斯在卡莱战后及叙利亚行省的防卫方面功勋卓著，但布鲁图斯担任山南高卢总督也表现突出，因此，为什么说任用卡西乌斯理由更充分呢？[17]如果真是那样，为什么卡西乌斯又未获任用呢？也许正如当时有些人所言，恺撒想挑拨布鲁图斯和卡西乌斯的关系。这样说似乎是合理的，因为恺撒也承诺过布鲁图斯，让他担任公元前41年的执政官。恺撒一开始没考虑过卡西乌斯，虽然他后来也许同意让卡西乌斯出任公元前41年的另一执政官。

如果国内政务伤害了卡西乌斯的尊严，或许国外事务亦然。卡西乌斯是罗马抗击帕提亚人经验最丰富、成就最卓著的将领，在新的战事中恺撒未授命于他，可以想象他有多么失望。卡西乌斯勉强接受了公元前43年的叙利亚行省总督一职，这是恺撒承诺过他的职位。不过，这也算不上太大的安慰，因为卡西乌斯已经是事实上的叙利亚总督了，只是未获正式任命而已。

还有传闻称恺撒与卡西乌斯的妻子有染。特尔提娅是塞维莉娅之女，布鲁图斯同母异父的妹妹。据传，塞维莉娅让恺撒占有了她，此事曾被西塞罗取笑。[18]若真有其事，大概也是在特尔提娅出嫁之前。至于是否确有其事，以及卡西乌斯对此等流言蜚语恼火与否，我们不得而知。

最后，还有迈加拉（Megara）的狮子。[19]这个希腊小城中有一些关在笼中饲养的狮子，卡西乌斯打算将它们运至罗马，在角斗比赛上展出，借此赢得政治资本。公元前48年，恺撒的将军占领迈加拉并查抄了这些狮子。普鲁塔克说，这事徒增了卡西乌斯对恺撒的不满，但有人认为普鲁塔克混淆了盖乌斯·卡西乌斯和弟弟卢基乌斯·卡西乌斯，后者是恺撒的支持者。因此，这个说法有很大的不确定性，尽管它能够反映罗马政治的宗旨。（狮子在一次妄图阻止恺撒军队的失败行动中挣脱束缚，并且咬伤了无辜的黎民百姓。）

卡西乌斯堪称罗马人中的罗马人。他坚守原则，但能在原则与实用主义之间找到平衡；他研究希腊哲学，但从不将它用作引路明灯。有人认为卡西乌斯敌视恺撒的动因是伊壁鸠鲁（Epicurean）的哲学思想，一个强调自由的罗马版本的伊壁鸠鲁学说。但卡西乌斯是否只将伊壁鸠鲁学说挂在嘴上，就不得而知了。他的野心驰骋在一条经过时间检验的轨道上。他想在公共事业上崛起，成为先辈那样的执政官；他也是一流的军事战略家。有位古代的作家称，卡西乌斯具有角斗士那种从一而终的精神。[20]

卡西乌斯受过良好教育。他会用一些希腊词语装点信件；他懂得哲学，知道如何使用优雅的辞藻。他可以谈吐风趣，也可以尖酸刻薄；他锋芒毕露；他待人热情。如哲学家塞尼卡（Seneca）后来所言，卡西乌斯一辈子只饮水，[21] 言下之意是他的饮食简单而有节制。的确，他喜欢开怀大笑，但又太爱开玩笑或嘲弄别人。

卡西乌斯本可以掌控这场阴谋，但他缺乏领袖的权威。他要求人们行刺恺撒，就是让大家参与谋杀，而他们都发过誓要维护恺撒神圣不可侵犯的地位，并誓死保卫他。卡西乌斯这是让他们违背誓言。但无论卡西乌斯提出的行刺计划多有说服力，大家都拒绝参与这项阴谋，除非那个必不可少的人先行加入。

布鲁图斯的转变

布鲁图斯在这场反恺撒的阴谋中举足轻重。没有布鲁图斯，就不会有行刺。阴谋家们坚持要布鲁图斯参与。他们的原则是，只有国王可以杀国王，或者至少也该是个王子，而布鲁图斯差不多就是共和国的王子。他拥有权威和罗马人所仰慕的种种人脉。他在人们眼中有很多身份：平民主义者的儿子；主要精英人物之一的外甥；依次对庞培和恺撒转敌为友；恺撒情妇的儿子，恺撒之子流言的目标人物。他可能来自共和国最古老的家族，这个家族曾将国王逐出罗马，还出过一个知名的暴君杀手。10 年前，他有一份拥护自由、反对独裁的公共记录。公元前 50 年代，布鲁图斯发行硬币，[22] 赞美自由（自由女神），纪念自己勇于反抗国王和暴君的先辈。公元前 54 年，布鲁图斯抨击一项拟定庞培为独裁官的提案；[23] 两年后，他争辩道："一个为了共和国而犯谋杀罪的人是无辜的。"[24]

布鲁图斯是一个受人钦佩的思想家和演说家。大马士革的尼古劳斯以怀疑的态度简言道："马尔库斯·布鲁图斯……终生受人爱戴。[25] 他心智健全、家世显赫，据说性格理性。"

布鲁图斯对希腊哲学的热爱需要一种平衡。哲学增加深度、收获尊崇，使他走近久负盛名的理想，使他慷慨激昂。布鲁图斯学会了识别暴政，学会了藐视暴政，学会了奋起反抗暴政。[26] 不过，罗马人一般对希腊文化兴趣不大。杀手们都十分现实，他们对布鲁图斯的需求与他援引柏拉图的能力没什么关系。

阴谋家们称，他们在为共和国而战，这里指的不仅是共和国的理念，也指与理念相对应的权力。就像对大多数人来说一样，对罗马人而言，原则与利益也是不可分割的。罗马的政治是一种获取荣誉、金钱和权力的手段，而恺撒想要的太多。布鲁图斯指明了夺回恺撒手中大权、重新唤起共和理想的方向。

首要的是，阴谋家们需要一个能够保住他们性命的领袖人物。布鲁图斯可以在谋杀后必然出现的动荡中为他们赢得信任。如果一个家世显赫而又坚守原则的人都认为恺撒是暴君，公众也会信赖此人。反过来，如果布鲁图斯坚持效忠恺撒，他会让阴谋分子死无葬身之地。

布鲁图斯享有恺撒的恩宠也很重要。恺撒任命他为总督、城市裁判官、执政官。而布鲁图斯不惜一切刺杀恺撒,则会展现出勇气和原则性。确实,他也会显得薄情寡义,但与共和国的生存相比,这种薄情不值一提。简言之,布鲁图斯是这项阴谋的最佳背书,也是阴谋家们最可靠的安全保障。

问题在于:这项阴谋与布鲁图斯有何利害关系?在公元前45年8月,答案似乎是"没有"。当时,布鲁图斯给持怀疑态度的西塞罗去了一封信,称他认为恺撒将很快转向精英一边;但7个月之后,布鲁图斯携匕首迈入元老院。是什么改变了呢?

在古代历史上,很少有人能像马尔库斯·布鲁图斯这样,将整个人物呈现得那么淋漓尽致。在这一重大的转折点,我们几乎可以再现他的思想。他的人格、他的原则、他的弱点、他主要的社会关系(与妻子的、与母亲的、与妹夫的)统统都在证据中留下印记。虽然如此,有些情况终究不完整,不免叫人干着急。于是乎,我们只得一如往常,根据已有资料做出推测。

布鲁图斯也是史上遭人误解很深的人物之一。在这一点上,我们要感谢莎士比亚。根据古代资料,布鲁图斯是一个有胆量、有公德心、精于算计、忘恩负义的人。而莎士比亚则将其塑造为道德楷模。在《尤利乌斯·恺撒》中,布鲁图斯为刺杀挚交的朋友而痛苦不已。古人们对此则只字未提。普鲁塔克书中的布鲁图斯忧虑的是行刺恺撒的风险,而不是道义。

布鲁图斯之所以成为一个有价值的对手,是因为他与恺撒一样,多才多艺且具有偶像特征。布鲁图斯以其哲学思辨、血统、胆识、原则和对自由的热爱来鼓动人民,但他也是一个机会主义者和一个敲诈勒索者。在恺撒身上,自高自大、野心勃勃、天资才华、冷酷无情、远见卓识、平民主义、剧烈变革这些性格特征以某种方式整合到一起,时至今天仍然可用他的名字"恺撒"来作归纳。恺撒让高卢血流成河,而布鲁图斯手执罗马史上最为血腥的匕首,他们各自焕发着自身的魅力。

在公元前 45 年 8 月至公元前 44 年 2 月中旬期间，发生了四个变化：恺撒、公众舆论、卡西乌斯，以及布鲁图斯的妻子。在这关键的 7 个月里，恺撒把很大一部分罗马公众舆论吓得相信他要使元老院和人民都屈从于他的永久独裁专制或王权，并以此取代共和。纵然以执政官一职作为奖赏，也不能让布鲁图斯继续相信恺撒想加入精英阶层。

恺撒的终身独裁官职位对于布鲁图斯意味着什么？普鲁塔克将恺撒的话解读为，恺撒将布鲁图斯视为他最佳的继任者人选。"接下来会怎样？你们难道不认为布鲁图斯会等着吃这块肉吗？"[27] 恺撒抚摸着身体说道。这就是恺撒对那些指控布鲁图斯阴谋陷害他的人的回应，但这句俏皮话并不能揭示恺撒的预期。恺撒提前安排于死后收养屋大维，但没有收养布鲁图斯；恺撒在遗嘱中提及别人，也没有提及布鲁图斯。恺撒提拔布鲁图斯出任共和国最高级别的官职，然而在恺撒统治下，实际的权力统统从这些机构流入恺撒及其朋友的手中。普鲁塔克还说道，布鲁图斯期待在恺撒过世后成为罗马第一人，但这不是合理的期待，因为他连竞争的机会都没有获得。[28]

或不由自主，或通过共同努力，一场公关之战应运而生，以说服布鲁图斯采取行动。在他作为城市裁判官工作的法院和朱庇特神庙中他那个曾经推翻了国王的所谓先辈卢基乌斯·尤尼乌斯·布鲁图斯的著名雕像上，都出现了文字涂鸦，诸如"如果现在的你还是布鲁图斯""唯愿布鲁图斯还健在""布鲁图斯，醒来吧"及"你不是真正的布鲁图斯"[29]。有些人认为没有什么比这些话语更能打动布鲁图斯的了，他已经将自己的声誉押到了家族所炽爱的自由之上，现在他必须坚守。

西塞罗在公元前 46 年撰写的《布鲁图斯》中将共和的厚望寄托于布鲁图斯，"在这个共和国里，不仅能够重振你两大高贵家族的声誉，还能为之增光添彩"[30]。西塞罗这里所指的可能就是布鲁图斯家族中那些声名赫赫的先辈。这些话确实令人振奋，但也肯定不是在召唤布鲁图斯拾起匕首。

在公元前46年，西塞罗依然希望恺撒重建共和。

至于卡西乌斯，他以雄才大略说服布鲁图斯与他一道对付恺撒。本章开篇写到的在卡西乌斯拜访布鲁图斯家时，他不仅化解了当初因城市裁判官职位导致的宿怨，而且还直言不讳地询问布鲁图斯在即将到来的元老院会议上要怎么做。卡西乌斯引述了一则流言，称恺撒的朋友们会提议让恺撒做国王。布鲁图斯说那样的话他会待在家中，但卡西乌斯却坚持道："如果他们以公职身份受到召唤又该怎么办呢？"据说布鲁图斯表示，如有必要，他会保卫国家，为自由献身，而不辱使命。据说，卡西乌斯以背诵那些涂鸦文字作答，使布鲁图斯相信其作者来自罗马的精英阶层，绝非只是工匠或商人——这一势利的做法完美地契合了记录在案的罗马式偏见。卡西乌斯说，这些人并不希望布鲁图斯去死，[31] 而是需要他来引领！接下来便是拥抱和互吻，阴谋由此诞生。或者说故事大致如此。

古罗马不搞投票，也没有科学的民意衡量。布鲁图斯无法确信涂鸦文字是否代表民意，其作者是否是卡西乌斯所言的社会名流。但是这些涂鸦却使他产生了获得民众支持的希望，而这种民众的支持是阴谋取得成功所需要的。

再则就是波契娅，布鲁图斯的新任妻子。这是一个强势的女人。人们怀疑正是她将布鲁图斯推入一个新的走向。在布鲁图斯远离加图家族时背弃加图的遗愿是一码事，但每天晚上回到家中见到加图的女儿时完全是另一码事。难怪人们都说波契娅是唯一知道阴谋机密的女人。[32] 最后还有塞维莉娅。没有证据表明她知道这个阴谋，她更不会反对恺撒。她对波契娅的敌视态度也恰恰揭示了相反的结论，而且阴谋陷害旧情人也不会为她赢得赞誉。在以后的几年里，安东尼对她十分礼遇，如果他认为塞维莉娅参与了阴谋，是断然不会那样做的。不过众多的史料提出了一个可能会令大家好奇的问题[33]：对塞维莉娅与恺撒风流韵事的愤懑之情是否助推了布鲁图斯卷入阴谋之中。他不会相信恺撒是他父亲的传闻，因为没有任何一个罗马人会期待发生弑父之罪。虽然如此，相信与耳闻是截然不同的两码事，也许布鲁图斯心中的怨恨现在要释放出来了。

私心促使布鲁图斯离恺撒而去。哲学信念不能容忍暴君。没有哪位罗马贵族会罔顾家族的荣誉和声誉，尤其是布鲁图斯，他对家族使命主题的描写用尽笔墨。[34] 他不能辜负尤尼乌斯·布鲁图斯和塞维莉娅·奥哈拉的声誉。他怀揣已故舅父加图的遗愿，这位既是他的良师益友，也是他追认为岳父的人。他有妻子波契娅，还有妹夫卡西乌斯。也许，他还需要化解诸多与母亲塞维莉娅相关的耻辱，以及由她与情人恺撒之间不法关系招致的侮辱。布鲁图斯信奉的理想远比自己的生命更重要，他信奉哲学、信奉共和、信奉家族。因此，他再次背弃了一个信任他的老人，正如他早年先背弃庞培，后来背弃加图那样。

德奇姆斯

按照普鲁塔克的说法，布鲁图斯和卡西乌斯现在吸收了德奇姆斯参与行刺。[35] 如果真实情况与此相反，是德奇姆斯敦促另外两人采取行动，那也不足为奇。有一点是确信无疑的，即德奇姆斯扮演了核心角色。如果说布鲁图斯是阴谋的心脏，卡西乌斯是大脑，那么德奇姆斯就是耳目。他是一个内线。在所有的阴谋家中，只有德奇姆斯堪称恺撒的密友[36]。如果这个阴谋中有人会为出卖朋友而痛心疾首，那就是德奇姆斯。但是，现存的在刺杀事件发生之后德奇姆斯写下的10多封信件中，却未能发现丝毫的悔恨。

莎士比亚作品的读者们可能会很纳闷，为什么没听说过德奇姆斯这个人。在《尤利乌斯·恺撒》中，他被误称为"德西乌斯"（Decius）。除了3月15日早晨恺撒家中的一个场景，剧中的"德西乌斯"都是以小角色出现的。但考虑到莎士比亚的依据来自普鲁塔克和阿庇安著作的英译本，这也就不足为怪了。在阿庇安眼中，德奇姆斯具有一定的重要性，但普鲁塔克则对他不屑一顾。古代作家大马士革的尼古劳斯强调了德奇姆斯在刺杀恺撒阴谋中的作用，而莎士比亚却未曾读过他的著作。莎士比亚也没有读过能够反映德奇姆斯重要性的卡西乌斯·狄奥的著作或西塞罗的信件，以及其他史料。

恺撒正是选中德奇姆斯在3月14日这天共进晚餐。德奇姆斯可是这场阴谋的王牌。他是提供有关独裁官想法和计划最准确的信息源，也是按需要策动恺撒的希望所在。还有谁更能确认恺撒没有起疑呢？

在古代的史料中，德奇姆斯被广泛认为是行刺恺撒阴谋中的重要角色。大马士革的尼古劳斯和苏维托尼乌斯都将他与阴谋集团领导人中的布鲁图斯和卡西乌斯置于同等地位。事实上，尼古劳斯将德奇姆斯排在首位；[37]阿庇安把他排在布鲁图斯和卡西乌斯之后。[38]罗马军人政治家维莱伊乌斯·帕特尔库鲁斯（Velleius Paterculus）*[39]在公元30年前后著有一部历史著作，他将德奇姆斯与布鲁图斯和卡西乌斯并列，共同统领阴谋集团。还有的史料将德奇姆斯列为四大阴谋家之一。[40]普鲁塔克对德奇姆斯印象不深，不公允地称他"既不活跃也不勇敢"[41]，但还是认同德奇姆斯在这个阴谋中的重要性。

年仅37岁时，德奇姆斯就已建立了丰功伟绩。作为一个血统纯正的贵族和恺撒的密友[42]，德奇姆斯身居权力巅峰之侧。身为高卢统帅，德奇姆斯在高卢之战和内战之中功勋卓著，在公元前48年至公元前45年间为恺撒管理着这个行省，并以击败凶猛的贝洛瓦契人的军事胜利再立功勋。他也许在公元前45年就坐上了罗马裁判官的宝座，并成为公元前44年山南高卢总督及公元前42年执政官的不二人选。不论德奇姆斯是否知晓，恺撒

---

* 生于坎帕尼亚，后参军，著有二卷本的《罗马史》，记述了自神话时代到公元30年的罗马历史。——译注

已在遗嘱中将他指定为第二继承人[43]，倘若三个一级继承人（屋大维和他的两个堂兄弟昆图斯·佩迪乌斯和卢基乌斯·皮纳留斯）中出现缺位（不大可能发生），他便可立即补上。恺撒还任命德奇姆斯为义子屋大维的监护人。恺撒在不知情的情况下，也任命了别的阴谋家为监护人，[44]虽然这些人的名字不为我们所知。

德奇姆斯还为阴谋家们带来了两件特别的东西。他拥有恺撒的信任，并拥有一支角斗士队伍。如果不信任德奇姆斯，恺撒在3月15日这天就不可能前往元老院；没有角斗士，阴谋家们那天就不可能逃脱。展望未来，德奇姆斯还有第三个优势，他即将开始新的任期，出任由恺撒授予的山南高卢总督。这是一个战略要地，靠近罗马，有两个军团驻扎。这样一个人在3月15日之后的作用是巨大的。

德奇姆斯比布鲁图斯更应感激恺撒。恺撒成就了德奇姆斯的事业，直到3月15日这天，德奇姆斯似乎都在以忠诚和支持回报恺撒。在刺杀事件之后的几年里，恺撒的效忠者中，德奇姆斯因忘恩负义遭到了最多的鄙视。由于史料没有揭示他的动机，因此我们只能依照现有资料做出推测。

可能与布鲁图斯和卡西乌斯一样，德奇姆斯也认为应该把第一忠诚献给共和国。西塞罗在公元前43年写给德奇姆斯的信中，把他塑造为共和事业的一部分。[45]虽然他殚精竭虑地支持恺撒，虽然他母亲亲近革命，但德奇姆斯始终出自精英世家，且自称共和国元勋之后。[46]德奇姆斯的父亲和祖父曾宣称为了捍卫共和国而在罗马城杀戮平民主义者。[47]现在轮到德奇姆斯登场了。

然而，不同于布鲁图斯和卡西乌斯，德奇姆斯既非哲学家，心中的共和情怀也非根深蒂固。在他现存的写于公元前44年至公元前43年间的11封信件中，[48]10封是写给西塞罗的，其中仅有一次提到"解放共和国"[49]，他对军事和政治事务兴趣更浓。虽然作为作家，他的文笔简洁得令人钦佩；⁵⁰ 虽然他在运作一次军事行动，但他对为何而战却异乎寻常的沉默。相比之下，现存的西塞罗写给德奇姆斯的 13 封信 ⁵¹ 中有 5 封提到了自由、专制、行刺恺撒或共和国。⁵²

说到刺杀恺撒，私利似乎才是德奇姆斯的动机。德奇姆斯志向远大、求胜心切、骄傲自大、脾气暴躁。⁵³ 他极其在意自己的尊严，这个主题常常出现在他与西塞罗的往来书信之中。⁵⁴ 如果西塞罗善于判断一个人的个性（他常常如此），那么他就会发现德奇姆斯想要的是名声和显贵。⁵⁵ 恺撒就是恺撒，他很可能告诉过德奇姆斯对方会前途无量。然而,恺撒太精明了，他根本不会真的如此认为。他看得到德奇姆斯的局限。

德奇姆斯是征服高卢、统治高卢的合适人选，但罗马他不行。德奇姆斯是一位战术家，而非战略家。他喜欢意气用事，要让他延缓复仇实在是难上加难，而这又是一位优秀领导者必备的素质。德奇姆斯非常精明，诡计多端，但与其长期相处的高卢人一样，他性情暴躁。屋大维虽然年轻，但凭其机智和判断力，更适合接替恺撒。德奇姆斯是一位军人，屋大维则是一位十足的政治家。

德奇姆斯绝非对对手的崛起不以为然的那类人。他在内战中和高卢战场上紧紧追随恺撒而一路青云。现在，其他人将有机会到帕提亚大显身手，这个"其他人"正是屋大维，而德奇姆斯只能留在后方默默无闻。德奇姆斯在公元前 45 年与屋大维一道从高卢长途行军至意大利，对屋大维的坚定信念至少有个模糊的印象。如果德奇姆斯梦想成为恺撒继承人的话，他就会焦虑屋大维的存在。德奇姆斯越是看重恺撒对他的偏爱——第二辆战车的占位，李必达家餐厅沙发的座次——他就越会不满屋大维的崛起。

能统治高卢、成为执政官固然很好，但是，德奇姆斯深知恺撒世界的权力所依——军队。而军队正是德奇姆斯最为看重的。军队能为他实现梦寐以求的目标：成为受人拥戴的凯旋将军，欢庆胜利，成为罗马的一流人物。公元前 45 年年底，屋大维加入了征战帕提亚的大军，而德奇姆斯仍然身居罗马。德奇姆斯琢磨着一旦恺撒、屋大维，以及新崛起的英雄们凯旋，他很可能就要被扫地出门。最好现在就除掉恺撒，趁为时不晚夺取政权。

个人风格或许也起了一定作用。德奇姆斯是一个勇敢[56]而严厉的人，他可能对恺撒身边越来越盛行的那种彬彬有礼的矫揉造作大为光火。势利的性格可能也在作祟。与安东尼一样，德奇姆斯极其蔑视有着自由民和钱商家庭背景的屋大维。[57]作为旧式罗马精英分子之一，德奇姆斯可能不愿意与恺撒的新元老为伍，认为这些人通通与他格格不入。也许除了少数例外，这些新元老既非蛮族，也不是从前的军团士兵，而是意大利北部和高卢南部的富人、西班牙裔的移民后代、来自包括罗马在内的亚平宁半岛城市精英阶层的百夫长。但这可能就足以令家族世系可追溯至早期罗马的元老感到厌恶。我们如今知道的唯一一个被恺撒提拔到元老院的百夫长的名字是盖乌斯·法菲西乌斯·方戈（Gaius Fuficius Fango）[58]，但这个名字值得注意。他的名字在其家乡阿切拉（Acerrae，那不勒斯附近的小城）无疑是一个值得骄傲的名字，但在罗马精英听来倒像是一个来自贫民窟的名字。

再就是德奇姆斯的妻子葆拉·瓦莱里娅[59]。她是罗马精英之一，与西塞罗保有联系。据信，她的哥哥是瓦勒里乌斯·特里阿里乌斯（Valerius Triarius），曾与庞培一道奋战法萨罗，或死于该战，或死于内战结束前夕。于是，西塞罗就成了他孩子的监护人。也许，葆拉也如波契娅一般，觉得有家仇要报，于是鼓动丈夫与恺撒决裂。还记得吗？葆拉曾经在第一任丈夫退役返回罗马的当日便与其离婚，就是为了嫁给德奇姆斯。这样一个女人自然会毫不迟疑地令其改弦更张，背叛恺撒。

史料中未能找到任何个人记恨恺撒的蛛丝马迹，但反映德奇姆斯个人积怨的证据倒很充分。如果恐惧、憎恶和愤恨的情绪掺杂其中，德奇姆斯对上司的无情背叛也就不难理解了。他就是这样与恺撒反目的。

WANTED: ASSASSINS

第六章　征募杀手

布鲁图斯、卡西乌斯和德奇姆斯现在开始动员追随者了。他们必须决定何时、何地、采用哪种方式杀死恺撒，不过首先，他们需要聚集一队人马。他们必须行动迅速而又谨慎。尽管恺撒任命了800～900名元老中的很多人（如果不是大多数的话），但是相当多的人对这个似乎要称王的人丧失了信心。然而，很少有人愿意动手杀人，即便是为了共和国，也很少有人愿意拿生命去冒险。值得信赖的人就更少了。机密在罗马不可能保守太久，而且，恺撒计划3月18日出征帕提亚，这样一来，余下的时间也就大约一个月。

阴谋集团的领导人只需要适当数量的追随者。他们需要足够多的人围住恺撒，击退他的侍从保镖，但人又不能太多，以免被人察觉。他们更喜欢用可信赖的朋友，而不是找新结交的人。他们不要鲁莽的年轻人，也不要羸弱的老年人，而是像他们一样的壮年人。最后，他们将注意力集中于与自己同龄的40岁上下的人群。他们通过询问一些精心设计、貌似天真的问题来筛选可能的人选。

不仁之刀：恺撒的朋友们

恺撒失去布鲁图斯和卡西乌斯的支持是一码事，他待他们恩重如山，但他们始终不是他的人，他们为庞培而战；而恺撒失去德奇姆斯这样的人则是另一码事，德奇姆斯追随他多年，从高卢到内战乃至其后。但是这一切却又真真切切地发生了。大约 80 年后，思想家、政治家塞尼卡写道，在这场阴谋中，恺撒的朋友多于敌人，[1] 人们很容易相信塞尼卡的说法。

按大马士革的尼古劳斯所言，这些阴谋家朋友中有恺撒的文官同僚、军官和士兵。尼古劳斯承认，有些人加入阴谋集团是因为看到权力从共和国落入一个人手中而忧心忡忡；他们也被这场阴谋的领导者的特质所震撼，特别是布鲁图斯家族。但是尼古劳斯也着重强调了这些人卑劣、利己的动机。他们觉得恺撒奖赏太少，或是认为恺撒奖赏庞培原来的支持者太多。尼古劳斯专门挑出了一些有这类想法的军人，其中有军官也有普通士兵。对政客来说，有人想取代恺撒成为罗马的领导人物（们），再就是恺撒对内战中反对者施行的著名的宽恕政策。这项政策赢得了感激，也激起了愤怒。[2]

尼古劳斯将恺撒的宽恕政策看成是阴谋家们不满的焦点。[3] 一方面，恺撒的宽恕政策激怒了他的一些长期支持者，这些人希望见到从前的敌人威风扫地，而非与自己平起平坐；另一方面，尼古劳斯说，让庞培原来的支持者把本来凭自己的力量能够赢得的一切当成恩赐收入囊中也令他们恼火。[4] 加图抗议恺撒傲慢地决定"宽恕"敌人。[5] 同样地，另一位古代作家也对人们反对恺撒的情况做了总结。"他施恩的力度给自由民带来了沉重的负担。"他说道。[6]

在尼古劳斯看来，这场阴谋的初衷与其说是自由和共和，不如说是宫廷式的钩心斗角[7]和争风吃醋[8]。这种观点可能反映了他的人生经历。在进入罗马首位皇帝奥古斯都的宫廷之前，尼古劳斯曾在犹地亚臭名昭著的希律王（King Herod）宫廷里供职，这里从不缺少阴谋。他还担任过安东尼和克利奥帕特拉孩子的家庭教师，这也是一份不能成就政治清白的工作。尼古劳斯对这场阴谋的看法无疑也反映了他晚年的处境，当时他支持奥古斯都政权，这是一个将阴谋家鄙视为无赖的君主政权。

忌妒是一种原始的情绪，极易表现在孩子和动物身上。不过，即使是老于世故的罗马人也会忌妒恺撒。如此多的才华，如此多的好运，如此大的权力，全为一人所拥有！忌妒本身断然不足以产生阴谋，但却可能促使阴谋家们铤而走险。

尼古劳斯略去了阴谋家们一个自私的动机，即担心屋大维崛起。既然尼古劳斯效命于屋大维·奥古斯都，他就不大可能将这一动机纳入其中。不少人当时低估了屋大维，因为他年轻而潇洒；但是至少也有一些人感到了这个人见人爱的小年轻带来的威胁，特别是当得知他将随军征战帕提亚以后。

就算恺撒的朋友们现在与他反目，那也不是第一次了。早在公元前49年内战爆发时，恺撒就在高卢失去了他的得力助手提图斯·拉比努斯。两人早年就结为政治同盟，公元前50年时，恺撒支持他担任执政官。然而，拉比努斯在内战中却选择了庞培。这又为何？

经过8年对恺撒的近距离观察，拉比努斯明白了这位总指挥的作战方式。他知道在恺撒治下的罗马，实权将交由军人和恺撒的私人高参，而非元老和公职人员。肯定地说，恺撒授予他的执政官职位非常重要，但是恺撒时期的执政官一职已不再是以前的模样了。恺撒在高卢的成就更多地应归于拉比努斯，而不是恺撒只愿意承认的那么一点点。一旦恺撒成了罗马第一人，他还会需要拉比努斯在身边做多久的良友？难怪拉比努斯选择庞培，特别是出现了拉比努斯坚持要求与恺撒平起平坐[9]（这是恺撒绝对不会允许的）的传闻时。拉比努斯与恺撒抗争到底，直至公元前45年3月战死蒙达。

阴谋家们可能已经仔细考虑过拉比努斯的命运，断定坏事总会降临到曾经与恺撒关系密切的那些人身上。

其他阴谋家的加入孰先孰后，我们不得而知，但恺撒多年的副帅盖乌斯·特雷博尼乌斯很可能是率先倒戈的。这人不仅极其重要，而且已经动过杀死恺撒的念头。在阴谋集团中，他是唯一的前执政官。

特雷博尼乌斯大约出生于公元前90年，公元前44年时大约46岁。作为高卢和内战中重要的指挥官，特雷博尼乌斯在公元前48年担任罗马城市裁判官和公元前46年担任近西班牙行省总督期间为恺撒效尽犬马之劳。作为犒赏，恺撒指名他为公元前45年的补任执政官，并选定他担任公元前43年的亚细亚行省（土耳其西部地区）总督。但是，在公元前45年12月31日，与特雷博尼乌斯一同担任执政官的另一人去世了，当恺撒任命了一位任期只有一天的新执政官时，特雷博尼乌斯也许感觉被冒犯了。这表明，恺撒几乎没有把授予特雷博尼乌斯的所谓最高荣誉看得那么重要。

作为恺撒手下一名伟大的战士，特雷博尼乌斯在出兵高卢之前就已经开启了自己的政治生涯，公元前60年他的身份是财务官，公元前55年是平民保民官。在担任平民保民官时，他提出一项法案，使庞培和克拉苏获得了5年的特别军事指挥权。特雷博尼乌斯也与西塞罗关系密切。两人书信不断，雄辩家在公元前57年结束流放返回罗马时得到了特雷博尼乌斯的帮助。西塞罗称特雷博尼乌斯的父亲为"爱国志士"[10]，这表明其父支持精英阶层。特雷博尼乌斯受过良好教育，人也帅气，而且志向远大。例如，他曾经以西塞罗的陈述为蓝本写了一首诗，作为"一件小礼物"[11]寄给了这位雄辩家。可见，特雷博尼乌斯与这位共和国最伟大的捍卫者一直保持着联系。

简言之，特雷博尼乌斯绝非仅仅是恺撒的效忠者——他知道如何为自己盘算。"3月15日事件"之后，西塞罗说，共和国真该好好感谢特雷博尼乌斯，[12] 因为他为罗马人民的自由放弃了个人友情，宁可推翻专制统治也不愿在其间独享荣华。的确，没有哪个人会轻率地摒弃与恺撒的友情。

特雷博尼乌斯似乎在恺撒于公元前45年自西班牙班师前就已经决定要杀了这位独裁官。至少西塞罗在"3月15日事件"后的一次讲演中是这样说的。西塞罗称，公元前45年夏天，特雷博尼乌斯就曾远赴纳博［Narbo，今法国纳博讷（Narbonne）］去见马克·安东尼，动员他参与反对恺撒的阴谋。[13] 当时没什么结果，不过到了公元前44年2月和3月，阴谋渐渐成形时，特雷博尼乌斯便毅然加入。后来，特雷博尼乌斯为自己在"3月15日事件"中发挥的作用感到自豪，[14] 希望罗马最终在和平与宁静中尽享自由。

普布利乌斯·塞维利乌斯·卡斯卡和盖乌斯·塞维利乌斯·卡斯卡两兄弟也参与了行刺。两人皆为元老，但是盖乌斯的经历就不得而知了。普布利乌斯当选公元前43年的平民保民官，也就是说，他得到了恺撒的支持。据一份资料透露,普布利乌斯手头拮据，而西塞罗称他为共和国的真心爱人。对于兄弟俩的动机何在，我们也都吃不准。[15]

恺撒手下有两位不太得志的高卢将领也加入了阴谋集团，塞尔维乌斯·苏尔皮基乌斯·加尔巴（Servius Sulpicius Galba）和米努基乌斯·巴希卢斯（Minucius Basilus）。两人都有理由怨恨恺撒。据恺撒《高卢战记》所称，[16] 在公元前57年至公元前56年冬季，加尔巴低劣的指挥才能几乎在高卢东部（今瑞士）断送了他的整个军团；而加尔巴肯定不这样认为。恺撒支持他这位从前的部下参选公元前49年的执政官，但是加尔巴落选。按照一个旧有的说法，这就足以驱使加尔巴加入阴谋集团。[17] 后来，加尔巴还因恺撒坚持要他兑现一笔陈年债务而与恺撒发生争执。那是公元前52年庞培担任执政官时，加尔巴为庞培举债提供的担保。恺撒在已经罚没了庞培的所有资产之后，仍然要求加尔巴偿付。加尔巴公开反对，[18] 恺撒也做了退让，但直至公元前45年1月，加尔巴的欠账仍然挂着。

依加尔巴留下的信件判断，[19] 他是一个行动主义者。他的文字足以说明这一点。他置自己于万物之中心，表现得意气风发、英勇无畏、有权有势。总之，他关心自己的名誉。但恺撒却让他在选举中失利，要榨干他的钱夹，并在《高卢战记》中让他难堪。

公元前53年，米努基乌斯·巴希卢斯在法国北部的阿登森林巧遇阿姆比奥雷克斯（Ambiorix）叛军时本来有一个千载难逢的机会。[20] 他截住了一个危险的敌人，但却让阿姆比奥雷克斯逃脱。懊恼的恺撒认为这是天意，也就没有再追究。内战时期，一个名叫巴希卢斯的人在伊利里亚（Illyria）战役统领一支恺撒军团吃了败仗，两次很可能就是同一个人。[21] 恺撒让米努基乌斯·巴希卢斯做了公元前45年的裁判官，但巴希卢斯任职期满后，恺撒没有按照每任裁判官希望的那样，让巴希卢斯继续管辖一个行省，只是给了他一笔钱了事。[22] 这很令他失望，因为罗马政府的现金都是从外省人那里盘剥而来，礼金差不多等于侮辱。罗马人将公职视为荣誉，不会将它与金钱相提并论。有着元老家庭背景的米努基乌斯·巴希卢斯希望得到更多。有人认为，就是这个原因致使他加入阴谋集团。[23] 实际上，恺撒给了米努基乌斯·巴希卢斯一笔丰厚的退职金，而对方却带上匕首回来了。

最后但同样重要的是卢基乌斯·提利乌斯·辛布尔。他与恺撒关系密切，虽然相关的原始记录未有留存。这一点也不奇怪，因为要记录恺撒的所有关系，得用尽罗马的纸张。后来有一份资料称辛布尔是恺撒的"战友"[24]，因此也许他参加了高卢战事或内战，抑或两者都参加了。公元前45年时辛布尔任职裁判官，所以当时他应该至少也有40岁了（这一任职要求的最低年龄，尽管恺撒并非总是遵循这些规定）。公元前44年，恺撒委派他去往富裕且重要的比提尼亚（Bithnia）和本都（今土耳其），这足以证明恺撒对辛布尔的喜爱。后来，西塞罗说道，辛布尔对恺撒给予的恩惠自然心存感激；然而，值得赞赏的是，辛布尔选择了自己的祖国。[25] 事实上，辛布尔考虑更多的似乎是家人，特别是他为庞培作战的兄弟。恺撒不让他的兄弟结束流亡返回罗马，这让他备受打击。

辛布尔是远近闻名的闹事者和嗜酒如命的家伙。在哲学家塞尼卡看来，辛布尔在阴谋集团内充当的角色证明了，即使是酒徒也可以受到信任，保守秘密。对此，辛布尔可能还编了这样一个段子："我这个连自己的酒都不能容忍的人，哪能容忍一个主子式人物？"[26]

庞培雪耻

有20个阴谋家的姓名留存下来。这在一些综合古代名录中是查不到的，因为根本没有收录。准确地说，这20个姓名可以从各家史料中拼凑而成。我们不能指望这20人就是所有参与者。其实，从史料中可以获得的阴谋家总人数超过60人，甚至超过80人，[27] 虽然后面这个数字可能存在笔误。如我们将会看到的，在3月15日这天真正攻击恺撒的人数远低于60。无论如何，从事发的经过看，60人是一个可信的阴谋家的总人数。

60人也不是一个小数字，它意味着安全风险大大增加。不过，鉴于恺撒常有随从伴其左右，一定的攻击力量大概也必不可少。更为重要的是，参与的人越多，事后的支持者就会越多，这对左右公众舆论至关重要。

庞培的支持者与恺撒的支持者一样，都持君主制倾向的立场。不过，他们还有其他的动机。一方面，恺撒宽恕了他们；但是，另一方面，接受宽恕本身却又使人蒙羞。照大马士革的尼古劳斯所言，其结果是"他免了许多人一死，许多人反而对他感到愤怒"[28]。

虽然有些庞培的支持者在恺撒手下辉煌显赫，例如布鲁图斯和卡西乌斯，却也有些人饱受苦难。昆图斯·里加卢斯（Quintus Ligarius）就属于这一类人，他被迫流亡北非，直到西塞罗于公元前46年在恺撒面前求情方才得以解脱。[29] 他的兄弟们忍受了向恺撒下跪的屈辱。虽然恺撒本人并不喜欢里加卢斯，[30] 尽管有人提醒他当心这个被他宽恕的人，[31] 但他还是决定让里加卢斯回家了。现在，复仇心切的里加卢斯从病榻上爬起来加入了阴谋集团。[32]

另一位卷入阴谋集团的庞培支持者就是庞提乌斯·阿奎拉，他就是在公元前45年恺撒的西班牙凯旋庆典上拒绝起立的那个平民保民官。他在恺撒手下蒙受屈辱，资产也很可能遭到没收。阴谋集团中，很可能有一些在恺撒的统治下失去了资产的庞培盟友，或者知道有朋友或家人失去了资产，这就是另一个他们要杀害恺撒的原因。

很难说清恺撒到底没收了多少资产。原则上，他宽恕了敌人，并让他们留下原有的资产，但实际上，他确实参与了一些罚没。由于恺撒的敌人通常都很富裕，甚至超级富有，这就意味着有可能发生巨大的财富转移。[33] 丧失财产的不仅仅是恺撒的敌人，据布鲁图斯后来的控诉，[34] 中立者也是恺撒的目标。恺撒承诺做出补偿，但即使真的补偿了，是否足额也值得怀疑。况且，对许多农户而言，失去土地是无从弥补的。

阴谋集团中其他的庞培支持者[35] 对我们来说就不过是个名字而已了。活下来的其他阴谋家的名字无法归入内战中的任何一方。也许，他们像一些罗马人那样保持中立；也许我们只是不知道他们站在哪边。这些人中包括帕尔马的盖乌斯·卡西乌斯[36] 和德奇姆斯·图卢里乌斯（Decimus Turullius），两人后来都成了舰队司令，再就是巴库维乌斯·安提斯提乌斯·拉贝奥（Pacuvius Antistius Labeo）。帕尔马的卡西乌斯还是一位诗人，他毫不迟疑地将自己的笔头才华用于政治。

拉贝奥是布鲁图斯的朋友。在布鲁图斯谨慎地试探另外两个可能的阴谋家时，他就在现场。这两人都是政治家，对哲学颇感兴趣。在并未透露意图的情况下，布鲁图斯探查了二人的政治理论。两人中的马尔库斯·法沃尼乌斯（Marcus Favonius）是布鲁图斯已故舅父加图的崇拜者。作为恺撒的死敌，法沃尼乌斯为庞培作战，但是对他并无太高评价。庞培去世后，法沃尼乌斯得到了恺撒的宽恕。此时，他告诉布鲁图斯，他认为内战比藐视法律的君主制更糟糕。[37]

参加布鲁图斯这次交谈的，还有一个名叫斯塔提里乌斯（Statilius）的人[38]。此人也是加图的拥护者，但是与加图绝非同路，而是一个享乐主义者，故而厌恶政治。斯塔提里乌斯说，让一个聪明睿智的人因为愚蠢的坏人去承担风险和忧虑实在不妥。拉贝奥不赞同；布鲁图斯则婉转地表示，这实在太难决定。其后，布鲁图斯将拉贝奥拉入阴谋集团，剔除了法沃尼乌斯和斯塔提里乌斯。

西塞罗与安东尼

阴谋集团谢绝了当时的两位重要人物，西塞罗和安东尼。

有人认为西塞罗才是阴谋集团真正的领导者。这个说法被他否认了。[39]西塞罗谄媚恺撒，充当他的发言人，与他保持往来。他过往的书面记录毁誉参半，但是人们想知道他私下里说了些什么。他哀伤共和国的消亡，理想化失去的自由，私下里称恺撒为国王，因此，他也肯定撼动了人们的灵魂。西塞罗曾说，尽管恺撒知道西塞罗称他为国王，但恺撒不会害怕他，[40]因为恺撒明白西塞罗没有这个胆量。言下之意，只有一个像西塞罗这样的人，再加上些胆量，才能构成威胁。

的确，西塞罗因其信任和善意备受布鲁图斯和卡西乌斯敬重，[41] 但是他们还是把他排除在外。依他们判断，西塞罗这人缺乏胆量。[42] 他年岁太大，极可能顾了安全而失了必需的敏捷。与主要的阴谋家相比，西塞罗确实太老了。他已年过花甲，而布鲁图斯、卡西乌斯、德奇姆斯和特雷博尼乌斯都在40岁上下。其结果是，西塞罗为3月15日的刺杀拍手叫好，但他认为这事做得太拙劣了。这位老人家坚称，他能干得更漂亮些。

安东尼作为另一位四旬人士，就更为有趣了。事实证明，安东尼是阴谋家的死敌。但他的名字出现在了他们中间，而且理由充分。尽管安东尼支持恺撒，但他绝无埋葬共和国之意。他不会愿意将罗马高级公职官员的选择大权交由独裁官。安东尼对多拉贝拉的态度证实了这一点。多拉贝拉是一个野心勃勃的煽动者，并引起了恺撒的注意。恺撒决意提拔他担任执政官，虽然时年36岁的多拉贝拉尚未达法定年龄，也无担任裁判官的经验。安东尼决定制止这次任命。安东尼记恨多拉贝拉是因为他曾与自己的太太勾搭成奸，虽然安东尼知情后立刻离了婚。他强烈反对多拉贝拉的激进政治，并在公元前47年担任恺撒的副手时，派部队进入罗马广场剿杀了800名多拉贝拉的拥护者。恺撒后来与多拉贝拉达成一致，在3月18日出征帕提亚时让他担任执政官，与安东尼平起平坐。安东尼坚决反对。他是占兆官祭司团成员，这帮人往往通过观察飞鸟来解读神的旨意。作为占兆官，安东尼有权阻止对多拉贝拉的任命。

一块成为阴谋家的好料！普鲁塔克说，大家都想接近安东尼，直到特雷博尼乌斯发声。他说去年夏天自己在纳博未能说服安东尼加入谋杀恺撒的阴谋集团。此时，照普鲁塔克所言，阴谋家们的态度来了个180度的大转弯，现在他们要将安东尼和恺撒一并杀了。他们说，安东尼拥护君主制，[43] 为人傲慢，他因与军队亲密无间而强势；因把持着执政官之位而权重。

与德奇姆斯一样，安东尼也许同样害怕被屋大维抢了风头，但也就仅此而已。安东尼推断，如果恺撒被杀，庞培幸存的儿子塞克斯都返回罗马的大门将被打开。作为庞培资产的竞卖人，安东尼不会期盼这种事情发生。再就是亲属关系，因为安东尼与恺撒是远房表亲。此外，安东尼于公元前47年迎娶的妻子，那个强势的富尔维娅，是一位坚定的平民主义者，或许是她鼓励丈夫继续支持恺撒。最后就是安东尼纯粹的天分。在所有的罗马贵族中，唯有他具备了恺撒的多才多艺——集政治谋略、雄辩激情和战斗指挥于一身。比起同辈，安东尼受到来自恺撒的威胁更少些，也更自信终有一天会取代恺撒。所以，安东尼保持忠诚。

但是，这些阴谋家们会怎么对待他呢？

计　划

阴谋家们的工作受到时间、人数和政治观点的限制。他们需要在恺撒3月18日离开罗马回到部队之前下手，因为这天之后他就处在军事安全机构的保护下了。阴谋集团是一个松散同盟，而非一个紧密的革命者核心。他们是一个精英人物和平民主义者的混合体，需要把自己限制在一个所有人都能达成一致的目标中。他们没有能力将任何人赶出该集团和承担背叛的风险。

安全问题值得关注。阴谋家们绝不会在公开场合聚集，只会隐秘地以小组为单位在彼此的家中碰面。他们从不像某些阴谋集团那样对着献祭动物宣誓或起誓，[44]但是他们都能保守秘密。也许，正是卡西乌斯、德奇姆斯和特雷博尼乌斯这类人的从军经历使他们得以如此稳步地推进。也许，这就是一种反向的"盗亦有道"。据尼古劳斯所言，每个阴谋家加入时都要吐露一番自己对恺撒的不满；[45]反过来，对泄密的担心也会使每个人保持缄默。也许，正是对起誓的不屑使得他们守口如瓶。只有暴君才会让人宣誓,旧时的罗马人从来不会那样做。据传,布鲁图斯后来也是这样说的。阴谋家们面上堂而皇之地宣称不宣誓,言外之意就是他们几乎都在宣誓,仿佛在说:"我声明,我支持这个反抗暴君的阴谋集团,但是我不宣誓,不采用这一暴君惯常采用的方式!"

精英阶层希望恢复恺撒掌局前的状态。要实现这一目标,不仅需要杀了恺撒,还需要杀了他身边所有的人,安东尼首当其冲。阴谋集团中恺撒的支持者大概不会赞同这样的整肃,他们支持恺撒的改革,无意归还从庞培支持者那里罚没来的资产。但即使是这些人,还是赞同杀了安东尼,他们认为这人太强大,也太危险。也许,德奇姆斯还记得那年夏天班师时,安东尼与恺撒同舆而行,而他却屈就第二部战车。

布鲁图斯不赞成。他的反对意见是,阴谋家们代表的是法律和正义,杀了安东尼显然不正义。杀了恺撒倒能够为他们赢得诛杀暴君者(暴君杀手)的荣誉。如果杀了安东尼或恺撒别的朋友,人们就会认为这是在泄私愤,这样的事只有庞培旧系做得出来。此外,布鲁图斯希望安东尼回心转意。[46] 他对安东尼评价极高,因为安东尼像他一样,出身于一个旧式贵族家庭。在布鲁图斯眼中,安东尼足智多谋、志向远大、热衷荣耀。他认为,一旦没了恺撒这个障碍,安东尼就会以他们为榜样,为祖国的解放事业而战。

布鲁图斯相信,人民反对的是国王恺撒,不是改革家恺撒。因此,对他而言,上佳的策略就是除掉恺撒,而丝毫不损及其计划安排。布鲁图斯认为,一旦恺撒的派系遭到斩首,这个集团就会分崩离析。安东尼这样的有志之士就会接受新的现实,并继续前进。再则,通过杀了安东尼这样的执政官来光复共和国,这样的想法实在荒唐。"终身独裁官"是个畸形的怪物,必须斩除,但执政官却是一个神圣的共和国职位。

那么,那些城市平民呢?恺撒的士兵们呢?布鲁图斯觉得可以维持恺撒原有的举措计划以获取他们的支持。布鲁图斯拒绝满足精英阶层的所有要求。庞培支持者的资产绝不予归还,恺撒的法案不予废除,绝不实行大清洗。那些财产被罚没的人可以获得公共基金作为补偿,而新的产权人可以继续持有土地。布鲁图斯是一个刺客,他的目标不是革命,而是和平。因此,阴谋集团中只有他一人反对杀害安东尼,[47]并如愿以偿。对这个计划而言,布鲁图斯不可或缺。

呜呼!罗马历史并不能为这项计划提供支持。相反,历史表明,要想通过暴力阻止国内的政治运动,你需要杀掉或者至少也要赶跑首脑人物和他的追随者。即使马尔库斯·布鲁图斯所谓的先人、罗马共和国的开国元勋卢基乌斯·尤尼乌斯·布鲁图斯所做的也不仅仅是将国王赶跑,[48]他还除掉了国王的妻子和孩子,包括其已成年的几个儿子。卢基乌斯·布鲁图斯一定还有全副武装的追随者,并得到了罗马军队的支持。

公元前44年时,布鲁图斯有些什么想法呢?他为什么会认为杀了一个人就足以拯救罗马共和国呢?作为罗马人,他深知恺撒的追随者会为恺撒的死复仇。多数的罗马人很赞赏苏拉的这句话:"朋友的帮助与敌人的加害,我已悉数奉还。"[49]

布鲁图斯明白这一点,但他还是期待成功。他相信,元老院和人民都会为除掉暴君而感谢阴谋家。预见到武装人员将会威胁报复,阴谋家们在罗马城中心安排了一个据点,安排自己的武装力量进行防卫。不过,他们认为这个据点也只是权宜之计。他们相信,恺撒的副手中无人具备恺撒的号召力。没有一个强有力的领导者,军队就会瓦解,特别是在布鲁图斯将满足士兵们诉求的情况下。

阴谋家们也考虑了袭击恺撒的方式和地点的不同会产生什么样的结果。在亚壁大道雇凶伏击,就像公元前52年刺杀煽动家克洛狄乌斯那样是一码事;在罗马城中心的公共场地亲自刺杀则是另一码事。最佳的行动方式可以通告天下，改变民意。

他们还考虑了其他的谋杀地点。[50] 一个方案是趁恺撒在他家附近的圣道（Via Sacra）上散步时发起攻击，这是广场附近最古老、最重要的街道。另一个方案是在选举新的执政官期间袭击他，因为按罗马正式（原始）的选举程序，那时他要走过选民穿行的桥梁。还有的人提出在角斗表演时袭击他，因为此时无人会怀疑佩剑之人。最后，他们决定选择一个截然不同的方案。就其方式而言，这一方案非常具有恺撒风格，它的成功与否取决于速度和冲击力。这一方案十分冒险，也蔚为壮观。如果一切顺利的话，凭借布鲁图斯的声望和顾及各方的温和，能将舆论导向他们一方。不过，假如这还不够，他们手中还有王牌。或者我们可以做此想象。

阴谋家们可能认为这一次情况不同，理由与恺撒曾经引述的相同："没人想回到内战。"他们可能相信，在布鲁图斯慷慨陈词的煽动下，舆论会主张让恺撒的拥护者和谋杀者达成妥协。他们了解恺撒的拥护者，他们坚信能与大多数人谈拢。

这确实很冒险，但布鲁图斯要赌一把：共和国依然有救。与恺撒一样，他愿意让色子高高飞起。

解雇保镖

当然，安全问题也做了考虑。最好能在独裁官防不胜防的时候发起攻击。由于恺撒不带保镖，似乎显得他总是防不胜防，但恺撒也不是没有防护措施。

公元前45年10月返回罗马后，恺撒正式解雇了在战场上护卫他的西班牙籍保镖。[51] 原则上，他完全依靠来自元老和骑士们的非正式护卫。[52]

表面上看来，这非同寻常。如果说罗马历史有什么教训，那就是你可以杀害任何人。谋杀虽不是罗马的法则，但它却并不鲜见。

诚然，其他针对恺撒的阴谋远不足为虑。据称，卡西乌斯曾在公元前47年图谋反对他。公元前46年，西塞罗公开表达了对暗杀恺撒阴谋的担忧。[53] 公元前45年，特雷博尼乌斯曾经试图将安东尼招入阴谋集团。恺撒宿敌马尔库斯·克劳狄乌斯·马凯鲁斯（Marcus Claudius Marcellus）当年的命运——被一个心怀不满的朋友刺死——就是一个警示。与此同时，恺撒的仆人兼秘书菲利蒙向恺撒的敌人承诺毒死他的主人。阴谋被识破后，恺撒向他展现了仁慈，让其在被处死之前免遭严刑拷打。[54] 只有最后的阴谋确实发生了，其余的可能都只是说说而已。不过，考虑一下德奥塔鲁斯（Deiotarus）的情形吧。

公元前45年11月，安纳托利亚中部加拉提亚（Galatia）王国的德奥塔鲁斯国王成了罗马听证会的主角。德奥塔鲁斯曾经是庞培的支持者，亲自为庞培奔赴法萨罗战场；他当下受到的指控是在公元前47年安纳托利亚战事期间恺撒拜访他时谋划杀害恺撒。西塞罗为德奥塔鲁斯辩护，[55] 给整个事件增添了滑稽剧的气息，这不难做到，因为原告不是别人，正是德奥塔鲁斯的孙子卡斯托（Castor），而控方证人是德奥塔鲁斯的医生。并不滑稽的是听证会的场地，定在恺撒的住处、公众大厦和大祭司官邸。从前的罗马国王享有在他们的宫殿听证案件的权力，此时的恺撒当仁不让。

另一件并不滑稽的事，是这次指控的内容可能真实存在。布鲁图斯属于德奥塔鲁斯罗马朋友圈中的人，我们只能怀疑两人是否谈到过刺杀恺撒的话题。无论如何，恺撒都没有对这件事情做出裁定。可以断定的是，他不会以此作为增强安全性的理由。

不仅仅是谋杀的图谋，还有一些不好的评论也传到了恺撒耳中，例如彼托劳斯（Pitholaus）那些尖刻的诗句。恺撒没有对此实施打压，但也显得很不高兴。再一桩事情是，奥卢斯·凯基纳（Aulus Caecina）在内战期间出版了一本猛烈抨击恺撒的小册子，[56] 这次恺撒拒绝宽恕对方，尽管西塞罗反复求情。

恺撒在罗马的消息来源强烈谴责阴谋活动和夜间会议。[57] 恺撒只是宣称，他知道正在发生的一切。卡西乌斯·狄奥强烈声明，恺撒不听信有关阴谋活动的传言，[58] 并会对那些传播此类消息的人加以严惩。所有关于阴谋活动的传言都掀不起大浪，这可能滋生了恺撒的自满情绪。"就让他们说去吧。"他会这样说，认为这可以发泄人们的不满。此外，恺撒特别相信自己的判断。在战场上，他有时在没有可靠情报的情况下也一样指挥作战。[59] 他总能迅速做出判断，应对形形色色的陈腔滥调和各种各样的可能性。他冒过的那些风险，绝大多数的指挥官会选择退缩。

恺撒的生涯似乎表明，军事情报固然重要，但却比不上他的禀赋。就国内政治情报中的那些闲言碎语和流言蜚语来看，更是如此。恺撒的问题也许不在于信息太少，而在于信息太多。可以想象那些源源不断的谣言和一则又一则的威胁信息，难的是分辨事实与谎言。

恺撒得知了布鲁图斯、马克·安东尼和多拉贝拉都在密谋革命的指控。他怀疑布鲁图斯和卡西乌斯。就这些所谓的阴谋家，他有一句妙语实在精彩："我并不十分惧怕那些体胖、发长的家伙"[60]（指安东尼和多拉贝拉），"倒是怕那些面容苍白、身体瘦弱之人"（指布鲁图斯和卡西乌斯）。他的意思是，安东尼和多拉贝拉思维迟缓、体格健壮、装模作样，而布鲁图斯和卡西乌斯足智多谋，因此真正危险的是这两个人。

不过恺撒却不拿这份危险太当回事。他对布鲁图斯的品格太过信赖，[61] 而没有布鲁图斯，卡西乌斯难成气候。恺撒向他的朋友抱怨过布鲁图斯，[62] 但也没有采取任何行动。他将人们对布鲁图斯的指控一笑置之。[63]

那么，恺撒为什么要解雇他的保镖呢？他是否在自寻死路？古代的作家们也在问着同样的问题。有一派观点认为,独裁官太过傲慢。他明知存在危险,但还是确信危险不会发生在自己身上。他的理由是,元老们全都向他起过誓,要以生命来保卫他。一些人说,他太过相信这样的誓言;[64]还有的人称,誓言是他的敌人精心炮制的,其目的是诱使他放弃保镖。如前所述,恺撒第一次回到罗马时就解雇了他的西班牙保镖。

有些人认为,恺撒深知自己被杀只会将罗马推入内战及恐怖之中。用恺撒的话说,他的安危与其说关乎他个人的利益,不如说关乎共和国的利益。[65]恺撒认为,没人敢杀他。但往往受害者会陷入某个学者所称的"受骗的快乐"[66]之中,太过高估自己与敌人的共同点,以此自欺欺人。

还有种理论认为,恺撒情绪极度低落,[67]丝毫不在乎生死;但是他为何又要筹划一次重大的海外军事行动呢?另外的三个因素倒是能够更好地解释恺撒的自寻死路:苏拉、军旅生涯和头脑冷静。

恺撒总是事事以前任独裁官苏拉为参照。苏拉残暴,恺撒则温和,例如恺撒以宽恕代替苏拉的死刑。在罗马人看来,在罗马城里设保镖就带有了君主制的意味。罗马元老非但不带保镖,反而应该平易近人,[68]因为平易近人是一个自由社会的标志。即使是苏拉,也遵从这条准则。在他辞去独裁官后,就解雇了自己的保镖,独自在罗马街道上行走也无人骚扰,仅有的护卫大概就是他的声望。虽然他仍有众多敌人,虽然他早年曾在罗马遭到过一个暗藏匕首的人袭击,[69]但他依然不要保镖。我们大概可以得出这样的结论,那就是恺撒想比苏拉干得更漂亮——在独裁官任内就弃用私人保镖。[70]

恺撒是一名军人。他为自己的胆识感到自豪,他在危险中成长壮大。20岁时,他攀上一堵叛军控制下的希腊城墙,并因此举荣获一只槲叶环*;

---

* 古罗马赠予救护市民者的荣冠。——译注

43 岁时，他在高卢萨比斯河畔历经一场大难而不死；55 岁时，他也不打算在罗马街道上畏缩。对于恺撒这种充满自豪感的人而言，不带保镖存在着风险，但这并不能成为反对这种做法的理由，而是恰恰相反。

战场上需要胆识，而政治和罗马需要诡诈。恺撒不缺这个，只是他变得荒疏了些。尼古劳斯称，阴谋家们很容易蒙骗恺撒，因为他这人"天生直率，而且由于常年征战海外而不太适应政治上的诡计多端"。这个说法有些夸大其词，特别是"直率"[71]二字，但却也不乏事实。这位公元前 60 年代的政治魔术师久疏实践，更重要的是，他似乎不再醉心于罗马政治。他习惯于发号施令，而非洞穿阴谋。恺撒明确表示，他迫不及待地要重返疆场。

如果恺撒对政治持否定态度，他对保镖价值的判定却是冷静理性的。他明白，没有哪个保镖能够提供完备的保护。事实上，历史上还就有一些大人物被保镖杀害了，例如与恺撒类似的帝国缔造者、马其顿国王腓力二世，或在恺撒征战过的西班牙地区抗击罗马军队的本土叛军领袖卢西塔尼亚人（Lusitania）维利亚图斯（Viriathus）。最后还有塞多留（Sertorius），他与恺撒一样，是马略的支持者。

此外，还必须牢记：不配保镖不等于完全没有保护。这一点十分重要。身为独裁官，恺撒在公共场合都有 24 个执法官伴其左右。这些人个个身强力壮，每人持一束棒*。他们就起卫兵的作用，在人群中开路，执行逮捕和笞刑。一旦遭受攻击，他们可不是摆设。

再则，时常会有一大群朋友和随员围绕在恺撒身边。公元前 44 年 1 月至 2 月处理完平民保民官的事务之后更是如此，此时的恺撒担心自己太过专横跋扈。他让朋友在公共场合保护自己，但是，当朋友反过来叫他重新

---

* 古罗马权力与威信的标志，形状为一束棍棒，中有一柄露出的斧头。——编注

启用保镖时,恺撒却拒绝了。[72]

我们可能会怀疑,在公共场合陪同恺撒的朋友中,有一些人是经过认真挑选的。其中仪表堂堂、满脸凶相的人有之,老兵、角斗士、一两个临时杀手亦有之。证据来自一位古代作家,他称阴谋家们都很敬畏恺撒。他们担心,如果他们攻击恺撒,"即使恺撒不带保镖,这些随时伴随他左右的人中跳出一个人来也会杀了他们"[73]。最后,如我们将要看到的,恺撒另一个阻止攻击的优势就是集结起来即将开拔前线的将士们。

阴谋家们对这一切非常清楚。卡西乌斯、特雷博尼乌斯和德奇姆斯都是罗马卓越的军事家。他们清醒地意识到,元老院是攻击恺撒最万无一失的地方。由于会议期间只允许元老入场,独裁官不可能让一大群"朋友"进去保护他。的确,有些元老可能也极难对付,尤其是恺撒的新元老。尽管不允许带武器进入元老院,但是他们暗中还是可能偷偷带上一些。恺撒的救援力量也可以从外面涌入。因此,卡西乌斯、特雷博尼乌斯和德奇姆斯相应地做了部署。比方说,对于公元前51年在叙利亚成功伏击过帕提亚人的卡西乌斯来说,在元老院设套困住恺撒简直就是小菜一碟。事成之后如何逃过前来报复的士兵倒成了更大的问题。

共进晚餐

在公元前44年3月14日,即"3月15日事件"的前一天,独裁官外出与他的骑兵统帅共进晚餐。[74]马尔库斯·埃米利乌斯·李必达是恺撒忠实的朋友,这一点有别于他的亲戚布鲁图斯和卡西乌斯。同卡西乌斯一样,李必达娶了布鲁图斯的妹妹为妻。同布鲁图斯一样,李必达来自一个显赫的贵族家庭。同德奇姆斯一样,李必达崛起于恺撒麾下,但他的身份是一名外交官兼听差，而非一位伟大的将领。虽然李必达战功寥寥，但恺撒让他参加了公元前46年的凯旋庆典，只因他在西班牙动乱之后通过谈判达成了和解。恺撒任命李必达为公元前46年的执政官与公元前45年和公元前44年初的骑兵统帅。这样一个人绝对不会与他的庇护者分道扬镳，阴谋家们也肯定不会接近李必达。

除了恺撒和李必达，德奇姆斯也出席了晚宴，据阿庇安所言，他是恺撒带来的。德奇姆斯可能利用这个时机深思了李必达获得的荣誉，而这份荣誉其实应该归于他——德奇姆斯。毫无疑问，德奇姆斯更有资格参加凯旋庆典。

正式的罗马餐厅能够容纳3张长榻，9位用餐者。考虑到恺撒的身份，李必达的客人肯定得齐装满员。餐桌周围的长榻通常被安排成U形。客人们斜倚着用餐，3人坐一张长榻。作为贵宾，恺撒倚在中间那张长榻的一端。在他旁边，在号称最低的长榻一端，斜倚着主人李必达。

恺撒就这样斜倚着，在由秘书起草的文件下方加上了问候语。[75]这也是他在赴宴和观赏角斗比赛时的习惯。这对某些人来说确实是冒犯，但恺撒是个大忙人啊。

罗马筵席至少有3道菜，也可能多达7道，李必达提供的可能是一顿长餐。罗马筵席往往从下午开始，接着是饮酒环节，常常一直喝到晚上。多家史料都认同，那天夜里议论的话题是"死亡的最佳方式"。阿庇安称，这个话题是恺撒发起的。那么到底什么是最佳的死亡方式呢？据普鲁塔克所言，恺撒的答案是"意外死亡"[76]；阿庇安说是"突然死亡"[77]；苏维托尼乌斯说是"突发加意外"[78]。我们可以将恺撒置于心理医生的躺椅上，然后说他下意识乐于接受刺杀。但是，他此时即将奔赴疆场，这是对他此番言论更加简单的解释。他想到如战士死亡一般的突然死亡是完全可以理解的。

苏维托尼乌斯补充道,恺撒在另一个场合也谈论过这个话题。[79]这位满腹经纶的独裁官在色诺芬(Xenophon)的经典著作《居鲁士的教育》(*The Education of Cyrus*)中读到,波斯国王居鲁士在健康每况愈下之际为自己的葬礼做出指示。令人吃惊的是,恺撒自比国王,而且不是普通的国王,而是史上伟大征服者之一的勇士国王。居鲁士还是一位专制君主,是恺撒正准备进犯的国家之王。总之,恺撒表示,居鲁士的计划并不适合他,他要的是迅速而突然地死去。

那天晚上的宾客中至少有一个人知道,独裁官可能很快就会如愿以偿了。

CAESAR
LEAVES
HOME

第七章 恺撒离家

公元前44年3月15日清晨5点刚过,[1] 罗马东边的天空泛起第一道亮光。罗马人习惯早起,因此,尤利乌斯·恺撒的妻子卡普尼娅也许已从一夜不安稳的睡梦中醒来。那天夜里,她就睡在恺撒身旁。突然间,卧室里所有门窗[2]一下全打开了,两人均被惊醒。

这声音把卡普尼娅从噩梦中吵醒。据一个说法,她梦到自己将被谋杀的恺撒紧紧搂在怀中,[3] 撕心裂肺哀恸着。其他版本的卡普尼娅梦中,他们家前面的山形墙塌了,[4] 旁边要么躺着恺撒的尸体,要么就是有这种暗示;有个版本称,鲜血从恺撒的身体里汩汩直流。[5] 元老院授予恺撒建山形墙的权利[6],使他的房屋看上去犹如神庙一般——毕竟他已经封神。

卡普尼娅辗转反侧,理由十分充分。卡普尼娅出身于显赫的贵族家庭,是恺撒的第三任妻子(第一任已不在人世,第二任因与人通奸离异)。她父亲皮索(Piso)是前执政官,热衷哲学研究。公元前59年,卡普尼娅十八九岁时,皮索便与恺撒商讨这桩婚事。现在,15年过去了,卡普尼娅已经成熟了。两人没有孕育子嗣。恺撒几乎一直征战在外,而卡普尼娅一个人住在罗马城中心,有充裕的时间深入研究罗马政治及其诡诈之道。

阴谋行刺恺撒的传言铺天盖地。不祥之兆与日俱增,从鸟儿的凶狠行为和天空中的怪异之光,到从地下发掘出的一块带有凶兆信息的碑文、莫名碎裂的兵器,以及好像身上着火的人。据说甚至曾经载着恺撒跨越卢比孔河的马匹(现在已经供奉给了众神)[7]也停止了饮食,开始流泪。不过,如果卡普尼娅对预言感兴趣的话,最令人困扰的还是斯普林那(Spurinna)的那条。一个月前,斯普林那称,恺撒在接下来的30天内面临着重大危险。这个早上昭示着预言中最后一天的来临。今天就是3月15日,大致为当月的正中点。

斯普林那

斯普林那来自伊特鲁里亚(Etruria,大致为今天的托斯卡纳)的塔尔奎尼亚(Tarquinia),这个名字名气很大。在罗马人眼中,这座城市既有死去的国王,也有活着的占卜师。罗马的最后几位国王都是塔尔奎尼亚人。斯普林那是一位占卜师,他能通过观察用以献祭的动物的内脏、解读闪电抑或其他征兆来预测未来。身为伊特鲁里亚人,斯普林那虽是一位罗马公民,但他继承的是一种令他引以为豪的独特文化。罗马人对伊特鲁里亚占卜师一向高度尊重,一些杰出的政治家都有自己的占卜师。

在2月15日那个臭名昭著的牧神节上,斯普林那充当着恺撒的占卜师。那天,恺撒献祭了一头公牛。斯普林那宣布了一件令人毛骨悚然的事情,这头公牛没有心脏——或是萎缩了,或在胸腔中发生了位移,或由于巫师施法而消失了。恺撒则无动于衷,他的不为预兆所动是出了名的。尽管如此,斯普林那仍称他很害怕。旧时的人认为,心脏是思想之源,也是生命之源。

因此，斯普林那说他担心不仅恺撒的计划会破灭，甚至他的生命都可能会不得善终。第二天做另一献祭时，出现了另一个不祥之兆，这次祭品的肝脏缺少肝叶。

这些迹象不是决定性的，而是暗示性的。对这些事件合理的现代解读是，斯普林那试图警示恺撒不要做得太过分，[8]不要自立为王。斯普林那是恺撒的朋友。恺撒在元老院至少安排了一位占卜师。除了斯普林那，我们想不出谁还能成为主要候选人。然而，与其他受到恺撒奖赏的人一样，斯普林那也有自己的原则。斯普林那似乎来自于伊特鲁里亚的一个贵族家庭，他同布鲁图斯、卡西乌斯和德奇姆斯一样反对国王。

2月15日也许还是斯普林那警示恺撒的一个时机，在接下来的30天里，恺撒的生命将处于危险之中，[9]这一周期的终结日刚好就在3月15日。这与莎翁剧中"谨防3月15日"[10]的著名警示略有不同。斯普林那的警告指的是一个月，而非具体的某一天。他无从得知阴谋家们会在3月15日这天下手。他本人未参与密谋，而且，此时阴谋集团也还没有确定动手日期。斯普林那确切知道的是，恺撒计划在3月中旬离开罗马，出征帕提亚；他也耳闻有人要谋害恺撒的传言，任何一个消息灵通的罗马人都知道；"30天"则是一个惯常的预警时间周期。其结果就是，这个警示周期就在3月15日这天期满。

毫无疑问，卡普尼娅得知了斯普林那的警告，这就不难理解她为什么3月14日夜里睡不安稳。第二天破晓之时，大约是凌晨5点或再晚一会儿，她恳求恺撒不要出席元老院会议，[11]或者至少再做一些献祭，查看一下征兆再说。

至于恺撒，有史料称他也做了一个噩梦[12]：他高高飞翔在云天上，握着众神之王朱庇特的手。不过噩梦对于恺撒来说是最微不足道的问题。恺撒3月14日晚间从李必达家赴宴回来时感到肠胃不佳，四肢乏力；[13]第二天早晨，他依然感觉身体不适。[14] 特别是，据说他患有眩晕症。[15] 这些症状难道就是一次未被发现的癫痫发作吗？

时至今日，晕眩也常常被误认为一次未被发现的癫痫发作后遗症（甚至很可能是一种轻微癫痫，尽管这种可能性似乎很小）。[16] 据一份史料称，恺撒在走向生命尽头的那段时间饱受昏厥和夜惊的困扰，[17] 回想起来，这可能就是癫痫发作的迹象。如果恺撒在3月14日夜间癫痫发作过，就可能使他次日早晨的判断变差，纵然他表面并无异常。他甚至可能都没有意识到这次发作。

然而，审慎是必要的，这不仅是因为诊断是在事后2000年通过分析零散的细节得出的。我们甚至不能确定，恺撒是否真的存在这些症状。当时有人就认为，恺撒在15日这天只是装病，[18] 以此掩饰他想推迟召开元老院会议的真实原因——那些征兆实在是弄得他心烦意乱。我们还可以设想，刺杀发生之后，恺撒的人编造了15日这天他的患病细节，以解释在这个灾难性的日子这位伟大人物对危险的无知。

所以，不论恺撒是癫痫发作后判断力变差，还是他太自傲不愿承认自己的软弱，抑或他实际上非常健康，那天早上还是一早就出门办事去了。那是一次礼仪性的造访，一次例行的向朱庇特神的献祭，地点离公众大厦不到300米[19]，这里是格奈乌斯·多米提乌斯·卡尔维努斯（Cnaeus Domitius Calvinus）的寓所。身为恺撒的将军，卡尔维努斯是独裁官公元前43年骑兵统帅的人选。

碰巧，斯普林那也在卡尔维努斯府上。于是，独裁官和占卜师之间的著名对话出现了。[20] "3月15日已到。"[21] 恺撒说。"的确如此，他们*到

---

* Ides指古罗马历中3月、5月、7月、10月的第15日或者其余各月的第13日。鉴于此词看似复数，占卜师用"他们"（they）代指，尤显对话之绝妙。——译注

了，但还没离去。"占卜师回答道，这是史上一次令人难忘的巧妙回答。

虽然恺撒当时虚张声势，但一回到公众大厦就认真关注起斯普林那的一席话来。据某些资料显示，恺撒遵卡普尼娅之嘱，安排了新的献祭，[22] 但预兆很糟。恺撒迟疑良久，最终决定待在家中。他不是迷信之人，但他断定斯普林那和卡普尼娅都在染指政治风向。或许，他觉得面临各种阴谋传言，还是谨慎从事为好。也许卡普尼娅对麻烦的敏感度引起了恺撒的重视，也许是恺撒希望家庭和睦，又或许恺撒在造访卡尔维努斯府之后感到比往常晕眩得更厉害。

因为自己不能到会，恺撒决定派执政官安东尼去元老院取消会议。[23] 不能确定的是，当时安东尼与恺撒都在公众大厦，还是安东尼在别的地方，只是通过信使与恺撒取得联系。

如果不是德奇姆斯的介入，恺撒很可能也就错开了那次既定的元老院会议。[24] 德奇姆斯那天早上晚些时候才到达公众大厦。此时的罗马城正山雨欲来风满楼。

托加荟萃

罗马总是充满着期待，3月尤其如此。此时距著名的罗马之春的来临已不到一周。这是维纳斯之季，维纳斯既是恺撒的庇护女神，也是罗马的春之神。与恺撒同时代的诗人卢克莱修（Lucretius）*在他著名的诗歌《物性论》中对维纳斯大加赞颂，用优美的文字表达了罗马人对春天的爱意。

---

* 卢克莱修（约前99—约前55年），古罗马诗人、哲学家。——译注

> 埃涅阿斯及其子孙，所有罗马人的母亲，
> 人神共乐皆因于您，我美丽的维纳斯，
> ……
> 当春天的景象经您徐徐展开，
> 滋养万物的和风便从西边自由拂来，
> 天空中飞翔的鸟儿，开始嬉戏欢唱，
> 昭示着您圣驾的莅临，啊，女神，
> 旷野里的牛儿漫步在欢乐的田间，
> 渡过湍急的河流；满心欢愉地，
> 所有生灵万般热切，追随您的牵引。[25]

每个月的15日对朱庇特来说都是神圣的，但3月的15日更加特别，因为它还是一年一度的安娜·佩然娜（Anna Perenna）节。这是一个无足轻重、名气不大，但受人珍爱的女神。在她的节日这天，人们都要献祭，祈福一个好年成。那不是一个阴暗的日子，相反，是一个不醉不归的时刻，人们不分男女在帐篷中、草屋里尽情豪饮狂喝。庆祝活动集中在城北一片小树林的圣泉旁，这里立有弗拉米尼亚大道上的第一块里程碑，位于罗马广场以北不到5000米处。由于许多人前往参加节日活动，恺撒的一些天然支持者——罗马的劳动人民——在刺客行凶时就离市中心很远了。

阴谋家们也是在喜庆的气氛中开启这一天的。尽管外面天色昏暗，[26] 但他们已经有人聚集到了卡西乌斯家里；还有的人，如我们即将见到的那样，在别的地方碰面。接着，他们陪同卡西乌斯父子在黎明时分列队前往罗马广场。这是男孩的成人仪式，在这个仪式上，他将穿上成年人的托加长袍，这是罗马人家的一个重要时刻；到场的所有人也都要穿上托加长袍。作为孩子的舅父，布鲁图斯肯定也到场了。

托加长袍是罗马男性公民的正式礼服。那是大大的一块羊毛布料，呈灰白色，庄重，但很沉，且不灵便。托加长袍的穿法是，左肩上披搭，右臂下方垂挂，后边包裹住左臂和左肩。托加长袍必须经过折叠、卷绕，之后以一种精巧的方式包裹住身体并垂落下来，不用别针。独自操作不是不可能，但十分困难，那些自己穿的人都会找奴隶帮忙。最高级别的行政官员穿的托加长袍带有紫红色的镶边。

罗马男性会在托加长袍下面穿丘尼卡，这是一种由腰带固定、下摆盖住膝部的简装。在今日的罗马，3月中旬的平均气温在6℃～16℃之间[27]，因此，人们也许会穿厚实的羊绒丘尼卡，而非薄型的亚麻丘尼卡。骑士和元老的丘尼卡上专门配有两段紫红色竖条，骑士的是窄条，元老的是宽条。

出门前，布鲁图斯将一把匕首别在托加长袍下面的腰带上。绝大多数的阴谋家也许都是这样做的（如果不是全部的话），但布鲁图斯是唯一一个向妻子透露了机密的人。卡普尼娅只是担心那天会发生状况，而波契娅是明确知道。

作为成人托加长袍仪式的一部分，罗马的男孩难免要接受至少一次关于如何智慧地使用新自由的道德课。此时，这伙阴谋家在自己的成人礼过去多年之后，正蓄势待发，准备最戏剧化地行使自己的自由，而智慧是另一回事了。

在庞培的阴影下

广场仪式结束后，现场的阴谋家们全都身披托加长袍，去参加元老院会议。他们正是计划在元老院刺死恺撒。在排除了在别的地方行刺的可行性之后，他们决定在元老院会议期间下手，因为此时的恺撒身边没有护卫，他自己也不会产生猜疑,而阴谋家中很多人都以元老身份出席会议,他们可以将凶器藏在托加长袍下面。[28] 就是在这里,在元老院的会议现场,[29] 那些未出现在卡西乌斯家里的阴谋家们在15日拂晓时分聚集到了一起。

一则传闻可能为阴谋家们提供了在会议期间下手的另一个理由。这次元老院会议是恺撒召集的。据称,他的表弟卢基乌斯·科塔(Lucius Cotta)将以掌管《西卜林神谕集》[30]祭司的身份宣布一项重要决定。由于书中宣称只有国王才能战胜帕提亚人,祭司们势必就会提议宣布恺撒为王。出于减少冲击的考虑,这一头衔可能仅限于在罗马之外使用——在罗马,恺撒仍然是独裁官。不过一个认识科塔,且与西塞罗具有同等权威的人士声称,这一传闻是虚假的。其实,本次元老院会议的主旨,是恺撒要让安东尼放弃他对恺撒出征期间任命多拉贝拉担任执政官的反对意见。问题是:阴谋家们相信传闻吗?如果相信的话,它是否起到了推波助澜的作用?

无论如何,阴谋家们决定在元老院下手。莎士比亚写道,恺撒是在位于卡比托利欧山朱庇特神庙的元老院议事厅遇刺的。[31] 居高临下的戏剧性环境彰显了恺撒的骄傲,以及这种骄傲所带来的毁灭。但这不是真实的情况。罗马元老院确实在卡比托利欧山上举行过多次会议,然而是在朱庇特神庙,不是元老院议事厅,因为元老院议事厅在别的地方。但是,3月15日这天的元老院会议确实没在卡比托利欧山上举行。

与现代大多数的参议院不同,罗马元老院有若干个不同的会议场地。这些场地都是正规的神庙,包括元老院议事厅本身,因为根据法律规定,元老院只能在神圣的地方发表正式的意见。虽然如此,但元老院会议通常还是在罗马广场举行,这里是元老院或元老院议事厅的所在地。元老院最初写作Curia Hostilia,是以罗马具有传奇色彩的第三任国王图卢斯·霍斯提里乌斯(Tullus Hostilius)的名字命名的,后经多次破坏与重建。公元前44年时,恺撒再次对其进行重建,并以自己的姓氏为其命名,称作"尤利安元老院议事厅"。鉴于重建工程尚未完工，元老院会议就挪到其他地方举行。在这期间，一般的会议地点都在广场西边较远处的协和神庙。

但是，3 月 15 日这天的元老院会议在庞培柱廊举行，更准确地说，是在庞培元老院议事厅（Curia Pompei / Curia Pompeia）。这是位于该大型建筑群东端通往柱廊的一个建筑物，专门为召开元老院会议而建。那天在庞培剧场有角斗比赛；[32] 凡是剧场有赛事或表演的日子，元老院会议都安排在庞培元老院议事厅举行。

恺撒在为敌人庞培建造的场所遭袭，其讽刺意味是显而易见的。"似乎有某位神明将这个人领去接受庞培的审判。"普鲁塔克写道。[33] 不过，庞培柱廊标志着庞培狂妄的野心，而非他对共和国的赤诚。"为庞培杀人"是一个小集团的口号，不是那些将共和国置于党派之上的人提出来的。更恶劣的是，庞培元老院议事厅是神圣的地方，这就使得这伙阴谋家不仅成了凶犯，也成了神庙亵渎者。尽管如此，这伙阴谋家仍在谋划着抢占对外宣传的制高点。

他们谋划的不仅仅是一场暗杀，更是一起大事件。这伙阴谋家相信，在元老院众目睽睽之下的谋杀将会俘获公众的想象。阿庇安写道："他们认为，正因为这一行动发生在元老院，故而不像是阴谋，倒像是为了国家……这份荣誉将永远属于他们，因为人们会充分意识到那是由他们发起的。"[34]

再则，这次元老院暗杀还极富象征意义。那时的人们相信，是元老们暗杀了传奇的罗慕路斯，[35] 因为他由国王变为了暴君。普鲁塔克援引一个故事，称罗慕路斯偏偏正是在神庙里的元老院会议上遇刺身亡的。[36] 但是，杀手们将尸体藏了起来，对这次行动只字未提。据阿庇安所说，公元前 44 年的阴谋家坚信，如果他们在元老院会议上杀了恺撒，罗慕路斯的故事就会引起广泛共鸣。[37] 也许，阴谋集团还注意到了罗慕路斯之死的另一个版本，即罗马贵族不是在元老院会议上杀死罗慕路斯的，而是在一次集会上动手的，当时人们被一场暴风雨转移了视线。根据推测，同在 3 月 15 日的元老院会议一样，[38] 这次集会的举办地正是庞培柱廊所在的战神广场。

让我们由政治转向安全性，庞培柱廊堪称天赐之物。[39] 阴谋家们面临的威胁既来自元老院议事厅内部，也来自外部，不过柱廊的布局对他们有利。庞培元老院议事厅的入口在柱廊之内。必要时，阴谋家们可以关闭通往这一建筑群的通道。那天他们具备这个人力条件。

角斗士与士兵

15 日清晨的庞培柱廊聚集了一大群角斗士。他们是一个团队，罗马人通常将这样的角斗士群体称作"家族"，按常规来说，这个团队无疑会被冠以其所有者之名。他们很可能就被称作"FAMILY GLADIATORIA D BRUTI ALBINI"，即德奇姆斯·布鲁图斯·阿尔比努斯角斗士"家族"。

堪称罗马建筑奇迹之一的巨型柱廊建筑群的一端是剧场，另一端是元老院议事厅，四周有柱廊，中间是花园。呈矩形布局的柱廊自剧场向东延伸约 180 米，宽约 140 米。角斗士们就被安顿在柱廊或花园的某个地方（时值清晨，那里或许没有花园里的名妓来骚扰他们），他们全副武装，准备战斗，且是非同寻常的战斗。

事实上，角斗比赛正在剧场（此类赛事都在这里举行）上演着，但是德奇姆斯的人不在其中。他们的使命是绑走一个违反合同的角斗士，这名角斗士与德奇姆斯签署了合同，但却为一位赛事组织者出场参赛。也许这位组织者是一个野心勃勃的年轻军官，企图以其在公共娱乐上的花销吸引恺撒的注意。这个角斗士显然是优秀的搏击者，不是只会摆摆架势，[40] 一击便倒的那种。他的所有者德奇姆斯称，这个角斗士是来参加自己即将举行的赛事的。不管怎样，这只是大马士革的尼古劳斯讲述的故事。[41]也有说法称角斗士们的到来全为了参加比赛，[42]不过尼古劳斯的版本更为可信，因为只有这样，角斗士们才能行动自由，随叫随到；如果他们是来参加比赛的，就无法自由行动了。总之，这充分说明了古罗马的暴力程度，尼古劳斯的故事言之有理。

罗马人如我们今天重视足球比赛一般重视角斗比赛。德奇姆斯这样的政客投资角斗"家族"，为的是捞取民众的赞誉和政治资本。罗马人将此类赛事称作"礼物"，即献给人民的礼物。但是，德奇姆斯的投资还有护卫的考量，因为角斗士也是私人安保力量。在罗马的精英人士中，不少人都雇用角斗士充当武装护卫，其中一些精英人士名垂青史，[43]他们中有从陪审员、将军到艺术品收藏家的加图、苏拉、西庇阿（Scipio）等。

以比里亚（Birria）[44]和尤达姆斯（Eudamus）为例，这两人堪称当时最为声名狼藉的角斗士护卫。公元前52年，他们在罗马附近的亚壁大道上挑起一场争斗，最终导致政治家克洛狄乌斯遇害。克洛狄乌斯是一位平民主义者和煽动家，而比里亚和尤达姆斯则受雇于他的一位保守派劲敌麦洛（Milo）。在1月18日晚间，比里亚和尤达姆斯为一个保护麦洛及夫人福斯塔（Faust）的卫兵殿后，当时麦洛夫妇正乘坐轿舆行进在路上。后来，他们碰上了克洛狄乌斯和他的人马。尤达姆斯和比里亚挑起了一场争端，并且发现克洛狄乌斯用威胁的目光瞪着他们。于是，比里亚用自己的长柄逆刃刀[45]一刀刺穿了克洛狄乌斯的肩膀。

这一击绝非易事。长柄逆刃刀是一把双刃的铁质大刀，木柄很长。人们将它与长柄武器或文艺复兴时期瑞士军队使用的戟相提并论。长柄逆刃刀是一种色雷斯（Thrace）兵器，这表明比里亚是色雷斯人。要把长柄逆刃刀挥舞的得心应手需要力量和技巧。鉴于骑在马上的克洛狄乌斯比站在地上的比里亚更具优势，他刺伤克洛狄乌斯的这一击就显得更加不同凡响。

从这一事例中可看出角斗士在战斗中的杀伤力，也就不难解释为什么连经验丰富的罗马老兵都不愿攻击角斗士了。

克洛狄乌斯的手下将他送往最近的小客栈疗伤，但是麦洛紧跟其后。麦洛命令手下把克洛狄乌斯拽出来杀了，手下照办了。但人们都很热爱克洛狄乌斯，为他的身亡悲伤欲绝。在罗马举行的克洛狄乌斯的葬礼上发生了一起暴乱，元老院议事厅被焚毁，共和国被掀了个底朝天。麦洛遭到了审判，他花大价钱找了最好的辩护律师：西塞罗。当局派士兵将法庭团团围住，以达到威慑陪审员的目的。当局希望做出有罪裁决以安抚民众，他们如愿以偿。麦洛被处以流放。

德奇姆斯拥有多少角斗士，我们不得而知，[46]但史料称有许多。考虑到他们后来可以起到保护阴谋家的作用，角斗士的数量不可能少于50人，甚至可能超过100人。数目太大可能会引起怀疑，但德奇姆斯与恺撒关系密切，所以几乎无人敢于违抗他的指令。德奇姆斯真是一个十足的大骗子。毫无疑问，他告知恺撒自己打算抓回那个任性的角斗士。独裁官也许回想到这小子从前在罗马街头的惹是生非，并报之以苦笑。或许，德奇姆斯还向恺撒保证，角斗士可以提供双倍的安全保障。

恺撒可能亲自将角斗士的事务交给德奇姆斯处理，[47]以示友谊。恺撒对角斗士情有独钟。"他将自己的雄才大略耗费于公众的浅薄[48]之上。"西塞罗抱怨道。恺撒是全罗马最大的角斗士生意人。他不仅提供罗马最奢侈的角斗士比赛，他本人对该项运动也极感兴趣。公元前49年1月，在跨过卢比孔河的前一天，恺撒花了数小时时间观看角斗士训练；[49]同年，有记载称，他在意大利最大的角斗士训练中心加普亚（Capua）豢养着大批角斗士。[50]

德奇姆斯的角斗士有多重用途。如果发生了保护恺撒的战斗，角斗士就能够介入；如果刺客在杀死恺撒后遭到攻击，角斗士就能够保护他们。

必要时，角斗士还能够封锁通往柱廊的入口，因为元老院议事厅没有直接通往街道的通道，必须取道柱廊。角斗士面临的最大威胁不在柱廊，而在大约 800 米开外的地方。

在不远处的台伯岛上，一支罗马军团搭起了皮帐篷。如果卡西乌斯·狄奥是对的，那天早晨他们要在罗马近郊举行军事演习。[51] 无论如何，到下午，他们都要返回军营，准备外出执行任务。

读过莎士比亚《尤利乌斯·恺撒》的读者都有这样一个印象，3 月 15 日的罗马是一个平民之城。简直大错特错。在神圣边界（pomerium），即古罗马核心区以外，整个城市布满了士兵，有现役的，也有复员的。边界之内不允许出现武装士兵，这一规定并不总是严格执行，但恺撒好像遵从了。

台伯岛上的部队归李必达指挥。作为恺撒忠诚的部下，他即将结束骑兵统帅，也是独裁官副手的任期。4 天之后，李必达就要离开罗马，赴任山北高卢（Narbonese Gaul，法国南部）和近西班牙（西班牙东北部）这两个重要行省的总督，毫无疑问会由他的军团护送。3 月 15 日这天清晨，他人在军团。

他们在台伯岛上的营地是对罗马的威胁性存在，纵然部队未达满员。原则上，一个军团的编制是 5000 人，但兵员不足也是常事。而李必达军团兵员不足的原因是岛屿太小，容纳不了这么多人。事实上，台伯岛仅有今天城市里一个普通街区的大小。[52] 在当时，岛上到处是神庙、圣祠以及庭园，几乎没有多少空地。

关于营地中的这些人，我们所知甚少，但可以肯定的是，他们不是新兵，也许其中有一些人早年曾跟随李必达在西班牙执行任务。他们即将表现出的那种沉着的敬业精神，表明他们是饱经历练的部队。或许，恺撒认为李必达的人马是一支对任何潜在的刺客都具有威慑作用的力量，一份某种形式的保险单。如果是这样的话，这份保单还有一个额外的保护条款，即在罗马的第二支武装力量。

这支力量是恺撒退役的老兵。在公元前 47 年至公元前 44 年间,有多达 1.5 万人在意大利定居,[53] 但恺撒仍然让更多的人去往那里定居。这些老兵中已经分得了土地的一些人来到罗马,准备在 3 月 18 日护送他们的老首领踏上帕提亚前线的征程。

老兵们驻扎在罗马城墙外不同地方的神庙和宗教场所里。与台伯岛上的驻军一样,他们也都全副武装。[54] 他们计划以传统的罗马方式,由军旗引领,按军队编队,在殖民委员会领导下,列队前往新的安置地。他们大概也会在 3 月 18 日这天动身前往位于意大利的新家园。西塞罗把这些老兵称作"乡下人,但却是勇士和优秀公民"[55]。他们肯定效忠恺撒,但对元老院的义务就是另一码事了。

没有角斗士团体能够长时间保护阴谋家们抵御恺撒成千上万愤怒老兵的攻击;但他们却能为阴谋家们赢得充足的时间去说服恺撒愤怒的士兵,让他们相信罗马新的领导人将为他们的安置提供更好的条件。因此,将会出现的是握手言和,而不是内战。

呐喊与耳语

元老院会议一早举行。在紧急情况下,会议会在黎明或更早就开始,虽然按照法律规定,日出前不允许投票。[56] 不过在这天,元老院大概在罗马人所称的第三时开始开会,也就是上午的八九点钟,这通常是法院开始上班的时间。但是,这个既定的时间来了又过去,恺撒始终没有露面。

在等待独裁官到来期间,裁判官们在庞培柱廊各自打理着公务。布鲁图斯和卡西乌斯沉着冷静地聆听诉状、解决纠纷或判决案子,这令普鲁塔克十分惊讶。他甚至提到一个诉讼当事人表示要将布鲁图斯所做的不利判决上诉恺撒。布鲁图斯以哲学家的缜密回答道，恺撒既不能，也不会阻止布鲁图斯依法行事。[57]

但是，随着时间的不断流逝和恺撒的迟迟未到，气氛越来越紧张。与恺撒一样，布鲁图斯在3月15日到来之前的几天夜里都未能入眠。[58] 各种各样的奇闻逸事应有尽有，大肆渲染庞培柱廊里紧张的场景。有个人走到卡斯卡兄长身边，斥责他不该对自己保密，称布鲁图斯已经告诉他了。卡斯卡自不必惊恐，[59] 因为此人不过是在八卦他要参加竞选。

后来，一个名叫波皮利乌斯·拉纳斯（Popilius Laenas）[60]的占卜师兼元老把布鲁图斯和卡西乌斯叫到一边，称会与他们共同祈祷成功，敦促他们抓紧行动。此处显而易见的问题是："祈祷什么的成功？"但是，布鲁图斯和卡西乌斯都恐惧得说不出话来。最后，布鲁图斯得到一个家中传来的噩耗，称波契娅死了。后来证实那是误传，她只是因焦虑过度而昏厥。但是布鲁图斯并不知情，史料称，他要迎难而上，坚持下去。[61]

除了谣传元老院要被解散，还有传恺撒家里出现了凶兆。有位随从认为恺撒不会来了，就带上他的金色座椅——元老院投票授予的一件特制品——走出了大厅。事后回想起来，这似乎就是一则凶兆。[62]但是，阴谋家们愁的是行动，不是兆头。狄奥称，他们决定派德奇姆斯前往恺撒家里，[63]努力说服恺撒前来开会，因为他是恺撒的密友。[64]

德奇姆斯即将走进一个人的家，诱他去死。就是这个人，德奇姆斯效忠了10多个年头，就是这个人，为德奇姆斯带来了荣誉，让他得到晋升。的确，他也许让德奇姆斯觉得未被赏识，受到忽视；的确，他可能将共和国与德奇姆斯信奉的价值理念毁于一旦。但是，许多人会认为德奇姆斯的做法很下作，尽管也会承认这样做需要勇气。

德奇姆斯怎么能背叛恺撒呢？熟悉内情的人事后可能会说："有其母必

有其子。"[65] 塞姆普罗妮娅的智慧、美貌、不贞和革命政治是出了名的，她曾因"男人般粗鲁"[66]而遭到指责。公元前 63 年，她与丈夫和父亲奉行的保守政治决裂，转而支持喀提林。此人是一个失败的政治家，他提倡通过武装叛乱获取对贫民和塞姆普罗妮娅一类举债过多的贵族的债务减免。丈夫外出时，她开门迎接喀提林的高卢盟友阿洛布罗基人（Allobroges），[67]一个以长矛骑兵著称的部族。喀提林的叛乱虽然失败了，但塞姆普罗妮娅可能让德奇姆斯见识了背叛之一二。

无论去见恺撒是他自己的主意还是听人使唤，德奇姆斯都是这一阴谋的关键人物。如果他不去说服恺撒前来参会，那天早晨就不会发生攻击行动，并且也许根本就再也不会发生。是的，恺撒可能就将会议调整到翌日或再后一日，只要在他出征前就行。但是，阴谋败露的危险就会与日俱增。一切的一切，统统取决于德奇姆斯。

于是，德奇姆斯来到了恺撒家。两人在饰以马赛克和大理石的公众大厦内交谈起来。关于谈话的细节我们永远无从知晓。交谈双方一方的讲述只对自己有利，另一方则保持缄默。古代的史学家竭尽杜撰之能事，记录了两人"应该"出现的对话。不过，他们关于德奇姆斯和恺撒的陈述大体还是可信的。

古代的史学家们称，德奇姆斯争辩道，恺撒不该冒让元老院失望的风险，或者说得严重些，恺撒似乎在侮辱[68]或嘲弄元老院[69]。会议是恺撒亲自召集的，[70]事务的处理需要达到法定人数，所以议事厅坐满了人，大家已经等了很长时间。如果恺撒只是因为卡普尼娅的梦就派人取消会议，元老们会把他当成暴君或懦夫。[71]有些史料还称，德奇姆斯把占卜师嘲弄了一番。[72]有一位作者甚至说道，德奇姆斯承诺在元老院会议上投票支持恺撒在意大利以外的地区称王。[73]

作为贵族家庭子弟，德奇姆斯对元老院了如指掌，这一点恺撒十分清楚。但人们怀疑，关键在于德奇姆斯是以军人的方式劝说同样身为军人的恺撒。二人是战场上的战友，而恺撒即将出征另一场大战，也许是他生平最大的一次，而这一次，没有德奇姆斯。

"恺撒，您怎么认为？"[74]德奇姆斯应该会这样说，"您这样的大人物会在意一个女人的梦和一些蠢货的预示？"事实上，德奇姆斯在让恺撒男人起来。在德奇姆斯和恺撒这两个军人之间，拿男子气概说事就是一张王牌。

恺撒最后决定前往会场。他可以将会议改期，[75]但他需要亲自去元老院办理，以示对元老院的尊重。也许，他在想他还可以表现点儿什么别的东西，也许是对恐惧的蔑视吧。有哪位勇士能够抗拒这个？

德奇姆斯以一种貌似友好的姿态牵着恺撒的手走出了家门。[76]欺骗尤利乌斯·恺撒绝非轻而易举，即使当时恺撒处于癫痫发作之后，实际上根本不能做出合理判断。德奇姆斯是个骗子，一个诡计多端之人，一个厚颜无耻又恣意妄为的阴险之徒。总而言之，他很像恺撒。

尤利乌斯·恺撒，自己命运的真正主宰，现在把自己的生命交给了他人。任何作家都会不遗余力地刻画恺撒这一决定的戏剧性结果。资料为我们呈现了一个轻信他人的恺撒，[77]竟然被德奇姆斯这样的阴谋家欺骗——大马士革的尼古劳斯如是说。资料中的恺撒是一个被动者，[78]因为他受人牵引，而非领导者——普鲁塔克如是说。资料展示了一个关注外表的恺撒——阿庇安如是说。[79]文本中的恺撒妄自尊大，[80]无视诸神的警告——苏维托尼乌斯或者狄奥如是说。然而，还有另外一个形象的恺撒，一个冒险家（甚至可以说是一个冒险狂）[81]，一个喜欢孤注一掷的赌徒；阿庇安描绘过一个希望猝死的恺撒，这正是这位伟大统帅这一面最为贴切的描写。斯人年轻时曾在东方攀越城墙，从高卢萨比斯河畔的伏兵中杀出一条血路，数次面对凶残的敌人抢得先机，这样一个人是无法抗拒同袍的召唤去完成最后的任务的。

有人怀疑，恺撒决定去参加元老院会议，不是因为他认为安全，而是因为他认为很危险。就在第五时（将近上午 11 点）即将过去时，[82]恺撒出发了。

恺撒驾到

奴隶们抬着轿舆[83]将恺撒送过罗马大街。不论是不是安娜·佩然娜节，恺撒一路上都会被众人簇拥着，[84]这当中有他的 24 个执法官，有罗马多数的公职官员，还有由市民、外国人、自由民和奴隶构成的庞大繁杂的人群。毫无疑问，在这芸芸众生中有邀宠的，有祝福的，有看热闹的，兴许还有几个发嘘声的。很多人递上包着请愿书或信件的小纸卷，恺撒当即将这些纸卷递给随从。他可能花了 45 分钟才抵达庞培柱廊，因此他到达的时间大概是上午 11:30。与此同时，独裁官上路的消息已经传到元老院。

据史料称，此刻的恺撒本来还有时间发现阴谋。他刚一离开家，别人家的一个奴隶就试图接近他，无奈独裁官身边人多拥挤。此人请求卡普尼娅让他留下等候恺撒归来，可能他知道有什么事不对劲，但并不知道就在那天要出大事。

至少有一个版本记述，当时，一个来自克尼多斯（Cnidus）*、名叫阿特米多鲁斯（Artemidorus）[85]的人挤过人群，将一个小纸卷交给恺撒，让他亲自阅读，并且立刻阅读。阿特米多鲁斯知道关于这场阴谋的真相。恺撒好几次想读，都被人群阻碍了。他走进元老院时，手里依然拿着这个小纸卷，就是没打开。而据另一份记述，阿特米多鲁斯没能挤到恺撒身边，是别人

---

* 小亚细亚西南部的古代城市。——译注

在恺撒走进会场时把小纸卷交给他的。到苏维托尼乌斯的记述,只是说恺撒从某个人手中接过纸卷,但恺撒将它与别的纸卷一同拿在左手中——这在罗马人看来是不祥之手,正如我们能从拉丁词"左"(sinister)中衍生出"凶险"之意。

这个意欲引起恺撒注意的阿特米多鲁斯到底何许人也?他的家乡克尼多斯是安纳托利亚西南部一个重要的港口城市;他的父亲塞奥彭普斯(Theopompus)被人们称为"神化恺撒之友,对其影响极大之人"。[86]至迟自公元前54年以来,塞奥彭普斯一直担任恺撒的外交官。独裁官投桃报李,给予克尼多斯"自由"——罗马帝国范围内一定程度的地方自治——和直接税的免除。如父亲一样,阿特米多鲁斯在当地也算一个大人物。普鲁塔克称他为希腊哲学老师,[87]这着实低估了他的重要性,不过却能很好地解释阿特米多鲁斯为何会认识布鲁图斯——通过对哲学的共同兴趣。关于阿特米多鲁斯如何知道这一阴谋,这是我们掌握的唯一线索。

恺撒终于到达庞培柱廊。他刚一走下轿舆,波皮利乌斯·拉纳斯便赶过去与他说话。[88]就是这个人刚刚使布鲁图斯和卡西乌斯惊恐万端。此刻,在他与恺撒交谈期间,阴谋家们面面相觑,十分关切。当布鲁图斯对阴谋家们微笑时,卡西乌斯及其他人很可能已将手伸向托加长袍下的凶器。布鲁图斯听不清波皮利乌斯说些了什么,但能看清他的表情。他释然地观察到,波皮利乌斯在向恺撒请求帮助,而不是在告发暗杀阴谋。所以,布鲁图斯以微笑示意平安无事。据说,当恺撒告别时,波皮利乌斯亲吻了恺撒的手。再一次地,对于这个戏剧性的故事,我们只有一些可疑的资料来源。

恺撒走进议事厅之前,必须等着行政官们施行例行的献祭,让占卜师占卜;再一次地,结果还是不吉利。史料皆称,祭司们多次献祭,占卜师查看祭品内脏,但他们看到的都不理想。史料就接下来发生的情况提供了两个截然不同的版本。尼古劳斯的描述十分黑暗。[89]占卜师从预兆中看到了一个复仇的幽灵；恺撒愠怒，将头转向西面，但这是更糟糕的预兆，因为西面象征落日和死亡。接着，恺撒的朋友们都劝他推迟会议——言下之意，就是千万别进元老院议事厅。

是什么改变了恺撒的主意？尼古劳斯毫不含糊地归罪于德奇姆斯，令人难忘的"让您卓越的男子气概成为吉兆吧"[90]正是从他的口中说出。尼古劳斯称，德奇姆斯蔑视占卜师，并因此改变了恺撒的主意。最终，德奇姆斯挽起恺撒的手，领着他走进元老院议事厅，而恺撒则默默地跟在后面。如果这种说法是真的，那么德奇姆斯就成了一个更为关键的角色：更残酷，也更虚伪。恺撒几乎完全被动。

但其他的史料中未见这一说法，所以这也许是事后捏造的中伤之词，因为尼古劳斯的庇护人奥古斯都非常憎恶德奇姆斯。其他的史料统统抛开德奇姆斯不谈，着力于恺撒的狂妄自大，[91]记述恺撒在凶兆面前坚持己见。这听上去倒更像是从前那个恺撒。事实上，阿庇安称，恺撒在西班牙击溃庞培大军的那场战役中，反倒曾向占卜师提醒过类似的凶兆。[92]

侍帻员们（capsarii）早已来到元老院议事厅。他们都是奴隶，职责是搬运"卡普塞"（capsae），这种容器在罗马被用来装存卷轴样式的书籍[93]。这些书箱都是用山毛榉木制成的，高约30厘米，每个书箱可装6个卷轴。但在这天，部分书箱中还装有一些始料未及的东西。如果奴隶发现搬运的东西比平时重了些，他们也会保持沉默。奴隶明白最好不要去质问他们的主子。

其他元老已全都进入室内，就等恺撒入场了。此时已是正午时分。[94]

MURDER

第八章　实施谋杀

3月15日正午时分，恺撒走进元老院议事厅之前，他大笑起来，[1]随即将占卜师和他们的凶兆统统抛到脑后。阿庇安如是说。这一姿态颇具诗人风采，但作为优秀的历史学家，我们对此高度怀疑。然而，恺撒却是按自己的规则行事的人。这倒可能是真的。

大　厅

说到庞培元老院议事厅的细节，[2]我们至多只能做些合理的猜测。我们今天所能见到的，只有两三堵基础墙的一部分，或许还有一些大理石饰面。很显然，元老院议事厅是柱廊中最大的建筑物。要从柱廊进入元老院议事厅，需要先从花园登上石梯。议事厅内部无疑皆以大理石装饰，可能还会饰以巨大的圆柱，也许代表了两种不同的装饰风格。

恺撒走进元老院议事厅，就能看到里面挂着一幅希腊大师的名画，画面上一个武士手持圆形盾牌。但是，这个武士在往上走还是往下走呢？罗马学者老普林尼（Pliny the Elder）认为，这还有待商榷。[3]

如果恺撒进门前转过身，就可能越过两排悬铃树（初春时的枝头仍是光秃秃的），在建筑群的远端，看到庞培剧场上方坐落着庞培的胜利之神维纳斯神庙。

在步入议事厅之前，恺撒需要先走进一个虽然庞大但并不雄伟的地方。我们想象恺撒是在一个宏大的空间里遇刺的，这一印象来自于伟大的新古典主义画作，特别是让-里奥·杰洛姆（Jean-Léon Gérôme）的代表作《恺撒之死》（1867年）。实际上，庞培元老院议事厅比较小，要比内部面积大约460平方米的恺撒元老院议事厅略微小些，[4] 高度大概也不及恺撒元老院议事厅的约30米[5]。

元老院的议事规则规定了庞培元老院议事厅内部的空间布局。元老们分区表决，即他们需要走过中间通道来到议事厅一侧，提出议案的元老就坐在这里。基于这个原因，元老院议事厅里的座位就分布于大厅两侧，中间是宽敞的通道。或许，庞培元老院议事厅的座位也如恺撒元老院议事厅一样，安排在三级宽阔的台阶上。

在大厅的尽头是法官席，这是专供会议主持人就坐的一个低矮的抬升平台[6]。主持人通常由执政官充当，但恺撒到场时，主持人就是独裁官了。在庞培元老院议事厅里，庞培的雕像也许就放置于大厅后墙中间位置的法官席上，类似于恺撒元老院议事厅里著名的胜利女神像。如今，庞培雕像已难觅踪迹，它到底是大理石材质还是赤土陶器，是身着传统的托加长袍还是如一些希腊君主那般赤身裸体（这是当时罗马将军和政治家的最新时尚[7]），我们皆不得而知。

庞培元老院议事厅大概能够容纳300名元老。公元前44年3月15日的会议就需要这么大的空间。通常来说，元老院会议的出席人数不多，但是某些事务需要达到法定人数,例如当天议程中的与祭司们的协商。因此法定人数是必需的,[8]且史料称,当天已达到法定人数。恺撒已将元老人数由 600 人左右增加到了 900 人,不过考虑到有时确定法定人数的难度,最终还是维持在过去的 200 人。

所以,公元前 44 年 3 月 15 日这天,至少有 200 名元老到场。加上 10 名平民保民官,以及 12 位书记员、奴隶和别的助理人员,3 月 15 日到达庞培元老院现场的总人数至少有 225 人,也许多达 300 人。

但是,那天在庞培柱廊,至少有两位元老没有进入会场。阴谋家们担心安东尼,多亏布鲁图斯,他们才没有向他下手,但他们坚持要稳住安东尼,因为他们害怕安东尼率领元老院议事厅里面的朋友护卫恺撒。如果安东尼一方有足够多的人手参与进来,就能在人数上压过阴谋集团,特别是如果他们中也有人身藏匕首的话。安东尼身强力壮,是一个出色的领导者。他很可能发挥关键作用,也许甚至会扭转局势。因此,必须让他待在外面。

由此,阴谋家们派特雷博尼乌斯与安东尼攀谈,保证让他待在元老院外面。特雷博尼乌斯不仅是一个老道的官员,还与安东尼一道回忆了诸多往事。公元前 52 年,在高卢的阿莱西亚攻城战中,他们俩指挥两个毗邻战区。公元前 45 年,特雷博尼乌斯曾经试图策反安东尼谋反恺撒。截至那天上午他们相会于元老院议事厅外面的柱廊下时,[9]这两位老战友有累积多年的从战经历以供回味。

恺撒走进大厅时,元老们纷纷起立。[10]独裁官器宇轩昂。恺撒身着为凯旋将军特制的托加长袍,这件长袍是紫红色的,其上饰以金色刺绣。这是元老院授予他的穿戴,凡是正式场合他都穿这个。

那天到场但未参与阴谋的元老有加图的朋友法沃尼乌斯,他被布鲁图斯排斥在阴谋集团之外;未来的执政官多拉贝拉,如果恺撒的计划顺利执行的话;裁判官西纳;以及西塞罗。这位伟大的雄辩家打算抨击安东尼拒绝让多拉贝拉行使执政官职权一事。[11]

恺撒在法官席就坐——坐在他已经放回原位的金色椅子上。阴谋家们全副武装，准备动手。

凶　器

在杰洛姆的画作《恺撒之死》中，刺客们走出元老院议事厅，挥舞着他们的胜利之剑。这是一幕戏剧化的景象，画中的剑看上去气势十足，但是实际上，刺客们（也许有一人除外）用的是匕首，没有用剑。[12] 这一点史料中也讲得很清楚。就算不是所有人，阴谋家中肯定也有一些人将匕首佩在托加长袍下面。"卡普塞"中也藏着匕首，也就是奴隶们搬运的书箱。此外，剑并不适用于这种场合，因为无论从近距离行动，还是藏匿角度来说，剑都太大了。

但是，罗马人总将士兵和竞技场上的英雄看作剑客，并乐此不疲——照字面讲，"角斗士"（gladiators）这个词就来自于拉丁词语"剑"（gladius）。在罗马文学和艺术作品中，匕首很少受到关注，但罗马士兵对匕首的使用倒十分广泛。准确地说,他们用的是军用匕首,或称"罗马匕首"（pugio，复数为 pugiones），与拉丁词"拳头"（pugnus）和"拳击手"（pugil）相关；英语词"拳击手"（pugilist）即源于后者。罗马匕首或军用匕首是公元1世纪的军团标配之一，但或许在公元前1世纪的后半叶已是如此。但是，罗马人不提匕首也并不意外。剑需要使用者与目标之间拉开距离，而刀具是近距离施展的。这是何等血腥、何等恐怖啊！乐于谈及此事的人不多，亲力而为者更少。

罗马军用匕首的结构就是其效率的例证。在共和国末期，匕首的刀身是铁质的，15～20厘米长，约5厘米宽。刀身双刃，呈树叶状，中间有一细长刀脊，末端尖利。如此兵器是刺穿心脏的绝佳设计，一般而言，人的心脏厚度约为15～20厘米。

刀身由一个带有圆头的结实铜柄或木柄固定。固定刀刃根部的十字形刀格可以保护使用人的手部。军用匕首置于金属框架的刀鞘内，用圆环或者扣子挂在士兵的腰带上。

有一位使用过罗马兵器复制品的现代武术家[13]称，流线型的罗马军用匕首很平滑，而且相当轻便。不论是紧靠臀部、挂在背后，还是佩于腹部，匕首都很贴合，且能一把抓住。这种兵器很适合藏在托加长袍下面。

出人意料的是，我们知道刺客使用的两种匕首是什么样子。布鲁图斯后来发行的一枚硬币[14]上就铸有两把3月15日这天使用的军用匕首。这两把匕首并不相同，确切地讲，是刀柄不同。右边匕首的刀柄饰有两个扁平的圆盘；左边的匕首则是十字形刀柄。这对我们好像没多大意义，但是这些细节却逃不过同时代人的慧眼，特别对当兵的人而言。

由于硬币是从左到右看（即铭文的走向）的，人们很容易认为第一柄匕首，即左边十字形刀柄的这柄，属于布鲁图斯，硬币的背面就刻有他的名字。既然如此，右边装饰着两个圆盘的这柄，就是卡西乌斯的。考古学家已经发现，公元前1世纪时，这两种匕首都在使用。从现在掌握的情况看，十字形刀柄的匕首十分罕见，因此布鲁图斯的匕首也许在当时来说就显得非常独特。

罗马军用匕首的主要用途就是近距离杀戮。它非常适用于斗殴、骚乱和护卫任务，不过在战场上作用也不小。战斗会导致很多敌方士兵受伤，但这些伤兵仍很危险。罗马军用匕首是一种迅速处理他们的有效手段，双刃用于割喉，刀尖用于戳刺喉咙、眼睛、腹股沟和胸部，以确保敌人彻底死亡，不再构成威胁。也许，罗马士兵有时更愿意使用军用匕首而非刀剑，为的是减少对后者的磨损，因为剑很昂贵，更换起来更不容易。例如要割下死人的手指取走戒指，或割掉耳朵取下耳环，使用匕首就非常合适，而不是剑。

匕首对于非战场情况的使用来说功能也足够多，可以用来劈枝生火、建防御墙或防御栅栏；不过也足够小，可以用来割肉用餐（及给猎物开膛破肚）。但是，不少士兵还携带一把带鞘小刀，用来就餐、剃须及一般的任务。这样一来，罗马士兵的标配就有一柄剑——主要工具，昂贵而较难打理，并且需要经常检查状况；一柄匕首——日常使用的锋利器具，也作为备选武器和施以"仁慈"的工具用于作战；一把带鞘的多用途小刀，尽可能保持锋利以应对更加精细的家务活和就餐之需。在3月15日这天，军用匕首大显身手。

行　动

恺撒尚未坐定，有几个阴谋家就已站到他的身后，其他人则聚拢到他的周围，好像要向他表示敬意或提出点儿什么问题引起他的关注。他们实际上正在构筑一个防御带。60个人走近恺撒不可能不引起怀疑。而且，法官席上也容纳不了60个人。更有可能的是，10多个阴谋家聚拢到已经就坐的独裁官周围，还有些人泰然自若地加入接下来的第二波人潮中。卡西乌斯一开始就站在那里，据说他瞥了一眼庞培雕像，[15] 好像是为了从他的老友、恺撒的敌人那里汲取力量。

如我们所知，对恺撒的攻击既非随性而为，也非心血来潮。五大史料的观点大体一致，[16] 只是在细节上不尽相同。从史料讲述的故事中可以看得出，这是一次蓄谋已久[17]、精心安排的行动。为了成功，攻击必须出其不意，疾如闪电，让恺撒的支持者们来不及救援。例如百夫长们[18]都是恺撒的新元老，他们都在大厅里，完全能够一跃而起援助独裁官。然而，阴谋集团并不缺少军事头脑，他们已经充分考虑过这次行动可能出现的意外情况了。

回到元老院议事厅现场，待恺撒坐定后，提利乌斯·辛布尔一马当先。这个嗜酒如命的好战分子深受恺撒喜爱，所以不容易引起怀疑。他朝独裁官走来，代表他被处流放的兄弟呈上一份请愿书。其他人也靠拢过来，紧紧握住恺撒的手，亲吻他的胸部和头。[19]

这些举动再一次表明阴谋家一方确实经过了周密的策划，因为这样的举动与公元前47年的那次行刺图谋如出一辙。[20]当时的暗杀对象就是远西班牙行省的虐待狂总督。当时，在科尔多巴（Corduba，今西班牙科尔多瓦）的一座公共建筑内，阴谋家们慢慢向总督靠拢，好似要上呈请愿书一般。接着，其中一人用左手摁住总督，用一把军用匕首接连捅了他两刀。但他们只刺死了总督的一位随从，总督却活了下来，这位总督就是昆图斯·卡西乌斯·朗吉努斯（Quintus Cassius Longinus）。

我们可以肯定，公元前44年的阴谋家们都知道这一事件。一则，下一任的远西班牙总督是特雷博尼乌斯；再则，昆图斯·卡西乌斯·朗吉努斯也许就是阴谋家卡西乌斯的兄弟。因此，3月15日这天手执请愿书靠近恺撒的阴谋家们是在仿效曾经的场景，不，他们有了改进，因为与那个总督不同，恺撒身边没有侍卫保护他。

辛布尔对恺撒很是无礼，[21]他朝恺撒走去时手伸在外面，而没有将手谦卑地放在托加长袍下面。接着，辛布尔抓住恺撒的托加长袍，紧紧拽住，为的是不让恺撒站起身来。恺撒很生气。[22]此刻，辛布尔将托加长袍从恺撒肩上扯下。据苏维托尼乌斯记述，恺撒大叫道："啊呀，这是暴行！"[23]这一措辞只有苏维托尼乌斯使用过，表达了恺撒的顿悟。不论实际上恺撒是否说过这话,真相似乎都在他的眼前闪现了。预兆终究是对的,错在他自己,但为时晚矣。按照约定,扯下恺撒的托加长袍就是发起攻击的信号。[24]

最先一击的荣誉属于普布利乌斯·塞维利乌斯·卡斯卡,他也是恺撒的朋友。也许,选他率先攻击是因为阴谋集团里的庞培支持者坚持要恺撒的朋友先动手,也可能是因为卡斯卡是个经验丰富的杀手。我们也只能对此做些猜测了。鉴于卡斯卡也是元老,因此他至少也30岁出头,但年纪不会太大。刀战从来都不讲究。极少有士兵可以做到一击致命,即使是好手也一样。将匕首扎进一个人的身体需要纯粹的体力和一定的心狠手辣,但是在那天的情况之下还需要无畏。当着数百目击者的面,也深知日后会遭到报复,卡斯卡必须发起冷血的一击。人们因此认为,他年轻又力壮。

尼古劳斯、普鲁塔克和阿庇安均称卡斯卡有剑。[25] 他们真这么说了吗?他们用的希腊词 ksiphos 也有"匕首"的意思,这里大概就是取此意。在其他场合,几位历史学家一般都明确地指明是匕首(ksiphidion 或 egkheiridion)。用一个具有"剑"含义的词作为遣词,无疑为这最先的一击平添了一丝庄严,但也没有把这一击表述精确。卡斯卡从上方落刀,他瞄准的是恺撒的颈部,但没能击中。攻击颈部本应致命,但是卡斯卡这一击刺在了恺撒胸部。尼古劳斯称,卡斯卡太过紧张,[26] 况且恺撒还是一个移动的目标。

五大史料中有四家一致认为,恺撒试图自卫;而狄奥则称,攻击者太多,[27] 恺撒根本无法自卫或者做出任何反应。尼古劳斯只是说,恺撒站起身来自卫;[28] 普鲁塔克称,恺撒转过身去,抓住卡斯卡的匕首手柄(这里普鲁塔克的确称其为匕首);[29] 阿庇安补充说恺撒猛然将卡斯卡掀倒;[30] 苏维托尼乌斯说,恺撒缚住卡斯卡的胳膊,用铁笔刺他。[31] 铁笔是一种尖头的铁器,与铅笔的形状和大小相当,用于在蜡板上书写。苏维托尼乌斯还补充道,恺撒试图站起身来,但失败了,因为又遭受了一击。

在所有史料中，阿庇安对恺撒的军事素质强调最多。他笔下的恺撒对刺客的反应是"愤怒和呐喊"[32]。普鲁塔克写道，恺撒用拉丁语叫喊："不敬的卡斯卡！"或者，在另一个版本中，恺撒喊的是："该死的卡斯卡！你要干什么？"[33] 考虑到恺撒把卡斯卡当朋友，两种版本都在情理之中。苏维托尼乌斯称，在遭受攻击时，恺撒只是呻吟，[34] 没能说出一句话。狄奥说，恺撒讲不出话来，[35] 但是像恺撒这样的勇士极可能会挑衅地喝叫什么。与此同时，卡斯卡大声向他的兄弟盖乌斯呼救。普鲁塔克和尼古劳斯称，卡斯卡用希腊语喊叫，[36] 以确保他的声音能够盖过喧嚣，让人们听见。如果说卡斯卡是一个刺客，很显然，他也是一个受过教育的刺客。据尼古劳斯所言，盖乌斯·卡斯卡听从兄弟的呼唤，[37] 发动了第二次攻击，这一下刺在独裁官的肋骨上。

在其他刺客抽出匕首的时候，让我们停顿一下，回过头来思量一番罗马贵族吧。他们认为自己是在履行誓死捍卫共和国的职责。刺客们相信，攻击恺撒能够使自己载誉而归。他们的所作所为出于信念、出于私利、出于新仇旧恨、出于忌妒、出于荣誉。身为元老的后代，他们的先辈曾于公元前133年和公元前121年谋杀了改革家格拉古（Gracchi）兄弟*；他们是贵族的后代，高卢人于公元前387年洗劫罗马时，他们的先辈身着托加长袍如雕塑般端坐，凛然赴死。

阴谋家们将恺撒团团围住，[38] 这是精心策划的又一迹象。此刻的攻击迅猛而激烈。如果恺撒真是站立着的话，他也不可能撑得太久，也许撑不到一分钟。普鲁塔克笔下的恺撒像只困兽一般被推来搡去，[39] 这样的描写倒有几分诗歌般的夸张笔法。很快，恺撒就在离座椅不远的地方重重摔倒了。

---

* 指提比略·格拉古（前168—前133年）和盖约·格拉古（前154—前121年），他们分别当选公元前133年、公元前123年及公元前122年的保民官，并各自在任期内领导了一场改革。由于改革触犯了保守势力，先后在保民官任上被杀。——编注

攻击几乎是精心设计的，甚至还有些仪式感。有两份古代史料使用了"牺牲"来描述这次攻击，[40] 这表明两份史料皆来自当时的同一资料来源。

没有任何一份史料能够提供所有攻击者的名字。除了卡斯卡，尼古劳斯还提及了三个人：[41] 卡西乌斯一记斜拳打在恺撒脸上；德奇姆斯重重一击命中恺撒的肋下；米努基乌斯·巴希卢斯一击未中恺撒，而是打在了卢比乌斯腿上。尼古劳斯也写道，卡西乌斯试图再次攻击恺撒[42]，但却打在布鲁图斯手上。阿庇安认为，卡西乌斯确实命中了恺撒脸部[43]，但认为布鲁图斯一刀捅在了恺撒腿上，布科里亚努斯（Bucolianus）则刺中了恺撒背部。普鲁塔克称，布鲁图斯击中了恺撒的私处[44]——这个位置对恺撒这个所谓的私生子而言似乎太恰到好处了。

啊，布鲁图斯，莎翁行刺剧情中著名的中心人物！恺撒的呼喊"还有你吗，布鲁图"（Et tu, Brute）[45]并未出现在早期的史料中。这是文艺复兴时期出现的说法。苏维托尼乌斯和狄奥的著作中则出现了这样的记录，即当布鲁图斯冲向恺撒时，或更难以置信些，在布鲁图斯重击他之后，恺撒以希腊语呵斥道："你也一样，我的孩子。"（kai su, teknon / you too, child）[46] 两位作者都对恺撒是否真的这样说过表示怀疑。如果确实说过，恺撒又是什么意思？对此，激烈的学术争论一直就没有间断过。

有一种可能是，命在旦夕的恺撒承认布鲁图斯为自己的儿子，也许在侮辱他是个私生子，并谴责他的弑父之举。还有一种可能是，恺撒在诅咒布鲁图斯。"你也一样"是古代咒符中的一句常用语。第三种可能是，恺撒话讲到一半被打断了。如果继续讲的话，他极有可能会这样说："你也一样，我的孩子，有朝一日你也会品尝到我这份权力的滋味的。"后来的皇帝中，至少有一人对年轻的继任者讲过类似的话，可能就是在引用恺撒的话。[47]

大人物的临终遗言会成为一个始终令人着迷的主题。"你也一样，我的孩子"是对文献的经典贡献。但几乎可以肯定，恺撒根本没说过类似的话，这个故事也许是后来人们为那天布鲁图斯的角色产生争议时杜撰的。更可能的推测是，恺撒的临终之言是对卡斯卡恶行的愤怒斥责，这是一个不明不白、莽莽撞撞陷入终极一战的老兵发出的最后的战斗呐喊。

但是，恺撒不仅讲出了最后一句话，还摆出了最后一个姿态。除尼古劳斯外的四大史料一致表示，恺撒蒙住了自己的头——尼古劳斯没有提及这一点。恺撒蒙头是一个自我保护的姿态，也是一个放弃抵抗的姿态，也许还是一个谦虚的姿态。[48] 苏维托尼乌斯表示，且狄奥也暗示，[49] 恺撒意识到自己正遭受来自四面八方的攻击时，立刻摆出了这一姿态。苏维托尼乌斯清楚地表示，恺撒用托加长袍把头包起来。但是，是在哪个时刻呢？据普鲁塔克所言，恺撒是在看见布鲁图斯手持匕首朝他走过来的时候蒙住头的。[50] 阿庇安笔下的恺撒是在布鲁图斯发起攻击之后才蒙的头，[51] 这不太可能。苏维托尼乌斯还说，为了体面，恺撒还把托加长袍拉起来盖到腿上。[52] 这一动作似乎是对他一生中若干细小过失的一次矫正，这些细小的过失在苏维托尼乌斯著述的恺撒传记中有所提及。公元1世纪的罗马作家瓦莱里乌斯·马克西穆斯（Valerius Maximus）[53] 则认为这是一个不谦虚的姿态，它表明恺撒绝非凡人，而是一位归去的神。

就算那天恺撒回应了布鲁图斯，我们也将永远不得而知他是如何回应的。恺撒离德奇姆斯更近一些，当天就是他骗了恺撒。我们可以想见，德奇姆斯的背叛比布鲁图斯的背叛更令恺撒受伤。不过，在布鲁图斯与恺撒的关系中还有一个第三方，即塞维莉娅。恺撒与塞维莉娅的联系是感情之事，对此人心自有主张。因此，也许布鲁图斯的背叛最为令人伤心。

恺撒死去可能只是几分钟的事。如果所有刺客站成一排，如果每个人都没有迟疑，如果一切行动都很高效，那么也许20多个刺客就能在恺撒死去之前，每人刺他一刀。但是，极少有事情能够一切顺利。此外，恺撒移动了，也反击了。攻击者乱作一团，兴奋异常。混乱中，有些人没能刺到恺撒，反倒伤了自己人。例如，布鲁图斯手上就挨了一刀。[54]

因此，如果刺客们敢说"我捅了恺撒"，那么这些攻击者中就得有一些人捅了恺撒的尸体。恺撒的鲜血大多被他厚重的羊毛外套和托加长袍吸附了。刺客们的匕首上沾满了恺撒的血，但衣服上却几乎没有染上血迹。

恺撒被刺23刀。至少有8份史料如是说。[55] 已知姓名的阴谋家有20位，其中特雷博尼乌斯因为待在外面而没有下手，这样就差了4人，除非有些人捅了不止一刀。那么60位阴谋家中其余的36人呢？也许有些人是罗马骑士，没有资格参加元老院会议；也许有些人是元老，但那天或许因为胆怯而待在家中。但是，多数人在3月15日这天还是都到了现场，只是没有直接动手。

尼古劳斯则明确表示，[56] 在场的阴谋家都向躺在地上死去的恺撒出刀了，这么一来，似乎所有人都动手了。在多份史料中，唯有尼古劳斯称恺撒被捅了35刀。[57] 或许因为受助于奥古斯都皇帝，尼古劳斯最大限度地放大了这一针对恺撒的罪行——他还说总共有80多个阴谋家呢。[58] 这些数据也有可能是尼古劳斯从某份与众不同的资料中获取的，而其他历史学家和史料并不认可这份资料。尼古劳斯辩称每个阴谋家都攻击了恺撒，死了也不放过，这种情况倒可能是真的，只不过听起来似有几分诗意，这与《伊利亚特》(Iliad)中赫克托尔的尸首受虐极为相似。[59] 现实也许没这么夸张。

一些阴谋家被安排担任防卫，负责抵挡营救恺撒的人、保持退路畅通无阻，以策应杀手们的行动。这些阴谋家必须做好应对的准备。即使不带兵器，数十位元老的反击也能够击溃刺客，特别是如果恺撒的一些朋友也把匕首悄悄带进了议事厅的话。然而，这样的情况没有发生。刺客们行动神速，在场的大多数人一时间目瞪口呆，不知所措。但西塞罗不会震惊，如果他后来说的是真话的话，他就不会；如果他从目睹暴君之死中获得了极大快乐的话，[60] 他就不会。

大厅内有许多恺撒的朋友，大厅外还有更多，他真正的保镖们就候在外面。会议期间，通往元老院议事厅的门敞开着，为的是让元老们的儿子站在外面观看。卡西乌斯的儿子刚刚成年，可能也在那里看着父亲杀害独裁官。

有一个鲜为人知的情况是，那天元老院议事厅里出现了两个救援者。

荣光时刻

在现场的元老中包括卢基乌斯·马尔基乌斯·肯索里努斯（Lucius Marcius Censorinus）和盖乌斯·卡尔维西乌斯·萨比努斯（Gaius Calvisius Sabinus）。两人皆为恺撒的支持者，但在其他方面则水火不容。肯索里努斯为一个古老的罗马名门之后，当然，这个家族也蒙受过巨大冲击。卡尔维西乌斯虽为意大利人，但其家姓甚至不是拉丁文。就在这天上午即将结束的时刻，两个人被牢不可破地纽带绑到了一起。

肯索里努斯来自于一个贵族家族，据称是罗马国王和好色之徒玛耳绪阿斯（Marsyas）的后裔，后者为象征自由的神话人物。这个家族卷入了激烈的战争。在第二次布匿战争（前218—前201年）中，他们背弃对迦太基人许下的誓言。在马略和苏拉开战期间，他们斩首了一位执政官，并将其首级放到演讲台上示众。战争中，一切皆不择手段。肯索里努斯的父亲和恺撒一样，是马略的坚定支持者、苏拉的反对者。肯索里努斯的叔叔也是马略的铁杆粉丝，被苏拉俘获并杀害。在后来的岁月里，这个家族也许缺钱，为此肯索里努斯承担了处置公共财产这一不受欢迎的工作，[61]这与安东尼很相似。虽然肯索里努斯早年以何为生不为人知，但有两点却是显而易见的。作为元老，他一定有过公职；他也懂得如何战斗——即将发生的事件可以印证这一点。

卡尔维西乌斯的故事更为丰满。他是来自斯波列提乌姆［Spoletium，今斯波莱托（Spoleto）］的意大利人，以士兵身份闯天下。内战期间，他在恺撒手下做军官。公元前48年，渡过亚得里亚海之后，恺撒派他带领5个步兵大队和大约2500名骑兵穿越埃托利亚（Aetolia）崎岖的希腊丘陵地带，去往科林斯湾富庶的平原。在那里，卡尔维西乌斯邂逅了友好的当地人，把敌军的卫戍部队赶出了城市。这为恺撒实现了领土扩张，也为他的部队获得了丰富的粮食资源。恺撒内战胜利后，卡尔维西乌斯被授予罗马阿非利加行省（今突尼斯）总督一职。他目前担任裁判官。

卡尔维西乌斯和肯索里努斯即将迎来他们共同的荣光时刻。

那天，在恺撒所有身在元老院议事厅里的朋友中，唯有他们两人上前护驾。据普鲁塔克所言，每个人都惊恐不已，[62]反应不及。至于卡尔维西乌斯和肯索里努斯何时做出了何种反应，我们不得而知。尼古劳斯只告知了我们，阴谋家们朝他们步步进逼，[63]两人抵抗一阵之后逃跑了，因为对方人多势众。从这里也可以看出，阴谋家们确实经过了精心的策划，他们为可能出现的抵抗做了充分的准备。也许会有更多的人奋起援助恺撒，一旦出现这种情况，角斗士这支后备力量就会派上用场。

如今，卡尔维西乌斯和肯索里努斯已经被人们遗忘。事实上，他们并没有什么丰功伟绩，但却荣登恺撒之友的荣誉名册。

庞培的复仇

一位名叫安提斯提乌斯（Antistius）[64]的医生事后检查了恺撒的尸体。在3月15日早晨，有多位医生奉劝恺撒别去元老院，或许他也是其中之一。无论如何，安提斯提乌斯的结论是，恺撒身中23刀，唯有一刀致命，即第二刀，这一刀刺进了胸部。假定这就是盖乌斯·卡斯卡刺中恺撒肋骨的那一刀，[65] 那么他就是事实上实施谋杀的那个人。只有一刀致命并不奇怪，因为要造成致命伤实在不易——在一个高度紧张的时刻不容易，要刺穿厚重的羊毛托加长袍和丘尼卡更不容易。但我们也不能确认，安提斯提乌斯说的就完全正确。

恺撒一死，一个集团也随之终结。公元前60年，恺撒与庞培和克拉苏结盟，像三个君主一般躲在幕后瓜分了罗马。克拉苏于公元前53年卡莱战役后投降帕提亚人，受尽折磨后被杀。庞培后来转而反对恺撒，兵败法萨罗后，于公元前48年在亚历山大海滩上遭人谋杀。现在，恺撒已死，一连串的谋杀与背叛归于终结。

伟大的恺撒在罗马遇害，其讽刺意味不言而喻。这位世界的征服者在离他的出生地几千米的地方遭到谋杀。公元1世纪的罗马作家弗洛鲁斯（Florus）所言或许再恰当不过："如此一来，一个以自己同胞鲜血洒满整个世界的人，最终以自己的鲜血洒满元老院。"[66]

恺撒是一位杰出的指挥官，一位精干的政治家，一位优雅的演说家，一位一针见血的文学文体家。他在战场上取得的胜利、他对普罗大众和各大行省权益的捍卫、他的才智、他的气魄、他的魅力，以及他的改革思想，将继续博得人们的赞赏；他在高卢的残酷杀戮依然令人毛骨悚然；他的唯我主义似乎永无止境。

作为征服者、创造者、独裁官，恺撒是伟大的，但他至少在生涯最后阶段却是不明智的。内战之后，他的任务是医治罗马的创伤。但是，他一手出，一手进。他宽恕了贵族敌人而没有寻求对方的宽恕；他免他们一死，但在某些情况下又没给他们留下土地；他给予他们觊觎的头衔，却又削减了他们的权力。残酷的事实是，如果当初恺撒杀了这些贵族敌人，可能他的境遇就不会如此糟糕。

他通过法律帮助民众，但又限制选举，故而弱化了自治。他以平民保民官的名义发动战争，但又用死亡威胁一位平民保民官，并罢免了另外两位。

恺撒在本应幕后运作时高调炫耀。他以自己的家族姓为罗马中心重新命名，好像这座城市就是他的私有财产。他自封终身独裁官，大肆显摆君主的豪华排场。他将埃及女王视作自己的情妇，据说也是他儿子的母亲，将她安顿到自己位于城边的庄园里。他晋升自己18岁的甥孙，使之位高权重于40岁的副官们，并暗示要建立一个王朝。他发动一场新的战争，这场战争有可能为他赢得压倒性的权力。

恺撒冒犯了公众和精英阶层后，又拒不带上适当数量的保镖，因为这有损他命运驾驭者的尊严。他量敌人没胆量下手，而他们居然下手了。

恺撒倒在庞培雕像的脚下，[67]这是他从前的政治盟友，他从前的女婿，也是他从前的主要对手。鲜血从他的羊毛外套流向雕像的基座。[68]

在事发数月（也可能是数周）之内，西塞罗便撰有一文，他重点突出了整个事件的讽刺意味：

> 在元老院里，这个他精心挑选了大部分人员的堂皇之所，在庞培元老院议事厅，在庞培本人的雕像面前，当着如此之众的百夫长的面——他躺倒在那里，任由这些最高贵的公民（其中一些人理应感恩于他）杀戮，不仅没有一个朋友走近他的尸体，甚至也没有一个奴隶走近。[69]

尤利乌斯·恺撒躺在那里，死去了，但他留下的共和国仍然在极度的痛苦之中骚动着。尤利乌斯·恺撒死了，但还没有下葬。

A REPUBLIC
IN THE
BALANCE

第九章　风雨共和

昔日的罗马曾有这样一幅场景。元老们身着托加长袍，在武装奴隶的护卫下，穿行在罗马大街上。他们将托加长袍缠在左臂上，如盾牌一般，[1] 他们的先辈在一个世纪前杀死格拉古兄弟及其革命的支持者时就是这样做的。今天的元老们用角斗士担任警卫，而他们的先辈用的是克里特弓箭手[2]，除此之外，其他所差无几。这些杀害恺撒的人一只脚踏在过去，迈出了恢复共和的步伐。

在 3 月 15 日下午，阴谋家们启动了计划的第二步。第一步是在庞培元老院议事厅行刺独裁官，已获成功。现在该实施下一步了，计划是在争取民众支持、保护自己免遭恺撒士兵报复[3]的同时，元老院重新执掌共和国。接下来，他们将放眼罗马境外，控制恺撒的 35 个军团，防止兵变，确保边境安全。然而，天不遂人愿。

对刺客的传统看法是，他们知道如何杀人，但丝毫不清楚接下来该做什么。这种观点其实是事后诸葛亮。现在回过头来谈谈西塞罗，他在公元前 44 年 5 月的一封信中倾诉道，他认为这次谋杀凭借的是"男人的气概，幼稚的判断"[4]。西塞罗太过尖刻。行刺恺撒实现了阻止一个人独统罗马的目标。现在,他们要让共和国重获新生。

行刺之后,谁将代表阴谋家面对元老院和人民呢?德奇姆斯不行,他是军人;他成年后大部分时光都在高卢度过,几乎没有罗马的从政经历。何况,谋杀行动之后他很快成为众矢之的。德奇姆斯的任务是以角斗士保护刺客的安全,他也许希望快速了结罗马的事情,然后去往他的安乐窝——赴任山南高卢的总督职位并统治那里的军队。

卡西乌斯倒更懂罗马政治,但他根本上也是一个当兵人。由于精通演讲、品性极佳、声名显赫,作为阴谋集团的公众代言人,布鲁图斯是唯一明智的选择。但是,他能比安东尼和恺撒其他的主要支持者技高一筹吗?

3月15日是一次清洗,而不是一次政变,这一点布鲁图斯很清楚。一旦暴君被除,共和国将再度发挥其宪政职能。那时,元老院的智慧将引领人民和民选官员。这是一个稳健的目标,但革命会让温和派难堪。革命的报酬是极端的。布鲁图斯想把权力交还元老院和人民,但元老院缺乏领袖人物,人民也已出现分化。这样就只剩下军队了。在恺撒跨过卢比孔河之后的5年间,没人能够离开军队统治罗马。而在此之前的60年里,军事独裁的影子常常时隐时现。当下,只有奇迹才能把军队排除在外。

刺客们明白这一切吗?他们显然是懂的,但还不够懂。他们可能认为,恺撒已死,他的部下不会忠于记忆中的他,而会忠于新恺撒式的人物,一个强大到能够为他们带来土地和金钱的人。甚至布鲁图斯也明白这一点,但是他误判了。他低估了这一切所要付出的代价,以及恺撒的老兵们前来罗马索取的速度和决心。

阴谋家们未能预见到意外情况。布鲁图斯、卡西乌斯和德奇姆斯都认为,他们能够点燃政治之火,也能够干净利索地将火熄灭,但他们却不能驾驭一场革命。他们担心安东尼和李必达这类同僚,但相反,他们的命运其实掌控在恺撒老兵们的手中。阴谋家们应该担心的是这些老兵，正如他们应该担心此刻不在意大利的早慧少年屋大维一样。

3月15日：从庞培柱廊到卡比托利欧山

恺撒之死引发了巨大骚动。元老们呼喊着逃离议事大厅。元老院议事厅外面的人群也报以呼喊。有人说，整个元老院都参与了谋杀；还有人说，此事动用了一支庞大的军队。与此同时，角斗赛场的观众们从柱廊另一端、近200米开外的庞培剧场奔来。有关角斗士和士兵们的谣言一时间甚嚣尘上。

安东尼匆匆赶回家去，害怕性命难保。据传，安东尼为了逃命，脱下自己的执政官托加长袍，换上奴隶的衣服，[5] 但这听上去很像是政敌后来蓄意编造的。不过，确有一些罗马市民躲在家中；[6] 还有一些人乔装打扮，逃往乡下的住所。大家都认为会发生过去罗马多次革命中出现过的大屠杀。

此时，刺客们从元老院里走出来。布鲁图斯开口说话。一些人称，他原本打算在庞培元老院议事厅里向元老们致辞，[7] 但是元老们都朝大门跑去。阿庇安说，阴谋家们期望别的元老看到谋杀发生后，立刻踊跃地加入到他们中间来。[8] 实际上，许多元老是支持他们的，只是当时恐惧占了上风。不过，这毕竟只是恺撒殒命后罗马大戏的第一幕。其后的政治谋划尚有时日。

还有人说，布鲁图斯在元老院议事厅外面对人们讲话，其他刺客也在那里发表讲话。布鲁图斯试图让人们冷静下来。更为重要的是，他占据了修辞的制高点。他说，沮丧大可不必，因为并没有发生什么不幸啊！布鲁图斯表示，没有谋杀，只是弑杀了一个暴君而已。[9]

匕首先行，之后是甜言蜜语，再往后是更多的匕首。这就是阴谋家们的策略。杀死恺撒并不能使他们获得通往王国的钥匙，只是打开了一扇门而已。为了控制罗马，他们需要与恺撒的高参们谈判，赢得城市平民的支持，让恺撒的士兵保持中立。这都需要时间，要建立防守基地，还要大规模开展宣传和外交行动。

阴谋家们由庞培柱廊向罗马广场进发，再登上 800 米开外的卡比托利欧山，借此展示实力。他们事前就有这项安排，[10] 但无意独自行动。卡西乌斯、布鲁图斯和德奇姆斯领头，辅之以德奇姆斯全副武装的若干角斗士和大量奴隶。[11]

那天下午最为引人注目的是，阴谋家们行进在罗马街头，手中握着出鞘的匕首，[12] 他们的手上仍然血迹斑斑。尼古劳斯称，他们飞也似的奔跑；普鲁塔克则称，他们绝对没有飞奔，而是容光焕发，自信满满。[13] 但二人一致认为，这帮人边走边高呼，[14] 他们的行动全是为了捍卫共和国的自由。当然，这当中也蕴含着一个勇士杀死对手后所获得的那种单纯的得意。他们这种血腥的巡游很像一个角斗士在竞技场上绕场一周庆祝胜利。阿庇安称，有一位刺客用自己的长矛将一个自由民的毡帽高高挑起，[15] 以象征自由。西塞罗称，在行进途中，有些阴谋家高呼他的名字。[16]

我们更有理由相信，还有一些非刺客人士现在也抽出武器，加入到迈向卡比托利欧山的巡游队伍中。阿庇安和普鲁塔克列出了这些人中六七个人的名字。[17] 有加图的朋友马尔库斯·法沃尼乌斯，此人曾被布鲁图斯拒于阴谋集团之外。有普布利乌斯·科尔内利乌斯·兰图鲁斯·斯宾特尔（Publius Cornelius Lentulus Spinther）[18]，公元前 57 年的执政官之子，他后来给西塞罗去信，竟恬不知耻地宣称他与布鲁图斯和卡西乌斯一同行动，共担风险。有个名叫盖乌斯·屋大维的人可能就是盖乌斯·屋大维·巴尔布斯（Gaius Octavius Balbus）[19]，肯定也是元老。马尔库斯·阿奎那乌斯

（Marcus Aquinus）[20]和一个名叫帕提斯库斯（Patiscus）的人后来皆为布鲁图斯和卡西乌斯而战。内战中，卢基乌斯·斯塔提乌斯·墨尔库斯（Lucius Staius Murcus）曾为恺撒而战，但现在改弦更张了，他将很快成为叙利亚行省总督。最后，还有恺撒亲自挑选的候任执政官多拉贝拉，他"跳槽"加入了刺客行列。

获悉恺撒遇刺的消息，人们大为震惊，纷纷穿过大街朝广场跑去。然而，罗马城中心也许还没有平时拥挤，因为很多人都去庆祝安娜·佩然娜节了。不过，多份史料记录了趁火打劫事件，惊恐的人们躲藏在家中不敢出门[21]——这或许才是对当时恐慌的准确描述。

卡比托利欧山是罗马最小的山丘，占地约9.3万平方米，并不比今天的圣彼得广场（St. Peter's Square）大多少，[22]但它却是一个天然堡垒，四周皆为悬崖峭壁。卡比托利欧山的主要地标是南边宏大的朱庇特神庙，它也是罗马最重要的宗教场所。山的北端是著名的"城堡"（Arx），它是一座天然堡垒，没有围墙。"城堡"上面建有朱诺（Juno）*神庙、罗马铸币厂和一座占卜场所，从这里可以远眺南面大约30千米外的奥尔本山。两座山之间的鞍部被人们称作"庇护所"（Asylum），传说罗慕路斯把这里用作外来流亡者的栖息地，这些人都是他有意吸引到罗马来的。几道陡峭的楼梯和布满台阶的街道直通山顶，但它们也易于封堵。总之，卡比托利欧山易守难攻。

阴谋家们一到卡比托利欧山，便将这个地方分成几段，[23]设立了防线。高地是"力量倍增器"，阴谋家们的选择十分正确。任何人要想对山上发起进攻，都会面临一场血战。

作为高地，这座山既有实际意义，又有象征意义。卡比托利欧山位于

---

* 主神朱庇特之妻。——译注

"城堡"和朱庇特神庙之间,代表着罗马的心脏和力量,相当于梵蒂冈与伦敦塔之间的十字架。在这里,这些杀死了恺撒的人既能向上感恩诸神,也能向下藐视敌人。一份史料在说到刺客们"占领了朱庇特神庙"[24]时,对此做了明确的说明。

3月15日:人民的意志

恺撒的拥护者如果动用军团和老兵对抗刺客的角斗士,就能在军事上占据上风。但是,3月15日下午的重点在疏导。刺客们试图争取罗马人民的支持,而此刻民众已经出现了分化。有些人认为杀死恺撒理所应当,[25] 有些人则认为这太龌龊了。在支持刺客的人看来,恺撒滥用了他的强权,因此依据古老的罗马法典《十二铜表法》的条款,是"罪有应得"(iure caesus)[26]。在卡西乌斯眼中,恺撒是"有史以来被杀死的人中最邪恶的一个"[27]。在西塞罗眼中,阴谋家们是解放者,[28] 他们正确地将祖国的自由置于私人间的情义之上。

其他罗马人依然支持恺撒。在恺撒的亲密战友盖乌斯·马蒂乌斯(Gaius Matius)眼中,恺撒是一个伟人,[29] 他试图护得所有罗马人周全,但却遭到身边人谋害。如恺撒的朋友们所见,[30] 独裁官宽恕了对手,而他们却报之以背叛不忠和忘恩负义。恺撒的支持者斥责这些杀手的动机是"忌妒他的财产与权力"[31]。这些刺客似乎也不虔诚。在元老院召开会议的大厅杀死恺撒,就是在神圣的地方胡作非为,他们犯下了在神庙里杀人的罪行。

罗马人民可以宽恕凶手,也可以谴责他们。但是,究竟怎样才能赢得罗马人民的支持呢?那时没有民意测验,也没有公民投票。至关重要的是人们对公开演讲作何反应。鼓掌、喝彩、发出嘘声，甚至骚乱，都是表达民众意志的标志。

自行刺事件发生5天以来，公民大会（contio）担负着评估民意的职能。这是由地方行政长官召集的正式集会，其特点是举行各式各样的演讲，但不设投票。公民大会通常在罗马广场举行，这座广场东南毗邻卡比托利欧山。在3月15日至3月19日间，至少举行过5次公民大会。

卡比托利欧山提供了一条通往广场的便捷通道。（讲坛或称演讲台）几乎就位于山脚下。就在这里，阴谋家们能够参与角逐民众支持。他们有机会争取到罗马普通百姓（城市平民）的支持。这些城市平民长期支持恺撒，但在最近6个月，他们开始改变主意了。城市平民热衷竞选活动，因为他们能够获得参选者的关注和回报。但是，恺撒减少了选举，因为多数的公职官员由他亲自任命。平民们对此很反感，他们还反感恺撒非难平民保民官，他们利益的捍卫者。这就为布鲁图斯和卡西乌斯撕开了一个口子，也为安东尼的不得人心打开了通道。

人们还记得安东尼在公元前47年是如何把部队派进罗马广场的，他们杀害了800名债务减免的支持者。当时，人们利益的捍卫者是多拉贝拉，他现在已经加入了卡比托利欧山上的解放者阵营。与安东尼一样，多拉贝拉也是现任执政官。总之，解放者有机会将城市平民拉入自己的阵营，他们打算充分利用这一机会。

鉴于15日下午再无杀戮，有一伙人开始一步步爬上卡比托利欧山。这当中有元老，也有罗马平民，也许大多为阴谋家的朋友或代理人。西塞罗就是其中之一。

西塞罗给刺客之一的米努基乌斯·巴希卢斯去了一封短信。"祝贺啊！"[32]西塞罗写道，又补充说他很高兴，他很喜欢他的通讯员，希望能不断了解到最新的消息。但是，他在为什么事情表示祝贺的呢？对此尚无定论。有些人把这看作是对谋杀的认同。如果西塞罗后来的评述有任何指向的话，那就是他对恺撒被杀欣喜若狂。他向德奇姆斯宣称，这是历史上最伟大的行动。[33] "不论是在这个城市还是在全世界，神圣的朱庇特实施过比这更伟大的行动吗？"[34] 西塞罗在公元前 43 年的一次演讲中问道，"在人们永恒的记忆中，还有过比这更荣耀、更有价值的行动吗？"当布鲁图斯向他的来访者致辞时，[35] 他获得了充分的响应。于是，他决定召集公民大会，向人民发表正式演讲。

现在，布鲁图斯与卡西乌斯和其他阴谋家一道走下卡比托利欧山，直奔罗马广场。大马士革的尼古劳斯称，角斗士和奴隶们保护着他们。[36] 但是，鉴于尼古劳斯十分鄙视布鲁图斯所谓的"假定合理性"[37]，因此尼古劳斯也许杜撰了这一细节，想杀杀布鲁图斯的威风。人们对这一场面不会有太好的反应；而且有了卡比托利欧山作为退路，阴谋家们或许就会将他们的防卫抛到脑后。普鲁塔克将布鲁图斯视为英雄，[38] 只说布鲁图斯有一群知名人士相伴。无论如何，布鲁图斯来到了卡比托利欧山脚附近的演讲台。就在一个月前，恺撒就坐在同一个讲台上，[39] 安东尼走上前来，两度将王冠戴到他的头上，结果都让恺撒取了下来。

布鲁图斯没能展现出最佳状态，他的手在谋杀恺撒时受了伤，仍未痊愈。[40] 不过，在他准备演讲时，美好的事还是发生了——安静。如此混乱的一天，在由形形色色的普通罗马市民构成的人群已经做好准备轰他下台的情况下，布鲁图斯激发了人们有序的行为。他走上前台，[41] 人们非常安静地聆听着他的说辞。

布鲁图斯即使不是振奋人心的演说家，也是口才极佳之人。他坦诚、质朴而慷慨，他具备了罗马人所称的庄严举止。[42] 西塞罗在私下里写道，布鲁图斯的演讲冗长、乏味且不严谨；[43] 其他评论家则称他的演讲沉闷而冰冷。[44] 不过，这些品质在这种场合下反倒能够让人宽心。

我们无法重构布鲁图斯的演讲。卡西乌斯和其他人也发表了演讲；通常，史料只会提供演讲者"应该"突出的要点。因此，演讲者们批判恺撒，赞美人民的统治。他们称，他们杀死恺撒绝非为了权力，而是为了自由、独立和正当的统治。他们谈及自己的先辈是如何驱逐国王的，称恺撒比这些国王更恶劣，因为他以暴力夺权。阿庇安则在著作中严厉谴责了阴谋家们，指责他们自吹自擂、沾沾自喜。[45] 阿庇安提到阴谋家们特别感激德奇姆斯在紧要时刻派来了角斗士；说他们主张召回遭恺撒免职的平民保民官；还说他们寻求煽动性的举措——从西班牙召回庞培在世的儿子塞克斯都·庞培，此时的他仍然在与恺撒的副官们作战。尼古劳斯提到有一个演讲者称，由于恺撒的军队和高级将领的存在，暗杀计划经过了漫长的筹划。尼古劳斯指的可能就是卡西乌斯。[46] 这位演讲者还警告道，可能会爆发更大的灾难。

那么，为什么人民如此善待布鲁图斯呢？史料对此看法不一。西塞罗在致朋友阿提库斯的信中写道，人民在暗杀发生后的数日里对布鲁图斯和卡西乌斯"充满热情"[47]。尼古劳斯称，在3月15日和16日，正当恺撒的朋友们仍惊魂未定时，不少人纷纷登上卡比托利欧山，加入到山上的队伍中。[48] 阿庇安则持相反的看法，他认为人民痛恨这帮刺客，[49] 但是因受到威吓而沉默不语。阿庇安称，布鲁图斯和卡西乌斯雇了一群外国人、自由民和奴隶混入集会，封堵住真正的罗马公民之口。然而，罗马人通常都会抛出一些诸如此类的指责，对此我们倒不必太在意。普鲁塔克称，人们保持沉默[50] 完全是出于对布鲁图斯的尊重和对恺撒的惋惜。人们欣赏布鲁图斯的言辞，但不赞成暗杀。尼古劳斯称，人民迷茫了，为接下来会发生什么样的革命行动而忧心忡忡。[51] 这一点与人们对布鲁图斯及其著名家族的尊敬，就是对沉默最好的诠释。

让我们来考虑一下另一种可能性。也许人们会认为，布鲁图斯是最难能可贵的正直之人。也许人们会做如此推论：要说布鲁图斯想要权力，他为何不调动大兵压境？要说他只为了自己，他为何不抱紧恩人恺撒的大腿？也许，罗马人都明白，布鲁图斯后来所说出自真心，他的目标是自由与和平。[52]

接着，出现了一个令阴谋家们不安的情况。另一位元老、裁判官卢基乌斯·科尔内利乌斯·西纳起身发言。他是恺撒第一位妻子（已故）科妮莉娅（Cornelia）的弟弟，恺撒已故之女、受人喜爱的尤利娅之舅父。西纳的父亲是一位著名的平民主义者和马略的支持者。恺撒任命西纳为公元44年的裁判官，这是对一个因苏拉而遭迫害之人的善举。西纳接受了这份荣誉，但是现在他夸张地脱去官袍，嘲弄它为暴君的礼物。尽管他不是阴谋家，但却大肆谴责恺撒，称赞杀手们为暴君终结者，理应获得公众的尊重。人们对西纳的发言感到义愤填膺，这下阴谋家们只得返回卡比托利欧山。普鲁塔克称，这表明人民是十分反对这场谋杀的。[53] 不过人们真正反对的是西纳这种可耻的行为。恺撒不仅是西纳的恩人，也是他已故姐姐的丈夫，西纳通过姐姐的婚姻与恺撒建立了亲属关系，[54] 而罗马人对西纳这种践踏亲情的做法是不会等闲视之的。总之，西纳是推销谋杀的错误人选。

很可能就在当天下午，多拉贝拉再次召集公民大会，发表正式演说，获得了对阴谋集团更为有利的反响。尽管安东尼仍未放弃对多拉贝拉任命的反对，但多拉贝拉已经穿上执政官的托加长袍，在罗马广场向罗马人民致辞。他攻讦自己从前的支持者恺撒，赞美刺客。史料称，多拉贝拉甚至提议将3月15日定为国庆日。[55] 阴谋家的支持者们见执政官站到自己一边，便精神抖擞起来。

但最重要的一点是罗马人民还没有打定主意。他们观望着、等待着，收集着有关这幕大戏中各种角色的信息。公众舆论仍然待价而沽。[56]

除了积极与罗马人民沟通，阴谋家们还决定与安东尼展开谈判。安东尼在罗马级别最高，且可能也希望媾和，特别是因为刺客们免了他一死。阴谋集团派来一个由前执政官组成的代表团与安东尼商谈，至于提出些什么条件，我们就不得而知了。西塞罗记录了这一消息，[57] 称阴谋家们让他要求安东尼捍卫共和国，这听上去很像是在引诱安东尼舍弃恺撒的朋友，加入到阴谋集团中来。西塞罗丝毫不予理会。他称自己信不过安东尼，便拒绝加入其他前执政官继续谈判。

恰恰相反，西塞罗希望这些他所称的解放者放弃安东尼。他后来写道，在"卡比托利欧山上的第一天"[58]，他便提出布鲁图斯和卡西乌斯应该在卡比托利欧山上召集一次元老院会议。身为裁判官的他们有这个权力，而且在卡比托利欧山上的朱庇特神庙也确实召开过多次元老院会议。"我以诸神之名。"[59] 他写道，当"所有的好人，甚至那些一般的好人都开心喜悦，罪人们都被剥夺了权力"之时，还有什么不能够成就的？

一位安东尼的支持者后来写道，恺撒被害之后，共和国似乎落入了"两个布鲁图斯（即布鲁图斯和德奇姆斯）和卡西乌斯"[60] 之手，"整个国家都在向他们靠拢"[61]。这未免有些夸大其词，不过却能从中捕捉到刺客们激动的心情。如果阿庇安是对的，那么多数元老支持刺客。[62] 如果真是这样的话，那接受恺撒任命的众多元老呢？阿庇安称，甚至这些人中也有人反感恺撒的所作所为，或他们都如西纳那样，成了见利忘义的变节者。一些元老给予刺客们"暴君终结者"或"诛弑暴君者"的荣誉称号；还有的人要投票支持授予他们公共荣誉。恺撒活着的时候伤害了阴谋家们的尊严；现在既然他们已经杀死了他，他们的许多朋辈便会赞同他们的行动。

但是，这一切在3月15日下午时或许尚不明朗。那天早些时候，阴谋家们见到的是几乎没有元老站在他们一边，又怎能期待现在会冒出更多的支持者来呢？无人介意一个无足轻重的元老院做出的裁决——或许他们当时是这么认为的。再说，此时已为时太晚，天黑之后召开元老院会议是非法的。最好是能通过凝聚公众支持来施压安东尼。

3月15日：恺撒回家

与此同时，在庞培元老院议事厅，恺撒的尸体躺在那里，无人料理。恺撒的朋友们把尸体留在了那里。他的支持者纷纷逃离庞培柱廊，但其中一些人是在做了安排后才逃走的。据说，有一位悔悟的恺撒支持者在离开元老院议事厅之前停下脚步，冲着尸体愤怒地唾骂道："悔不该为暴君如此卖命。"[63]

只有3个奴隶留下来料理恺撒的尸首，他们将尸首放进轿舆。这3个普通的奴隶抬起恺撒的轿舆，朝他的家走去，[64]这与早晨抬着他到庞培柱廊时的盛大护送场面构成了可悲的对比。抬轿舆需要4个奴隶，[65]因此这3个抬轿人行走起来步履蹒跚，途中停歇多次。轿舆的帘布是收起来的，路人都能看到恺撒下垂的双手和带伤的脸。[66]据尼古劳斯之言，面对此情此景，人们都哭了。[67]

奴隶们的行进路线要经过卡比托利欧山脚，并穿过罗马广场。他们所经之处的街道两旁、门道里、屋顶上，到处弥漫着哀痛、叹息和恸哭。在他们最后来到恺撒家附近的时候，等候他们的更是一阵撕心裂肺的尖叫声。卡普尼娅在一群妇女和奴隶的陪伴下走出家门。回想起早上的提醒，她放声呼唤起恺撒的名字，[68]控诉着命运待他比预料的更糟。

苏维托尼乌斯称，阴谋家们的计划是杀死恺撒、没收他的财产、废除他的法令，然后将他的尸体扔进台伯河里，[69]但是出于对安东尼和李必达的恐惧，他们收手了。这说法并不可信。西塞罗希望那天在卡比托利欧山上召开元老院会议，这也许就是他想在会上表达的想法吧。无论如布鲁图斯这样的温和派，还是最冥顽不化的愤世嫉俗者都不会赞同这样做。刺客们需要用恺撒的尸体作为谈判的筹码。

白昼即将过去时，一场暴风雨袭击了罗马。[70]雷声大作，暴雨肆虐。在一些人看来，这好似上天正在宣告庞培向他对手施加的报复。

在3月15日太阳下山[71]的时候，即罗马3月15日下午6:15左右，一切皆不明朗。安东尼和李必达承诺第二天给前执政官使团一个答复。众人都不知道接下来会发生什么。双方都持有武装力量，结果难料。在人们为自身安全忧虑的情况下，很难会去考虑公共利益。

3月16日：聚会安（东尼）府

罗马的命运取决于恺撒遇刺后几天里数百次的聚会。这些聚会包括了在私人家中举行的夜间磋商、黄昏时分开始的元老院会议、在卡比托利欧山上被占用的朱庇特神庙里面的碰头会、在豪华的市政大厅里对独裁官意志的正式宣读、高呼着威胁口号冲过街道的武装群体、罗马广场上的公众集会，等等。

3月15日之后那些天发生的事倒像是一个悖论。[72]一方面，它们也许是罗马史文献中记载最完整的年份的一部分，这主要得益于西塞罗留下的许多信件；另一方面，就3月的那些日子西塞罗也没谈多少，而其他史料则常有不同说法。总体情况是清楚的，但细节上还需要做些揣测。

占据并防守着卡比托利欧山的那些人畏惧恺撒的士兵发起攻击。[73]对方的第一个动作出现在3月15日下午。李必达将他的士兵从台伯岛调往暗杀发生地的战神广场。[74]接着，到了夜里，他再次把士兵调往位于卡比托利欧山东侧的罗马广场。队伍也许沿着向东通往城墙的道路行进，然后通过卡门托城门（Carmental Gate），沿着一条名为维库斯·伊乌戈利乌斯（Vicus Iugarius）的大街绕过卡比托利欧山，来到罗马广场。将部队带入罗马城是不合法的，但在内战时期就有多项法律被违反，而且内战结束也不过几个月而已。庞培，甚至伟大的共和主义者西塞罗，昔日也都曾将士兵召进罗马城平定暴乱。

第二天的3月16日是一个发布演讲、武力威胁、尔虞我诈的日子。天一放亮，李必达就在罗马广场上召集公民大会，发表谴责刺杀者的演讲。[75]安东尼出现在了现场，他身披铠甲——作为执政官，他有这个权力。李必达可能也身着戎装。听众中可能有恺撒的老兵、罗马平民和李必达统率的部队。李必达准备率领他的部队向卡比托利欧山发起攻击，为恺撒复仇。[76]进攻一定能成功，至少会杀死一些阴谋家，也许会杀死他的两个内兄布鲁图斯和卡西乌斯。但是，李必达等着参加那天晚些时候的一个会议。

那是恺撒心腹在马克·安东尼家里举行的一次聚会。[77]安东尼的家是一座宏大的建筑，配有两个带柱廊的庭院和一个浴室，占地约2200平方米，约与现代公馆一般大小，比当时罗马的一般豪宅大了许多。这是从前的庞培宅邸，后被安东尼在为恺撒处置庞培财产时获得。它位于一个名为"龙骨"（Carinae）[78]的高雅上流住宅区，因为这一区域有些建筑物[79]外形很像船的龙骨。

会议一直持续到晚上。[80]李必达和恺撒忠实的副官奥卢斯·希尔提乌斯是核心人物，还有其他的恺撒支持者也到场了。李必达主张以为恺撒复仇之名向刺客们发起军事进攻。另有一人表示赞同，称让恺撒白白死去是对神明的亵渎，也不安全。说亵渎神明也许是因为这些人都发过誓，要以自己的生命保卫恺撒；说不安全是因为一旦刺客们掌握权力，他们当前的不作为将会招致危险的后果。希尔提乌斯不赞同进攻，他力主谈判和友谊。

除掉刺客势必会导致他们强大亲友们的报复，受到元老院的非难。再则，如果他们挑起战争，就将面对即将成为山南高卢总督的德奇姆斯，而这一职位又是恺撒亲自授予的。这个战略重省驻扎有两个军团，可以在不到两周的时间里兵临罗马城。如果他们有了取胜的苗头，更多的部队将随之而来。

其他行省也需要关注。盖乌斯·马蒂乌斯担心比利时高卢获悉恺撒身亡的消息后会发生暴动；[81] 直到 4 月中旬，罗马才得到那里的各大部族允诺服从的好消息。庞培的支持者控制着叙利亚行省和西班牙大部分地区。塞克斯都·庞培拥有战舰，[82] 他很快会宣称拥有 7 个军团。这倒与恺撒为帕提亚之战聚集的 35 个军团无法比拟，但是这些军团又会效忠谁呢？

安东尼的意见最为重要，因为他是执政官，还因为他是一个善于处理事务的人。他赞成谈判。安东尼自己没有军队，[83] 也许他并不希望见到李必达取得任何军事胜利的荣誉。而且，安东尼也许从公元前 47 年派军队进入罗马广场时遭到的强烈抵制中汲取了教训。他的结论可能是，最好以威慑的姿态屯兵幕后，而不是让士兵们自相残杀、相互交恶。

眼下来说，布鲁图斯是正确的，卡西乌斯是错误的——让安东尼在 3 月 15 日那天活下来是明智之举。然而，长久来看，安东尼就是自由派的死敌，其精明和手腕之高明远超他们想象。即便如此，他仍然算不上最大难题。

来到安东尼家里的与会者决定谈判。[84] 他们只是推迟复仇，希望能够阻断德奇姆斯与其军队的联系。对卡比托利欧山上派来的前执政官们，与会者的坚定答复是必须驱离那几个刺死恺撒的元凶，否则会遭到神的诅咒。不过，他们建议召集一次元老院会议，以便双方确立一个共同的方针。卡比托利欧山上的人高兴地同意在第二天（即 3 月 17 日）召开会议。

接下来是罗马的漫漫长夜，[85] 只有火光显示这里还有生机。出于安全考虑，安东尼在城市周边部署了卫兵。刺客们不断派人去往一位元老家里，竭力争取支持。与此同时，恺撒老兵的领头人在街上四处巡游，意在恫吓阴谋家的朋友，并对任何胆敢干预政府赠地的人发出威胁。同时，人们开始注意到刺客及其朋友实际上并没有几个人。那些当初欢庆暴君之死的人现在开始改变主意了。

但是，当晚最重大的事件发生在公众大厦里。安东尼控制了恺撒的私人财产和他的国家机密文件，[86]这要么是因为卡普尼娅认为把这些东西交给安东尼比放在自己家中更安全，要么是因为安东尼以执政官的身份下达了命令。据普鲁塔克所说，恺撒的财富重达4000塔兰特，[87]这是一笔巨额财富，相当于大约1.1万千克白银。在政界，金钱和知识都是力量，而安东尼现在两者都十分充足。

3月17日：元老院会议

在3月17日清晨，第一缕曙光出现之前，元老们从四面八方聚集过来，参加黎明时举行的会议。元老院开会地点在忒路斯神庙（Temple of Tellus），忒路斯是罗马的大地女神。我们知道没有在这里召开过元老院会议。卡比托利欧山上的朱庇特神庙已被占领；协和神庙坐落于卡比托利欧山脚下，在德奇姆斯的角斗士可控范围之内；庞培元老院议事厅则是一个让人毛骨悚然的想法。罗马还有其他神庙，但忒路斯神庙在"龙骨"区，距卡比托利欧山很远，离安东尼的家很近，所以似乎很安全。不过，李必达还是展示了一下力量，他将部队调来神庙，控制住神庙的入口——这也不是件坏事嘛。西纳出现在会议现场，[88]这次他穿着裁判官官袍。人们（包括恺撒的老兵）一见到他，立刻向他扔石块，把他追打到旁边的屋子里，眼看就要放火烧死他，这时李必达率士兵赶到制止了人们。

截至3月17日，有更多的老兵从恺撒安置他们的城市，或者说从他们获得的罚没土地上陆续赶来罗马。[89]一些人是自发而来，另一些人是响应安东尼、李必达或恺撒其他朋友的召唤而来。荣誉和自身利益为士兵们提供了进攻的理由。恺撒是他们的首领、他们的恩主，但是现在他死了，老兵们害怕失去一切。尼古劳斯称，阴谋家的支持者们见到这些老兵，大多悄悄散去了。[90]这无疑有些夸大，但风向已经开始改变了。

忒路斯神庙对共和国的捍卫者和它的敌人来说，都具有暗示作用。神庙建在很久以前罚没的土地上，原拥有人为共和国早期的一个领导人[91]，他受控企图称王，后被定罪处死。用此人的财产打造的农神刻瑞斯（Ceres）雕像就立于神庙的前面；那里还有一尊西塞罗兄长昆图斯的雕像，为西塞罗近期所立。昆图斯象征着危险时代，他早先在高卢和不列颠担任恺撒的指挥官，在后来的内战中追随庞培，最后获得恺撒的宽恕。忒路斯神庙的外部大致如此。元老们在神庙内商议的同时，可以打量绘在内墙上的意大利地图[92]——帝国心脏处于危急关头的生动暗示。

元老院会议很长，也十分引人注目，尽管刺客们不敢走下卡比托利欧山——西塞罗一类的支持者代表他们。元老们的最终决定完整地记录在案。争论的细节主要来自于阿庇安和狄奥，[93]这样一来，这两人的说法就只能是貌似可信，而非事实了。作为执政官，安东尼自会议伊始就定下和解的基调；发言人有西塞罗和恺撒的岳父皮索。争论非常激烈。结果表明，尽管不是多数，但许多元老一直对恺撒和他的国王做派惴惴不安。一些人说，杀手杀死了暴君，理应得到奖赏；另一些人说杀手作为公众的恩人，对他们表示感谢即可。

卢基乌斯·穆那提乌斯·普兰库斯（Lucius Munatius Plancus）给人们留下的印象十分温和。作为在高卢和内战中受到恺撒信任的军官，普兰库斯即将就任山北高卢[94]总督，但是他与西塞罗走得也很近。

在那些赞成奖赏杀死暴君的刺客之人中，就有提比略·克劳狄乌斯·尼禄（Tiberius Claudius Nero）。他在内战中担任恺撒的指挥官，并在高卢任过职，但很显然，他不能容忍恺撒的君主做派。（讽刺的是，他的儿子竟然成了提比略皇帝*。⁹⁵）

对恺撒的朋友们而言，奖赏和感谢都不可接受，但是他们愿意宽恕这些杀人者，条件是必须出身名门。恺撒的敌人要求对恺撒的品行进行投票，但被安东尼叫停。如果宣布恺撒为暴君，那么他对帝国上下的行政安排统统都要失效。与此同时，任何一个授职于恺撒的高官都得辞职。由于恺撒已对罗马未来5年的公职做了安排，辞职人数将达到数百人，而这些人并无此意。多拉贝拉作为安东尼此时承认的共同执政官，昨天还支持刺客们，现在却来了个大变脸。鉴于职位岌岌可危，此刻的他强烈反对称恺撒为暴君，也反对给予杀人者任何荣誉。

与此同时，外面聚集了一群人，安东尼和李必达走出发表讲话。"和平！"一些人叫喊道。"复仇！"另一些人高呼道。⁹⁶安东尼说，作为执政官，他不支持复仇，虽然他也很想。当人群中有人向他发出威胁时，安东尼松开了托加长袍，露出了穿在下面的甲胄。他利用这个机会提醒人们记住恺撒的仁慈，记住凶手辱骂恺撒的那些恶语。

拥护复仇的人呼吁李必达执行他们的意愿。李必达还来不及回答，人们就坚持要他去往罗马广场，称在那里他们听得更清楚，他照做了。李必达站在演讲台上，显得十分哀伤，长时间呻吟着、哭泣着。待平静下来后，李必达开口了。他说，他记得仿佛昨日还与恺撒一起站在这里；而现在，他不得不询问对于恺撒的死，大家要他做些什么。和平与复仇的呐喊声再一次响起。与安东尼一样，李必达承认自己也很想复仇；但是他又说，更为重要的是别让罗马生灵涂炭。

---

* 罗马帝国第二任皇帝。——译注

人群又回到了元老院。安东尼建议和解,即向刺客们提供保护并批准恺撒的法案。如果阿庇安没说错,安东尼深谙数千身在罗马、全副武装的恺撒老兵所带来的危险。他们需要有自己的土地,他们希望纪念恺撒,等等。安东尼提议,只能以宽恕之名免刺客们一死。

西塞罗做了长篇发言。[97]他总结了罗马的现状:卡比托利欧山被占踞着,罗马广场充斥着武装,整座城市陷入恐惧。他赞同安东尼关于和解的意见,对刺客免予处罚,立即实施恺撒的法案。西塞罗的偏好无疑是不同的,因为私下里他称恺撒为国王。[98]西塞罗的目的是以赦免(amnesty)的概念代替宽恕(clemenay)。宽恕一词与恺撒关系过于紧密。他为元老们上了一堂历史课,引用了雅典的例子。在那里,血腥的内战之后,人们明智地通过一项大赦,维持了国内的繁荣和在国外的胜利。西塞罗其实使用了希腊词 amnestia,他建议元老们为了向前迈进而效法一种类似的精神。

演讲结束之后,颁布了一份法令,确保刺客们免予起诉,同时批准了恺撒的所有法案和法令,但仅仅"由于对国家有利"[99]。刺客的朋友——肯定包括西塞罗在内——坚持这个前提,因为凡是对恺撒更有利的规定都有谴责谋杀之嫌。讽刺的是,像德奇姆斯、布鲁图斯和卡西乌斯这样的人也能从恺撒的法案中受益,因为这能够确保他们的公职不受影响。同时,迫于恺撒老兵的压力,元老院又通过了两个法令,确保新移民能够很快获得土地,已获得土地的人继续保有他们的土地。

正是在这次会议或者稍后的一次会议上,安东尼采取行动,取消了独裁官职位的设置。[100]元老院一致赞同。这样一来,恺撒不仅成了罗马最强势的独裁官,而且也是最后一位独裁官。

随着人们对安东尼政治才能的赞赏,他名声大振。但是,西塞罗从来就信不过安东尼,认为这不过是一次战术撤退。[101]他相信,安东尼想要的是恺撒的权力,只要一有可能他就会竭力争取。但是,西塞罗对和解毫无兴趣。对他而言，恢复共和意味着对恺撒支持者的碾压。

　　至少有一个人对 3 月 17 日的和解肯定很满意，这人就是布鲁图斯。确实，刺客们没能将暴君之名加于恺撒；确实，他们没能获得他们渴望的荣誉。但是，布鲁图斯想要和平与中庸，并且得偿所愿。就他而言，暴君已死，元老院和人民得以重新获得权力，罗马得以继续前行。

　　西塞罗后来私下里说道，[102] 他之所以呼吁和解只是因为这些所谓的解放者已经失败。他说，他不能在那次元老院会议上自由发声。老兵们已身临现场，并全副武装，而他自己又无卫兵，在这种情况下，除了尽其辩才捍卫他们的权利，他还能做何选择？尽管如此，在公众场合，他还是称赞了安东尼在元老院的慷慨陈词和他的善意。

3 月 17 日：和解

　　同日，即 3 月 17 日，阴谋家们邀请罗马民众登上卡比托利欧山。很多人接受了邀请。布鲁图斯向人们致辞，地点要么就在经常召开元老院会议的朱庇特神庙里面，[103] 要么就在神庙附近。阿庇安记录了布鲁图斯可能说过的话。[104] 布鲁图斯在演讲结束后，准备将其发表。阿庇安的文字可能就反映了这个发表的版本。

　　发表之前，布鲁图斯给西塞罗寄去了一份草稿，想征求他的意见。西塞罗私下里写道，演讲在情感和措辞上极为高雅，只是缺乏激情。西塞罗希望见到的是德摩斯梯尼（Demosthenes）式的雷霆万钧，[105] 这是一位伟大的希腊演说家，其演讲优雅与庄重并举。阿庇安记录的演讲版本虽不具备雷霆万钧之势，但却一针见血。

　　布鲁图斯迎面回击了对阴谋家的指控，即他们杀害恺撒就违背了誓言，以及占踞朱庇特神庙意味着和平不可能实现。就后者而言,布鲁图斯辩解道,他们是被迫上卡比托利欧山避难的,因为发生了针对西纳的突然而出人意料的攻击。这不真实,因为阴谋家们在这之前就已经上山,不过,这也不失为一则不错的故事。关于恺撒,布鲁图斯说道,维护其神圣不可侵犯的誓言是被逼无奈之下做出的,因此誓言无效。

布鲁图斯对恺撒的刻画虽然严苛但却精准。这位走下神坛的高卢总督曾侵入他自己的国家,杀害了大量优秀、高尚的公民,包括共和国最坚定的支持者。他拒绝给罗马人自由,坚持按他(恺撒)自己的指令安排一切事务。他非难平民保民官,而所有的罗马人却发誓要捍卫平民保民官神圣而不可侵犯的地位。

然后,布鲁图斯将注意力转向关键的支持者——恺撒的老兵。他知道他们对获得或保有恺撒许诺给他们的土地充满了忧虑。[106] 布鲁图斯抗议那些他所谓的指向他和其他阴谋家的诽谤。他们永远也不会剥夺老兵们新近获得的土地。由于这些人在高卢和不列颠建立的功勋,他们理应享有这些土地。布鲁图斯反对的只是恺撒从意大利政敌那里巧取豪夺的做法。阴谋家们现在将从公共基金中出资,对从前的土地拥有者做出补偿,同时也会确保老兵们的所获不会遭受损失。他们以朱庇特神的名义发誓。

布鲁图斯称,恺撒为了挑起事端,刻意挑拨老兵们和原土地拥有者的关系。苏拉也有类似的做法。布鲁图斯巧妙地将恺撒和苏拉放到一起,这就有可能使一些听众回想起布鲁图斯的父亲曾经是一位反对苏拉的平民主义者。对布鲁图斯的演讲一语概之:恺撒就是暴君。

仅有这一席漂亮话是不够的。现在回顾起来,布鲁图斯的演讲错失了一个机会。要在罗马政坛获得成功,不能仅仅让士兵们保有他们的所获,还需要给予更多。恺撒的慷慨已为明日黄花。布鲁图斯不应再将宝贵的资源耗费在他那些有钱又有土地的朋友身上,而应该将资源慷慨地给予这些士兵。如果布鲁图斯不能为部队提供新的东西,那么别人会那样做。

假如布鲁图斯能够为自己辩护,他可能会说,在恺撒的老兵们身上投入注定得不偿失,特别是在他们的领袖遇害之后的那些情绪激动的日子里。眼下,最好专注于罗马的政治游戏,为此,布鲁图斯需要从前庞培盟友的支持,也需要其他那些失去土地的人的支持。如果他政治上失败了,以后还有时间收买别的士兵。与那些为了保住财产而需要缅怀恺撒的人相比,这些士兵对恺撒的执着更少。

布鲁图斯也许还会说到另一桩事。如果3月15日真能证明什么,那只能是在罗马政坛上,军事不具有决定性。恺撒虽然拥有军事实力,但他在大部分罗马民众和元老院(包括他的一些亲密的支持者)中已经丧失了合法性,并因此丢了性命。所以,布鲁图斯的回答可能就是:在辩论中取胜才是至关重要的。

但是,这样的论据并不能令人信服。收买恺撒士兵的忠诚颇值得一试,即便仅仅为了迫使恺撒的支持者们崩溃也是值得的,如果他们要奋力维持士兵们的忠诚的话。这些士兵终究会发挥极大的作用。

当时,布鲁图斯的演讲似乎很受欢迎,人们称之为公平正义的演讲。阴谋家们好像既英勇又关爱他人。人们当即表示愿意支持。

接下来轮到执政官演讲。他们在卡比托利欧山下的演讲台上向罗马人民致辞,解释元老院做出的决定。除了安东尼和多拉贝拉,西塞罗也发言了。[107] 狄奥称,阴谋家们从山上发出一封信,[108] 承诺不会没收任何人的财产,并认可恺撒的所有法案继续生效。换句话说,他们以此消除恺撒老兵们的顾虑,确保他们能够继续保有土地。阴谋家呼吁所有公民和谐相处,据狄奥称,他们甚至立下了最庄重的誓言[109]——这实在令人啼笑皆非,如果属实的话,想想布鲁图斯对誓言的批评吧!

人们现在要求阴谋家们从山上的朱庇特神庙下来。布鲁图斯和卡西乌斯表示同意，但唯一的条件是提供人质[110]。于是，安东尼和李必达将自己的儿子送上了山。安东尼的儿子尚在学步阶段。在内战时期，作为协商的保障，提供人质的做法并不鲜见。这种做法恰好说明和平有多么不容易。

布鲁图斯和卡西乌斯下山了。欣喜的人群中爆发出掌声和欢呼声。人们在执政官握上敌人的手之前不让其开口，因此执政官照做了。也许，如阿庇安所说，安东尼和李必达担心政治主动权已经旁落阴谋家之手。[111] 在一些人看来，似乎绝大多数的罗马人都因为摆脱了恺撒的独裁统治而高兴。[112]

恺撒的支持者现在都在招待他们在阴谋集团中的朋友或亲属进餐。有了安全的承诺，布鲁图斯来到妹夫李必达家中，卡西乌斯去往安东尼家。接下来便是罗马漫长的历史上最紧张的两顿和解晚餐。关于布鲁图斯在李必达家里的那一餐没有留下细节，但是李必达可能会有恺撒就在身边的感觉，他那天早晨在演讲台上就是如此。毕竟，就在暗杀发生的前一天，恺撒还在他的家里吃饭呢。据说，安东尼在与卡西乌斯共进晚餐时，还挑起了一场黑色幽默式的交锋。他问卡西乌斯是否在腋下藏有匕首，[113] 这指的也许是布鲁图斯的先辈塞维利乌斯·奥哈拉曾暗杀了一位想做暴君的人，他当时就是将一把军用匕首藏在腋下。如果安东尼真问了的话，那就是对卡西乌斯的微妙挖苦，因为他没有这样的家谱。卡西乌斯的回应可能也很尖刻，称如果安东尼急于成为暴君，自己肯定会带匕首，而且会带一把大的。当然，大匕首是藏不到腋下的。

要让安东尼和卡西乌斯这等受过良好教育的贵族一边用餐一边相互冷嘲热讽一点儿都不难，要在政治博弈中力拔头筹则会比较困难，而要在非内战状态下恢复罗马和平恐怕才是最难的任务。

A FUNERAL
TO
REMEMBER

第十章　葬礼记忆

恺撒已死，但未下葬。在一个可以利用让高贵的死者得以安息一事来筹划政治大戏的城市里，这绝非小事。为罗马的未来而展开的角逐，已经由对恺撒法案的实施和刺客地位的确立转为对恺撒葬礼的安排及凭吊程序的进行了。本已十分紧张的氛围将变得更加紧张。

3月18日：公祭？

出席安东尼家晚宴后的第二天，卡西乌斯就提出了这点。在恺撒岳父皮索的敦促下，元老院再次举行会议。[1] 恺撒曾指定皮索为他临终遗嘱的保护人。现在，皮索要求当众宣读恺撒遗嘱，并让恺撒享受国葬，这是只有苏拉和为数不多的人享有过的殊荣。两项要求安东尼都表示强烈支持，而卡西乌斯则强烈反对。私下里，西塞罗的朋友阿提库斯也持反对态度。[2] 他预言，公祭将使阴谋家们的事业毁于一旦。在罗马贵族看来，葬礼通常是私人性质的,当然也常常具有政治意味;公祭影响力更大。也许,阿提库斯想到了35年前苏拉葬礼那些精彩绝伦、令人生畏的军事仪式。讽刺的是,在那一次,李必达的父亲强烈反对举行公祭,但是遭到了否决。最近的公元前52年,在煽动家克洛狄乌斯的私人葬礼上就发生了大规模的暴力事件。不过,布鲁图斯对两项要求都做了让步。元老院最终投票决定,赞同当众宣读恺撒遗嘱并举行国葬;安东尼获得了宣读祭文的权利;这次会议还确立了恺撒神的地位。

回顾起来,允许举行恺撒的葬礼是一个错误,但是布鲁图斯可能会说那是没办法的事。公众的和解愿望要求如此。况且,如阿庇安借安东尼之口表述的那样,恺撒的士兵们绝不会容许谁像对待暴君的尸体那样拖拽、凌辱、抛弃恺撒的尸首。[3] 如果这个赋予他们财产的人遭到如此残暴的对待,他们何以会对财产产生安全感呢?也许,布鲁图斯从李必达士兵前一天在忒路斯神庙的表现中获得了慰藉,当时这些士兵从混有恺撒老兵的暴民手中救下了西纳。或许,他会辩解说,这些士兵绝不会让恺撒葬礼的局面失控;或许,李必达做过如此承诺。我们不得而知。

整个事态很大程度上取决于士兵们的态度,包括军团士兵和老兵。布鲁图斯可能永远也不会承认元老院会听凭他们摆布;不过,同样地,他也不反对元老院的诉求。

3月19日:临终遗嘱

翌日,即3月19日,安东尼在自己家里主持了恺撒遗嘱[4]的宣读。这份文件是恺撒去年9月15日在他位于罗马南郊的庄园里签署,然后交给维斯塔贞女保管的。安东尼也好,德奇姆斯也罢,这些去年夏天随恺撒一路自高卢班师意大利的同行者们，对此都所知甚少。屋大维是最大赢家。他继承了恺撒四分之三的私人财富，剩余部分归屋大维的表兄弟佩迪乌斯和皮纳留斯，他们同为恺撒姐姐的后人。恺撒于死后收屋大维为义子，赐名"恺撒"。他指定了刺客中的几个人作为儿子的监护人，如果他生了儿子的话。这些人的名字无从得知，但德奇姆斯也许名列其中，因为恺撒还授予了他另一份荣誉：任命德奇姆斯为第二继承人，以防第一继承人不能或不愿继承遗产。安东尼也获得了一份类似的荣誉。

毫无疑问，德奇姆斯在加入阴谋集团时就已知道或猜到恺撒选中了屋大维，但是忠诚的安东尼可能会感到吃惊。恺撒为罗马人民做出了巨大的政治贡献，这让恺撒的名字更有价值。他遗赠每个公民一份300塞斯特斯（约合75第纳里乌斯）*的现金红利，数额略少于他公元前46年凯旋时的赠予。再则，恺撒还将自己台伯河对岸的庄园——恺撒御园（现为克利奥帕特拉居住）改造成公园。即使已不在人世，恺撒也是一位老练的政治家，心系他的城市平民支持者。

恺撒的遗嘱也许被当众宣读了。无论如何，其中的条款已经外泄。恺撒的慷慨给刺杀他的那些人施加了巨大压力，特别是集第二继承人和刺客于一身的德奇姆斯，这实在令人反感。

让我们停下来审视一番3月19日安东尼所处的情形吧！这天是恺撒葬礼的前夕。安东尼的庇护人恺撒已死，且在遗嘱中几乎没有提到自己，而是指定屋大维为继承人。安东尼的敌人多拉贝拉已经手握执政官大权，安东尼只得接受现实。安东尼的同僚李必达拥有军队，而他没有。元老院和人民都没有将义愤发泄在这些杀人凶手身上。通过对恺撒法案的确认，元老院让德奇姆斯即刻就任山南高卢总督，另一位刺客特雷博尼乌斯即刻就任罗马亚细亚（土耳其西部）总督。这两个行省很重要，因为山

---

* 塞斯特斯与第纳里乌斯均为古罗马银币。

南高卢具有极大的军事价值，罗马亚细亚可以提供源源不断的财富。当然，局势对安东尼也并非全都不利。通过促成3月17日的全面和解，安东尼以温和的公众舆论获得加分；通过促成举行公祭，他让恺撒支持者感到满意。

然而，安东尼的未来充满不确定性。他的"朋友"中也包括了屋大维和李必达这样的对手。然后还有刺客及其盟友，他们中不少人是庞培的盟友，想索回自己的财产。作为庞培财产的拍卖人，安东尼还得提防他们的复仇，特别还有在一旁摩拳擦掌的塞克斯都·庞培。

在这一团乱麻之中尚有一根红线，那就是恺撒的葬礼。作为执政官、朋友、恺撒的远亲，安东尼已经获得了发布祭文的权利。突然之间，他得到了罗马最佳的话语平台，他抓住了这个时机。与布鲁图斯一样，安东尼也娶了一个能够指引他行动的妻子。安东尼的妻子富尔维娅是克洛狄乌斯的遗孀。她曾经在公元前52年的煽动家葬礼中表现积极，完全能够指点安东尼应该如何处理这类事情。在罗马，葬礼和丧祭都由妇女打理，但是像富尔维娅这么能干的女人完全能够在男人的世界里充分利用这些机会为自己捞得好处。

但是，除了安东尼的行动，还有另一个重要因素。日复一日，恺撒的老兵"大批地"[5]涌入罗马。这就改变了游戏规则，也是人们始料未及的。可以预见的是，召唤会传播出去。是的，恺撒活着的时候，他的士兵都热爱他。但是，多数人来罗马只能靠步行，很多人得走160千米以上。然而，他们来了。他们热爱恺撒，他们憎恨谋杀，他们为新获得的财富而忧虑。他们的旅行既不正规也无组织；然而，他们却以其独有的方式默默地向着罗马进发，迈出的每一步都坚实有力，好似军团以极高的规格行进在嘹亮的军号声中。

恺撒死了，但是专制政治还在。这一罗马政治的秘密在公元前44年

3月的第三周大白于天下。元老院依然召开会议，颁布法令。人民依然能够得到足够的尊重，行政长官仍会在公共演讲中讨好听众。然而，归根到底，还是持械聚集在罗马的恺撒老兵们说了算。如果刺客们能发给老兵们一份津贴，或多给他们划拨土地，他们可能会忘记对恺撒的忠诚，但是，刺客们给的太少，不足以赢得他们的信任。这种情况卡西乌斯预料到了，作为军人的德奇姆斯或许也预料到了。

作为执政官，作为一名成功的将军，作为恺撒亲密的盟友，安东尼现在已经自然而然地成为一支庞大武装的领袖人物。[6] 如果安东尼能将恺撒的葬礼运作得当，就能巩固他的地位。在3月17日，安东尼支持大赦，但现在，他需要寻找对方的软肋。不用正式废除大赦，他就能让人们明白谁才是罗马真正的统治者。安东尼是一个机会主义者，不过身陷弱势处境时，谁又能不是呢？

3月20日：安葬恺撒

莎士比亚着重渲染了恺撒葬礼的戏剧性。这一点他应该明白！不过，真正的葬礼甚至比这位大诗人的创作更富戏剧性。

罗马贵族们的葬礼总好作秀。经典的元素有：为期7天的遗体停放；送葬队伍将遗体送往罗马广场；死者家人或专业演员戴蜡制面具、身着戏服扮成死者，队伍中的另一些人戴上蜡制面具扮成死者的知名先人；在演讲台上致悼词；安葬；一场盛宴。恺撒场面宏大的葬礼有音乐、表演、队列、合唱、致悼词、支持者、匹配高卢首领[7]身份的火葬柴堆，最后是一场狂欢。暗杀恺撒与恺撒的葬礼无法相提并论。当着数百罗马精英的面实施室内谋杀，之后角斗士和挥舞匕首的元老们列队朝着朱庇特神庙进发，这些绝非小事，但仍逊色于成千上万人站满罗马广场的事件。

对于自己的葬礼，恺撒向他的外甥女、屋大维的母亲阿提娅做过吩咐。[8]但遭到谋杀则是他始料未及的，葬礼刻意突出了这一罪行。一定有人改动了恺撒的计划，这人也许就是安东尼。

在最近的几十年里，罗马举行过几场场面宏大的葬礼，最为宏大的当属公元前78年为独裁官苏拉举行的公祭。[9]苏拉死在他位于那不勒斯湾的庄园里。他的遗体被安放在金色的轿舆里送往罗马，前面有吹鼓手和骑兵开道，紧随其后的是手执军旗和束棒的武装步兵。队伍一到罗马，便穿街道而行，据称，队伍携有2000多顶金色皇冠，这都是苏拉的军团、朋友和各个城市敬奉给他的祭品。整个元老院、所有的政府官员、许多骑士和苏拉所有的军团列队行进，全都身着制服，高举金边军旗，手持镀银的盾牌。多达210辆马车运载着罗马妇女捐赠的香草和香料，这些物品用处很大，既可用来掩盖苏拉遗体腐败发出的气味，也能缓和焚烧尸体时散出的臭味。演讲台上的祭文宣读完毕后，一群身强力壮的元老将停尸架抬到战神广场——举行国王葬礼的传统场所。当香柴燃起，骑士们和军队从旁边列队走过。骨灰就安放在战神广场的坟墓里。

苏拉的葬礼有一个因素不容忽略，那就是恐惧，特别是对武装士兵的恐惧。恐惧使罗马的男女祭司全体出动，他们身着长袍前来护送遗体；恐惧使元老、骑士和城市平民随他的支持者一道为他哭别，这当中甚至还包括了那些仇恨苏拉的人。

公元前69年，恺撒为他的姑妈尤利娅举行了一场令人难忘的葬礼。[10]她是苏拉死敌马略的遗孀。恺撒亲致悼词，称赞其家族及从众神和国王处继承下来的血统。从某种意义上讲，这是一则宣言，宣告了苏拉的离去和平民主义者的回归；以及论及恺撒的雄心壮志，唯有天空才是极限。

最后，就是克洛狄乌斯公元前52年一次完全与众不同的葬礼。[11]葬礼于煽动家在亚壁大道上遭人谋杀后仓促举行，这是一起平民主义失控的典型案例。克洛狄乌斯带伤的遗体停放于家中供公众吊唁，第二天由一群人搬去广场。既无惯常的送葬队伍，也无任何死者或他先人的面具。人群阻止了平民保民官演讲的图谋。后来，人群发生骚乱，烧毁了元老院议事厅，随即将克洛狄乌斯火葬在这片废墟上。这群人继续在罗马四处胡闹，之后举行了葬礼宴会。支持克洛狄乌斯的安东尼大概也亲临了葬礼现场，即使没有，他也能从富尔维娅那里了解到他想知道的一切。富尔维娅曾经在遗体被运回罗马的当晚向克洛狄乌斯的支持者们展示了他的尸首及尸体上的伤口，借机煽动他们。

　　与苏拉的葬礼一样，克洛狄乌斯的葬礼无疑也激起了人们的恐惧，只是这次恐惧的是乌合之众而不是士兵。恺撒的葬礼则为两者叠加。

　　葬礼开始前，组织者在演讲台上立起一座镀金的神龛，在尤利娅墓旁的战神广场上架起火葬柴堆。这座外形酷似维纳斯神庙的神龛将被用来放置遗体。掌礼官通知民众不要参加送葬队伍，因为仪式不会如大家预期的那么持久；他们让人们抄便道去往战神广场，以便将自己的祭品放上柴堆。

　　队伍由公众大厦出发。乐手及舞者随抬着恺撒胸像的人们一道加入进来；演员（或许有5人，每人代表恺撒的一项战功）也在其中，各自戴着恺撒的蜡制面具，穿着凯旋战袍。如惯常的贵族葬礼一样，演员们都受过模仿死者步态和神态的训练。

　　罗马葬礼上使用的面具不是死亡面具*，而是生者面具，即在死者还活着的时候制作的。通过现代实验制作的蜡制葬礼面具表明，[12]这些面具简直是难以置信的逼真。恺撒这样的富翁理应用的是市面上感度最好、最昂贵的蜜蜡。要制作栩栩如生的面具，通常需要从很远的地方去进材料。看那面具，看那举手投足，这位或这些扮演恺撒的演员给人留下了一种死人

---

* 用柔软物质压在死人脸上，变硬后取出制成的死人面部模型。——译注

复活的怪异印象。

火炬手和自由民（那些刚借恺撒遗嘱获得自由的人）也许走在遗体前面。现任与曾任的政府官员们抬着躺在象牙长榻上、覆盖着紫金缎面的恺撒遗体。通常来说是看得见遗体的，但这一次，遗体是被盖住的，能看到的只有一个蜡像。

恺撒的岳父皮索将抬遗体的队伍领进罗马广场。此时此刻，一大队武装人员——肯定是恺撒的老兵们——飞奔而来以保镖的姿态进行护卫。[13] 伴着队伍中传来的悲恸之声，人们将象牙榻上的遗体移进演讲台上的神龛中。在神龛的前部摆放着一件战利品，很可能是一支长矛，上面挂着恺撒3月15日当天穿着的那件托加长袍。接着是长时间的哀号和恸哭，武装人员在一旁击打着盾牌。如果阿庇安没说错，这些武装人员已经开始为3月17日的大赦而懊悔了。[14]

现场来了不少人。但这应该并不能代表罗马的民意，因为人群中有很多恺撒的支持者，其中就有很多恺撒的老兵。阴谋家们躲得远远的；事实上，他们中的谨慎之人或许都已躲回家里去了。

妇女们往往都会参加罗马葬礼。卡普尼娅必定与阿提娅及恺撒家族中的其他女性一道出席了葬礼。克利奥帕特拉肯定没去，因为君主是不允许进入罗马神圣边界的。她也许就待在台伯河对岸的恺撒御园里。

现在终于轮到安东尼致辞了。作为执政官，他享有致悼词的荣耀。这就是莎士比亚笔下的"朋友们、罗马人、同胞们"致辞，事实上，安东尼根本没有这样说。那么，他说了些什么呢？对此，各大史料说法不一，甚至大相径庭。西塞罗、阿庇安、普鲁塔克和狄奥[15]都认为安东尼的演讲声情并茂，催人泪下；但是，苏维托尼乌斯则认为，[16]安东尼的葬礼演说很不妥帖。他称，安东尼只是让掌礼官宣读了法令，法令中元老们赋予了恺撒神性和人类的荣誉，并承诺将保护他的安全；接着，安东尼又补充了几句。

西塞罗称，安东尼的演说很有煽动性，这种说法看似比苏维托尼乌斯的更加可信。的确，西塞罗是带有偏见的，他毕竟是安东尼的政敌嘛，而且西塞罗根本就没有出席葬礼。但当西塞罗于公元前44年10月在元老院的发言中提及这次致辞时，他或许不可能完全歪曲安东尼在6个月前的葬礼演说，因为西塞罗的很多听众之前都在葬礼现场。或许，苏维托尼乌斯被后来大量的反安东尼宣传误导了。无论如何，不管安东尼在正式演说中说了或者没说什么，他都是后来的闹剧中的明星演员，他戏剧化的表演比他的能言善辩更能够激发民众的热情。

阿庇安对安东尼演说的记述大体讲得通，但有些太富戏剧性。[17] 安东尼宣读了一系列由元老院和人民投票赋予恺撒的荣誉，重点强调了恺撒的宽厚仁慈，以及他的国父地位。安东尼指出，具有讽刺意味的是，一个从未加害过任何前来寻求庇护之人的人，反而遭到别人谋杀。他否认恺撒是一个暴君。他回想起元老们的承诺时义愤填膺，当初他们要誓死捍卫恺撒神圣不可侵犯的地位，报复一切伤害恺撒的言行。安东尼转身面向朱庇特——其神庙赫然耸立在卡比托利欧山上，说安东尼本人已经做好了复仇的准备，但是他有责任维护大赦。此时，现场的元老一片哗然。但安东尼话锋一转，温和地叙说道，过去的就让它过去吧，并提醒大家要提防内战的发生。

接着，安东尼在通常的赞美和哀悼中加入了一些变化。他赞美恺撒为神，并快速地复述了一遍恺撒的辉煌成就——战争、战斗、胜利、征服的民族、掠回的战利品。他俯下身来，然后再次直立，双手高举过头顶，哀恸着、哭泣着，快速发出了一串由高到低的声音。之后，他很可能揭开了恺撒遗体的遮盖物（一个难以置信的细节），提起长矛上的托加长袍，将它高高托起，上面布满了刺客们屡屡攻击留下的裂口和独裁官凝结的血迹。

最值得注意的是，安东尼已经让聚集起来的人群加入进来，好似他担纲领唱,人们充当合唱。听众和着长笛声轻声吟唱,[18] 配合安东尼对恺撒的功绩及其苦难的叙说。

此刻,一位扮演恺撒的演员开口了。他道出一些人的姓名,罗列了那些包括刺客在内曾经蒙恩于恺撒的人。接下来,他对讽刺做了一次史上极具启发性的发挥,道出了一句出自一幕似乎专为此情此景量身打造的罗马悲剧中的台词:"我拯救他们难道就是为了让他们杀死我吗?"[19] 这听上去比莎士比亚借安东尼之口道出的那句台词更叫人辛酸,据莎士比亚的葬礼演说版本,安东尼反复称刺客们为"可敬之人"[20]。

恺撒的扮演者将人们刺激到了近乎失控的程度。凶杀者的忘恩负义,特别是德奇姆斯,这深深地激怒了人们。此刻,在演讲台上,一个机械装置将恺撒的蜡像提到遗体上方并旋转,人们看到了他身上所有的伤口,包括脸部的伤口。

人群接管了所有事务。他们将恺撒的停尸架抬起,担在肩上。人们对在战神广场举行火葬的计划不予理会;相反,他们要将遗体抬到卡比托利欧山上的朱庇特神庙或庞培元老院议事厅去焚烧。狄奥称,李必达的士兵担心人群会毁了这些地方及周边的建筑而制止了他们。[21] 一些人呼吁在庞培元老院议事厅举行火葬,但这种企图未能得逞。最后,人们把停尸架抬到广场上,用干树枝和从附近法庭里搬来的凳子堆起柴堆,就在这个恺撒曾出任大祭司的皇家寓所附近举行了火葬。据传,后来有两个佩剑之人[22] 指挥他们,这两人的形象让人联想到双子神卡斯托耳(Castor)和波鲁克斯(Pollux)。这只是后来的传说,还是真有人装扮了两个演员来引领人群?

现在,人们开始向死者奉献祭品。乐师和演员从恺撒的战利品中取下托加长袍,将其撕成碎片,扔进大火。来自老兵部队的军团士兵将他们专为这次葬礼准备的兵器也扔了进去。妇女还扔进了她们的珠宝或孩子穿的长袍及护身符。

最后，又是一场骚乱。西塞罗称，骚乱者皆为奴隶和穷人，[23] 抑或"流氓，多数为奴隶"[24]。不过，人们也怀疑其中有恺撒的老兵。很难不去怀疑这场骚乱是事先组织好的。曾经的克洛狄乌斯帮派成员安东尼，以及克洛狄乌斯的遗孀和招募武装人员的能人富尔维娅很显然就是罪魁祸首。恺撒废除了这些帮派，但是恺撒已死。这一切的谋划者要么是安东尼，要么是富尔维娅；要么就是他们两人预先与帮派中的老友，或许还有老兵共同谋划的。

手执火炬的人群朝着布鲁图斯和卡西乌斯的家涌去，[25] 他们勉强被阻在外面——或许是德奇姆斯的角斗士的功劳。那天，刺客们真得格外当心，而我们碰巧得知他们中至少有一个人受到了严密的保护，此人就是普布利乌斯·塞维利乌斯·卡斯卡。[26] 人群烧毁了卢基乌斯·贝利艾努斯（Lucius Bellienus）的房屋，这人若不是因为支持刺客，可能并不会为人所知。西塞罗称，用来点燃火葬柴堆的那些火炬被用来点燃了贝利艾努斯的房屋。[27] 接着，骚乱者转而发难不幸的受害者、平民保民官及诗人赫尔维乌斯·西纳（Helvius Cinna）。本为恺撒支持者的他，被人们误认为是可恨的裁判官科尔内利乌斯·西纳。他们杀了赫尔维乌斯，并将其斩首，将他的头拿去游街示众。据我们所知，士兵们根本就没有制止骚乱，也没有保护阴谋家的家宅。

西塞罗毫不怀疑安东尼就是始作俑者。在第二年元老院的一次演讲中，西塞罗谈到安东尼时厉声说道："那动听的葬礼演说是你发布的，那感人的诉求是你挑动的，那劝勉激励也是你亲力而为。是你，是你，我要说，那些火炬都是你点燃的！"[28] 是时，3月17日的和解方案已告夭折，界限已经划定。我们对西塞罗的话也应该有所保留。其实，安东尼才是那个古老罗马问题的答案——谁将受益（cui bono）[29]？

对安东尼而言，葬礼是一个在恺撒集团中声索领导权的宝贵机会。为此目的，他需要对恺撒的老兵溜须拍马、奉承讨好。他说他支持大赦，但他的做法实则与之背道而驰。

刺客们的判断是，罗马民众需要和平与和解。这一点他们没错。刺客们的误判在于安东尼的冷酷无情和恺撒的老兵。老兵们涌进罗马，就给安东尼带来了机会，或者也许是他们在威逼着他。

3月20日及之后：哀悼外交

火葬柴堆最终燃烧殆尽，恺撒的骨灰被送往战神广场的家族墓地。然而，哀悼活动仍在持续。外国人和罗马人一样，也在吊唁恺撒。苏维托尼乌斯的一席话可让我们一窥罗马的族群政治："在公众凭吊的高峰时期，有大批外国人以各自不同的方式围着火葬柴堆恸哭，特别是犹太人，"[30] 他们一连数夜都聚集在葬礼现场。"吊唁者中来了特别多的犹太人这点尤其值得一提。

一位在各大行省屡屡获胜的罗马将军势必会有众多外国支持者。在罗马，当数恺撒的外国支持者最多。而且，他还是一个出了名的外国精英权益的维护者，特别是那些来自山南高卢的精英，还有来自所谓的普罗旺斯省（法国普罗旺斯地区）和西班牙，以及帝国其他各大共同体的精英。恺撒与各大犹太群体建立的同盟算得上最成功、最长久的同盟。

恺撒与犹太人建立的关系与庞培非常不同。庞培征服犹地亚、洗劫圣殿，把犹太奴隶流放到罗马，并为削弱和分裂这个国家铺平了道路。与之相反，恺撒宣布犹地亚为罗马人民的同盟和朋友，恢复其领土完整、降低税收、允许重建耶路撒冷城墙，并授于罗马和其他散居的犹太人社区特权。

恺撒对犹太人的友好标志着许多罗马精英言语上的敌视态度已经发

生了新的改变，诸如西塞罗、贺拉斯（Horace）[*]、塔西佗和尤维纳利斯（Juvenal）[**]，庞培的那种残暴就更谈不上了。当然，恺撒与犹太人之间的关系纯粹基于利害上的考虑。在公元前48年的埃及，犹太大军在恺撒与埃及劲敌作战之时前来救援。恺撒对此记忆犹新，也许还曾经将犹地亚视为进攻帕提亚的基地。在以色列的土地上，很多人会将恺撒视为占领者，虽优于庞培但依然不欢迎。恺撒十分偏爱希律王的父亲安提帕特（Antipater），而拉比和许多犹太民众却很反感这个人。

夜复一夜前来吊唁恺撒的犹太人也许真心地仰慕他。这些人纵然不喜欢恺撒，但如果见到恺撒的朋友们眼看就要成为这场权力之争的胜者，他们也许希望与恺撒集团保持良好关系。

3月20日之后："还有你吗，德奇姆？"

作为一场表演，恺撒的葬礼与苏拉的一样精彩，但其后果却近乎克洛狄乌斯葬礼那般暴力。大赦仍在实施中，但是葬礼和骚乱却在危及着它。后来，执政官规定，[31] 除了士兵，谁也不能携带武器，这无异于缴了德奇姆斯豢养的角斗士的械。难怪阴谋家都感到，他们必须潜伏下来，或者干脆亡命天涯。

德奇姆斯在罗马最遭人痛恨。恺撒的其他朋友在3月15日这天背叛了独裁官，但是只有德奇姆斯前一天晚上还与恺撒共进晚餐；只有德奇姆斯将独裁官从家里引诱出来，带其走向死亡；只有德奇姆斯用角斗士保护刺客。更糟糕的是，恺撒在其遗嘱中还提及了德奇姆斯。这在罗马公众看来，就

---

[*] 古罗马诗人。——译注
[**] 罗马讽刺诗人。——译注

太过分了。数月后，安东尼把德奇姆斯叫作"投毒者"³²时，很可能博得了广泛的认同。没有明确记录显示是谁说了"还有你吗，德奇姆？"（Et tu, Decime？）³³，不过这却是对人们感受的总结。

有封德奇姆斯写给布鲁图斯和卡西乌斯的重要信件留存了下来。³⁴ 日期不明，但很可能写就于恺撒葬礼后不久。信中，德奇姆斯为自己的处境唉声叹气。他说，恺撒的亲密同僚希尔提乌斯昨天晚上来拜访，明确表示安东尼的心理状态很糟，十分靠不住。

据德奇姆斯所言，希尔提乌斯称安东尼说他不能把山南高卢行省交给德奇姆斯。再则，安东尼还说，任何一个刺客待在罗马都不安全，特别是面对那些被煽动的士兵和人民。

这一切统统都是谎言，德奇姆斯说。他宣称，希尔提乌斯把安东尼的所思所想道得清楚明白，即只要加以"适度提升刺客的尊严"³⁵，刺客们就能与公众煽动者相安无事。但德奇姆斯心目中的"适度提升尊严"到底是什么呢？

德奇姆斯称他很绝望。他要求元老院派他一份因公出国的差事，希尔提乌斯同意了。但德奇姆斯怀疑希尔提乌斯是否真能讨到这份差事。民意已经视刺客们为敌。德奇姆斯称，如果自己和朋友被宣布为公敌，他一点儿也不会吃惊。因此，他的忠告是"我们必须屈从于命运"³⁶，流放才是解决之道。身处西班牙的塞克斯都·庞培或叙利亚的反叛总督凯基利乌斯·巴苏斯是他们最大的希望。

信的最后一段好像是一个附言，德奇姆斯宣布了一项新的计划。也许基于新获取的信息，他又振作了起来。他告诉希尔提乌斯，自己还是想待在罗马，³⁷并要求配备一名公共保镖。作为德奇姆斯先前提到的"适度提升尊严"，这似乎也就够了。

在所有人的当中，德奇姆斯身为背叛恺撒的人，竟称安东尼靠不住，这实在不可思议。但是，德奇姆斯不是一个能用他人眼光看待自己的人。在第二年写就的几封信中，[38]他抱怨那些诋毁他、攻击他尊严的人。他说这些人太恶毒了。他毫不怀疑自己代表着国家，而他的敌人就是"一个最邪恶的阴谋集团"[39]。背叛恺撒？就德奇姆斯而言，他没做错什么，无须多言。

最终，德奇姆斯在没配保镖的情况下，在罗马待到了4月初，最终去了山南高卢。在那里，他统领着两支军队，还有他那些臭名昭著的角斗士。

至于布鲁图斯和卡西乌斯，3月15日后他们在罗马的情况没有德奇姆斯糟，但也不算好。3月15日那天，他们已经亮出匕首了。不出一周，恺撒的老兵们涌入罗马，为安东尼提供了武力和保护。最后，于4月中旬，布鲁图斯和卡西乌斯离开了罗马城。那时，政治舞台上已经出现了新的因素。

刺客们陷入了矛盾之中。为了稳固地位，他们本来需要发动一场军事政变。但相反，他们实施了谋杀，还发表了演讲。这实在不是高明之举。

爱默生（Emerson）说："你要攻击国王，你就必须把他杀了。"[40] 阴谋家们以为，他们杀了恺撒便大功告成，但是他们错了。这个国王不是恺撒，而是专制政治，即一个将军率领军队就能征服共和国的思想。消灭这种思想的唯一做法就是通过彻底击败敌人来保卫共和国。但是，要做到这一点，仅靠演讲是不够的，它需要一支军队和发动军队投入战争所需要的决心。

阴谋家们在罗马未能争取到恺撒的老兵。现在，他们需要在意大利和东方组建军队，吸引尽可能多的久经沙场的士兵加入。即便他们在3月15日就已明白了这个道理，可能也不会承认。要做到这一点必须接受这样一个悖论，即只有军团能够将共和国从军团的统治中拯救出来。

THE ROAD
BACK

第三部分

归　途

THE
DEATH
OF
CAESAR

THE
STRUGGLE FOR ITALY

第十一章 为意大利而战

　　送信人到达阿波罗尼亚时,¹ 感到压力很大,情绪低落。他是一个自由民,在大约10天前的3月15日下午离开罗马。他匆匆跨过亚得里亚海,虽然这是一年中行船的危险时节。他手中掌控着一个人乃至一个国家的命运。尤利乌斯·恺撒的外甥女阿提娅派他送信给儿子屋大维,信中是恺撒遇害的消息。在前景尚不明朗的情况下,阿提娅劝告屋大维回家。² 送信人的意见也是如此。他强调了恺撒家人所处的危险和刺客人数的众多(至少他是这样认为的)。

　　消息令屋大维大为震惊,又使他十分沮丧。4个月前,他来到阿波罗尼亚这个战略性城市。这是一个繁荣的港口,也是连接希腊北部与意大利南部布林迪西(Brundisium)港口之间的海上枢纽,那里有一条大道直通罗马。阿波罗尼亚也是埃格纳提亚大道的门户,一路向东可直达拜占庭(今伊斯坦布尔)。难怪阿波罗尼亚会成为恺撒为帕提亚战役调集大军的中转站。这里集结了6个军团³、大批的骑兵和轻装部队,以及大量的轻重武器。屋大维到这里来为的是学习战术,并准备与他的独裁官舅公一同东进——

恺撒已任命屋大维为骑兵统帅。现在，一切都变了。

18 岁的屋大维正准备登上事业的巅峰。他在阿波罗尼亚期间与军官们过从甚密，与骑兵们一起操练。他还有一个非正式的、由朋友组成的咨询会，其中最重要的当数马尔库斯·维普撒尼乌斯·阿格里帕（Marcus Vipsanius Agrippa）。阿格里帕与屋大维同龄，自小一同在罗马长大，后来又随他走进军营。他此时建议屋大维走到士兵中间，说服他们向罗马进军，为恺撒报仇。此时，一些军官来找屋大维，[4] 表示要为他而战，替恺撒报仇。但是，屋大维婉拒了。他太年幼，太缺乏经验，罗马人民的态度又太不明朗，敌人也太多。尽管如此，屋大维对士兵倒是深信不疑。[5] 因为恺撒在世时，士兵获益颇多。恺撒给予的官职、财富和礼物，这一切他们做梦也想象不到。他们要为他报仇。

以后还有时间再度回到士兵中来。现在，屋大维需要亲自观察罗马的地形，也需要咨询恺撒核心集团里的高人和能够助他施展抱负的出资人。因此，他带上较少的随从，在依然寒冷的亚得里亚海上劈波斩浪。他们没在布林迪西上岸，而选择了更靠南的一个地点，这里的海峡更为狭窄。屋大维登陆之后，没有去布林迪西这个港口城市，而是直接步行前往鲁皮亚［Lupiae，今莱切（Lecce）］，这是一个小型的内陆城市，这个审慎的年轻人担心布林迪西已被敌人占领，他可不能冒任何风险。

从罗马传来了关于恺撒葬礼的最新消息，民众已转而反对刺客，安东尼也已成功获得了恺撒老兵的支持。其中，最重要的消息是恺撒的临终遗嘱，收养屋大维、指定他为继承人，并将巨额财产的四分之三留给了他。屋大维失声痛哭，[6] 但泪水未干又继续前行了。他的母亲来信，让他警惕敌人；他的继父来信，敦促他放弃继承权，平安退役，过好小日子。屋大维丝毫听不进去。他知道，恺撒的成功之道在于敢承担战略风险，他打算效彷恺撒。

屋大维获悉布林迪西很安全，于是就朝那里进发。那里的部队像欢迎恺撒一样欢迎他，为他喝彩。通往罗马的大路畅行无阻。而罗马则是另外一番情景了，那里的人不决一雌雄是不会接纳一个二代恺撒的。

无论对于杀死恺撒的人，还是对于要替他报仇的人，这都是一个战斗的时刻。对于这些人的女性家人，这是一个提供家庭支持的时刻。对于共和国最后的雄狮西塞罗来说，这是一个倾元老院之力英勇抵抗的时刻。对于希望继承恺撒衣钵的屋大维和安东尼来说，这是一个竞争的时刻。

德奇姆斯和卡西乌斯很快得出结论，唯一重要的是士兵和支付给他们的资金；布鲁图斯过了很久才领会到这一点，不过总算也领会了。他们能做到的只是将国家交还元老院和人民，这未免太不成熟，而安东尼和屋大维手中掌有军队。要恢复共和，刺客及他们的支持者必须战斗。如果他们赢了，那么重建和平之后，如果实行平缓而审慎的政策，进行必要的改革，他们就能重振共和。在眼下看来，这是一个遥远的目标。

在谋杀事件发生后的3年间，罗马共和国先分后合，但其模式花哨而新颖。军队挺进，士兵哗变，税吏敲诈，密件纷飞，贵妇密谋，刀光剑影，演讲雷鸣，元老院内唇枪舌剑屡屡发令，人民集会，战事喧嚣，甚至庞培的幽灵也再次在西方崛起。总而言之，如果恺撒在世启笔叙写的话，眼前的这些故事足以写出第三本回忆录。

没有恺撒的世界依然是与恺撒相关的世界。他的财富、他的士兵，他在城市平民中的支持者，他的高参、他的外国友人，甚至他的情妇——所有人都在争权夺利。屋大维主张恺撒的继承权，但是这个年轻人持有这一权利的牢靠程度取决于他的战斗意愿和应对各种艰难险阻的能力。

恺撒死后的罗马类似于亚历山大死后的马其顿。在二人的案例中，伟人的元帅们都为领导者打下的帝国而战。两者都是尚武文化，不可能突然间接受和平的艺术。无论是恺撒还是亚历山大，军队都怀念已故的首领，同时又密切关注着一个新首领的出现。"复仇"和"忠诚"成了当时的口号，常常产生怪诞的结果。罗马人遭到追捕和杀害仅仅是因为他们同情杀害恺撒的刺客们，但这与马其顿发生的情况——亚历山大的母亲、遗孀和儿子统统被杀——相比也就没那么可怕了。

纵然人已亡故，但恺撒已为罗马3月15日之后的若干年定下了基调。"3月15日那天你在何处"成了当时不言而喻的问题。对于安东尼和屋大维来说，尤其是对屋大维来说，对恺撒的忠诚（拉丁语为pietas）是关键。其时，刺客们挥舞匕首，好似这就是原始的胜利奖杯一般。爱恺撒也好，恨恺撒也罢，征服与权力依然使罗马人心跳加速。布鲁图斯甚至也效仿恺撒，在有生之年将自己的肖像铸在硬币上，这种做法由恺撒开启，从而颠覆了罗马人不屑于自吹自擂的传统。

风雨欲来

在公元前44年3月至4月间，安东尼一直模棱两可，莫衷一是。在意大利，他给恺撒老兵们分配土地，同时在罗马压制人们的过激行为。他对元老院和刺客表示了尊重，特别是布鲁图斯。安东尼和布鲁图斯总能在某种程度上惺惺相惜，彼此尊重。作为古罗马贵族中的两员，他们相信可以通过和平方式来确定世界的命运。但西塞罗做不到。他并不同情安东尼，而且还怀疑他是精英阶层的敌人。作为崛起于意大利中部贵族阶层的新人，西塞罗对安东尼并没有阶级感情可言。西塞罗藐视安东尼，因为他娶了自己大敌克洛狄乌斯的遗孀富尔维娅。西塞罗深信，安东尼编造了所谓的恺撒法案（已具有法律效力）并卷走了恺撒的财富。西塞罗总认为，刺客们在 3 月 15 日这天免安东尼一死是个错误。[7]

如若听之任之，安东尼有可能成为庞培或恺撒那种毫无君主气度的共和国君主。作为罗马贵族之子，安东尼对这一制度仍然残存敬意，身为雄辩家和将军的他具备了出人头地所需的技能。但是，没有人会对他听之任之。布鲁图斯和卡西乌斯首先在意大利的多个地方挑战安东尼，然后又在东方向他发起挑战；塞克斯都·庞培在西班牙和马西利亚构成了越来越大的威胁；德奇姆斯在意大利北部的阿尔卑斯山脉丘陵地带训练军队；其他行省的总督对安东尼的态度则时冷时热。从公元前 44 年夏季开始，西塞罗在元老院聚集了反对安东尼的力量。最后尤其重要的是，还有恺撒的继承人，年轻的屋大维，他在挑战安东尼在恺撒派系中的领导地位。屋大维在恺撒的老兵中培植私人武装，吸收了一些从马其顿归来的军团，并争取罗马城市平民的支持。

面临诸多挑战，安东尼决定利用他的执政官职位打造一个权力基础。但他的对手们不会对这一决定听之任之。最终，安东尼成了一名破坏罗马传统政府残余的革命者，尽管他是不得已而为之。

在 4 月短暂的罗马之行期间，屋大维正式接受了恺撒的收养。之后，屋大维便开始自称恺撒。大多数史料都用这个名字称呼他。即使从历史的角度看不够准确，但为了避免混淆，我会继续称呼他屋大维，虽然在与他同时代的人眼中，他就是恺撒。

有个头衔屋大维没有继承，这就是大祭司。恺撒遇刺前，元老院颁布法令，允许恺撒的儿子或义子取代他成为大祭司。但是，安东尼对这项法令置之不理，现在安排李必达来做大祭司。安东尼不希望这个官职旁落屋大维；再则，他看到了与李必达建立关系的价值，因为李必达即将就任山北高卢和近西班牙两大行省的总督。保险起见，安东尼还将自己的女儿许配给了李必达的儿子，[8] 也许就是李必达 3 月 17 日那天在卡比托利欧山上充当人质的那个儿子。

大约在屋大维动身前往罗马的同时,克利奥帕特拉离开了罗马。她并未于3月15日之后立刻离开。克利奥帕特拉不仅是一个失去爱人的情妇,还是一位女王,她需要确保埃及与罗马新统治者之间的友谊得以延续,不论这个统治者是谁。她可能还希望恺撒里昂(恺撒所谓的儿子)能够获得官方的认可。如果真有此意,那她失败了。

恺撒葬礼刚一结束,人们就要在这里建立圣地。⁹按照一个名叫希罗菲卢斯或亚玛提乌斯的煽动家的吩咐,人们在这里立起了纪念柱、建起了祭坛。此人自称马略的后代,他曾经在恺撒的庄园里出尽风头。不论安东尼还是多拉贝拉,两位执政官都不支持建这样的纪念物。多拉贝拉支持刺客(暂时),而安东尼则不喜欢任何沾上如此强烈的平民主义污点的事情,这可能会为恺撒义子屋大维带来荣光。安东尼可以将亚玛提乌斯或希罗菲卢斯处死,多拉贝拉可以下令将某些煽动者从塔庇阿悬崖(Tarpeian Rocks)上抛下摔死(一种古老的惩处叛徒的形式),但是他们都不敢阻止支持建造纪念物的另一股势力,即恺撒的老兵。

现在,老兵们竖立了一根新的纪念柱,这可能得到了屋大维的支持。这跟纪念柱用一整块高达6米的装饰性大理石雕成,上面镌刻着铭文:献给祖国之父。这一头衔是经元老院投票通过的。纪念柱的顶端可能是恺撒的雕像。

这根矗立于恺撒火葬之地的大理石柱既是暗示,也是挑战。它能让人们铭记在罗马城神圣边界内享有火葬的殊荣;它代表了对刺客和任何认为杀死恺撒是理所当然的人的莫大藐视。最后,它还提起了一项未竟之事,即元老院在恺撒去世前已经确立,但一直被束之高阁的对恺撒的神性崇拜。

公元前44年9月,安东尼在罗马广场另一端的演讲台上有针对性地立了一尊恺撒雕像。这是一种妥协。它既能表达对恺撒的尊崇,又不会刺激火葬现场那些人的情绪。但这也可能两头不讨好——恺撒的老兵们想要的是对老首领的最大尊崇，而共和派人士则根本不想对恺撒表达任何敬意。正如安东尼发现的那样，革命时代是不会善待温和派的。

屋大维没有这样的问题。他以继父在那不勒斯湾的庄园作为基地，竭力拉拢恺撒那些声名显赫的支持者。他也迎见西塞罗，决意要与之结为盟友。屋大维向这位大雄辩家大献殷勤，而西塞罗对这个位高权重的年轻人百感交集。[10] 但是，当夏季来临，安东尼和屋大维之间的裂痕开始显现，西塞罗方才认为屋大维为两害之轻，且很有用。这是一场赌博。

屋大维冷酷无情、精力充沛，不仅决意要拥有恺撒的名字，还要拥有他的权力。在一个仍然十分保守的社会中，一个18岁的年轻人有这样的要求简直太离谱了。但是，屋大维的年龄却也是一大优势。由于他对旧的制度涉足未深，要推翻这一制度也就不会受到太多的制约。而且，老兵们要为恺撒血债血偿的呼声正好契合了他的战略目标。

安东尼和屋大维在金钱和恺撒的遗产上互相较量，安东尼封堵了屋大维获取恺撒资金的通道。为了兑现恺撒向罗马人民许诺的遗赠，屋大维自己筹集了这笔资金，故而受到了罗马普通市民的深情拥戴。7月下旬，为了表示对继父的敬意，屋大维举行了多项葬礼活动。对此，安东尼只能容忍，然而他绝不容许出现金色椅子和花冠，这是元老院在恺撒健在时授予的荣誉。屋大维后来称，城市平民和恺撒的老兵都支持他对抗安东尼。[11]

在活动进行期间，天上出现了一颗彗星，罗马人通常认为这是凶兆，但屋大维将其解读为恺撒在天国里与众神共聚的象征。这样的宣传堪称精彩绝伦。这颗彗星异常明亮，在白天也能看得清清楚楚，故而受到了公众的关注。有位占卜师认为这标志着新时代曙光的来临，这一见解立刻引起了罗马民众的强烈共鸣。

此时的安东尼正在调整方向。4月，他安抚好了元老院。他使布鲁图斯和卡西乌斯得以继续担任裁判官，虽然二人均不在罗马。尽管恺撒曾经任命安东尼为大祭司，专事恺撒之神的祭拜活动，但他对这一新宗教的推进鲜有作为。此时，屋大维的出现迫使安东尼离开元老院，开始接近恺撒的老兵和城市平民。4月底和5月初，安东尼走访了坎帕尼亚（Campania）的老兵，并承诺要为他们提供更多的土地。

与此同时，安东尼着手解决德奇姆斯的问题，后者现在的身份是山南高卢总督。在安东尼的执政官任期于12月31日期满后，元老院把他派往了马其顿省。那是一个战略要地，特别是因为那里驻扎着6个专为恺撒帕提亚远征挑选的军团。但相比之下，山南高卢更为重要，因为这里控制着整个意大利。因此，安东尼明确表示他要调换行省，即以马其顿调换山南高卢，同时他还要继续统领6个军团。这好似地平线上冒出的一片乌云。

在公元前44年春天的罗马，谁也信不过谁。大家都在谈论和平，个个都惧怕战争。为数不多的温和派人士，诸如恺撒的朋友、公元前43年执政官当选人之一的希尔提乌斯，在这种情势下几乎难有施展。春去夏来，每一个主角的关注点都由空谈转向战事。对安东尼和屋大维而言，他们的根基在恺撒的老兵和被选定前往帕提亚的马其顿军团。对德奇姆斯来说，那就是辅之以元老院盟友的山南高卢军团。关于布鲁图斯和卡西乌斯，那就是驻扎在东方的军队啦。

各方都在向罗马的政治、军事领导阶层寻求支持。各方都需要钱，大量的钱，而且是快钱，因为城市平民需要安抚，士兵需要武装、给养和报酬。其结果就是征税，并且很快就出现了抢劫和谋杀。

恺撒曾经预言如果他死了，罗马将会爆发内战。他太了解罗马人了，他们好斗。罗马人痴迷政治，但诉诸刀剑对他们来说也是轻而易举之事。

现在只剩下为数不多的老一代领袖人物了。他们将使出浑身解数，拼尽全力最后一搏。于西塞罗而言，这意味着发表演说、召集会议、写信沟通，一切的一切全都为了共和国的千秋大业。他对他认为的最大威胁——安东尼——步步紧逼。对塞维莉娅来说，这就需要她在幕后谋划，既是为了力推她的儿子，也是为了拯救她的家庭。

我们可以合理推测，在布鲁图斯和卡西乌斯举起匕首刺向恺撒之前，一定考虑过有可能被迫离开罗马。要孤注一掷，有时就得流亡，就得重组，这对罗马政治家来说并不新奇。有太多的先例表明，向东可以筹集到资金和人力。苏拉、庞培和恺撒都这样做了，只有庞培没能做成，但即便如此，他的首次东征依然大获成功。早在10年前，布鲁图斯和卡西乌斯就在东方建立了牢固的关系网，他们还得到了加拉提亚国王德奥塔鲁斯的支持，此人曾经被控试图谋杀恺撒。获得来自帕提亚的帮助也是可能的，这种可能性非常诱人。

隔墙之耳

安提乌姆（Antium，今安齐奥，"二战"名城）是罗马南部的一座海滨城市，布鲁图斯和卡西乌斯于公元前44年4月离开首都后就从这里撤出。[12]这个地区庄园鳞次栉比，几乎就是罗马的黄金海岸。西塞罗的庄园就在阿斯图拉（Astura）附近，他称之为"一个坐落在海边的、迷人的地方"[13]。但是，布鲁图斯去往安提乌姆并非为了欣赏海景。他在那里设立了一个流亡法院。

武力与劝说双管齐下，布鲁图斯意在从罗马的权力游戏中获胜，但是安东尼技高一筹，位高权重。如同任何一个优秀的罗马贵族一般，布鲁图斯现在转而求助于家庭,这个无情世界中的避难所。按罗马人的说法,他的家庭(familiares)是一个广义的概念,包括朋友、仆人,甚至家产和亲戚。

布鲁图斯并不消极,他深知金钱就是政治的母乳。他的朋友、罗马骑士盖乌斯·弗拉维乌斯(Gaius Flavius)试图组织一众富有的骑士作为出资人,为刺客们提供资助。布鲁图斯出面请罗马政治金融巨头阿提库斯喝酒吃饭,也算煞费苦心。阿提库斯是布鲁图斯家的老朋友,但他是一个实用主义者,也是一位幸存者。阿提库斯也是安东尼的朋友。他不想冒险,于是回绝了这个请求,[14] 布鲁图斯的资金计划因此落空。这也许就是布鲁图斯和卡西乌斯几周前给安东尼去信所指的事情,称他们接受安东尼的建议,已经遣散了意大利城市中的朋友。[15] 不过,布鲁图斯仍在寻找建立权力基础的其他途径。

布鲁图斯向西塞罗征求意见。6月7日,这位雄辩家来到布鲁图斯位于安提乌姆的庄园,西塞罗在后来写给阿提库斯的信件中讲述了这次会面(阿提库斯也是西塞罗的朋友)的经过。[16] 到场的其他人有卡西乌斯(晚到);布鲁图斯的妻子波契娅;卡西乌斯的妻子、布鲁图斯同母异父的妹妹尤尼娅·特尔提娅[有些史料称作特尔图拉(Tertulla)];大多数在场人士的母亲或岳母,塞维莉娅;最后一位是马尔库斯·法沃尼乌斯。同西塞罗一样,法沃尼乌斯也没能进入谋杀恺撒的阴谋集团,但事后他立即对谋杀表示了支持。

2月15日牧神节上的惨败,3月14日李必达家里举行的晚宴,恺撒的葬礼,当然还有谋杀本身,所有这些大事件的发生都会让历史学家恨不能做那隔墙之耳,获得现场的真实情况。但是,论及恐惧、怨恨、荒诞剧的叠加,没有什么比得上公元前44年6月7日这天在安提乌姆布鲁图斯的庄园里发生的情景了。

这次会面要讨论的是在安东尼的敦促下,元老院安排布鲁图斯和卡西乌斯负责在西西里岛和罗马亚细亚（土耳其西部）筹集粮食的事务。这项法令还允许他们离开作为裁判官所应该服务的罗马。这是一次体面的出局，西塞罗建议他们接受。布鲁图斯想回到罗马，以城市裁判官的身份主持这场竞赛。西塞罗指出，罗马于布鲁图斯并不安全。他奉承布鲁图斯，说他的安全至关重要，因为布鲁图斯是共和国唯一的防线。布鲁图斯最后也承认，罗马确实存在危险。

接着，卡西乌斯走了进来，愤然拒绝了这份粮食专员的差事。在他眼中，这简直是侮辱。他说，他要前往希腊，然后取道希腊去往叙利亚，这是他预定公元前43年出任总督的地方。西塞罗有个模糊的想法，他认为布鲁图斯应该去罗马亚细亚，与在那里做总督的特雷博尼乌斯会合。虽然会议是布鲁图斯召集的，塞维莉娅却毫不怯场。她说话的语气好像她对元老院真的具有影响力，她允诺将从元老院法令中撤销这项征粮使命。

后来，话题转向机会的丧失。大家都感伤，特别是卡西乌斯。众人指责的锋芒直指德奇姆斯，[17]也许是因为他没有动用自己在山南高卢的军队抗击安东尼的缘故。这也只是说说而已，因为德奇姆斯的部队没有作战经验，也没有谁会轻易挑起内战，至少布鲁图斯不会。西塞罗说，他们不应该总是纠缠过去，接着开始指责阴谋集团在3月15日杀害恺撒后及其后几天里的表现太过消极。塞维莉娅再次打断了他的话。

"我真的从来没听谁这么说过！"塞维莉娅大声嚷道。[18]西塞罗告诉阿提库斯，说自己叫她闭嘴，但事实恰恰相反。西塞罗仍在重提过去的政治事务，而布鲁图斯及其家人已经将话题转到军队间的冲突和军费的筹集上。

会议之后，历史的车轮继续转动。夏季结束的时候，元老院指派布鲁图斯和卡西乌斯赴任新的行省——克里特和昔兰尼加（今利比亚）。即使塞维莉娅做了什么，那也算不上产生了很大的影响，因为这两个行省不算大,也都无足轻重。布鲁图斯和卡西乌斯考虑的是更重要的事情。

西塞罗在这期间的一封封书信中称布鲁图斯意气消沉。[19] 但是,即使布鲁图斯确实消沉,他仍然没有出局。借助家人和朋友,他正积极打造新的权力基础。然而,布鲁图斯倒有充分的理由感到沮丧。他希望和平与和解,但双方都拒不让步。恺撒的老兵们要求战利品,还要复仇;恺撒的敌人要收回他们被没收的土地。

例如,7月时,在布鲁图斯位于那不勒斯湾涅西斯岛〔Nesis,今尼西达岛(Nisida)〕上的庄园里,布鲁图斯和西塞罗会见了一位重要的使节。[20] 他是前裁判官,也是塞克斯都·庞培的岳父,他带来了庞培在西班牙节节胜利的消息。这次会面虽然没有达成任何交易,却开启了塞克斯都和刺客之间的结盟之门。

8月4日,布鲁图斯和卡西乌斯从那不勒斯给安东尼去了一封信。[21] 首先,他们谴责安东尼写给他们的那封信太侮辱人,是在恐吓他们。他们毕竟也是裁判官,是有尊严的人。安东尼在信中否认曾指控他们募集军队、筹集资金或者收买士兵,以及向海外派出使节。布鲁图斯和卡西乌斯则称,这些指控他们闻所未闻。二人还狡猾地补充,说他们很惊讶安东尼能如此克制,[22] 鉴于他无法不将恺撒之死迁怒于他们。收笔之处,布鲁图斯和卡西乌斯忍不住还是发出了警告:"要记住恺撒活了多久,还要记住他的统治有多短暂。"[23]

这丝毫不能减少安东尼对布鲁图斯和卡西乌斯的怀疑。他们的刺客同伙已经在东方建起了桥头堡。也许就在4月份,特雷博尼乌斯赴任了罗马亚细亚总督,辛布尔则赴任邻近的比提尼亚省总督。其他的刺客和他们的朋友也在东部行省获得文、武要职。与此同时,塞克斯都·庞培漫长而缓慢的示好也在进行之中。德奇姆斯执掌山南高卢,西塞罗则继续留在罗马巩固首都的大业。

8月中旬，布鲁图斯离开意大利前往东方。临行前，他和卡西乌斯发布公告，[24] 称为了共和国，为了避免内战，他们选择流亡。但布鲁图斯的行为却预示着武装冲突。他和波契娅在那不勒斯南部的韦利亚（Velia）城挥泪告别，[25] 好一幅罗马版的绝佳特写！韦利亚原为希腊殖民地埃里亚（Elea），这里有哲学家之乡的美誉。布鲁图斯和波契娅刻意让人们知道，他们是在赫克托耳（Hector）和安德洛玛刻（Andromache）的绘画前告别，二人是荷马史诗《伊利亚特》中的悲情鸳鸯。毫无疑问，布鲁图斯与波契娅情深意切，但这也是一个发往东方希腊的信号：布鲁图斯来了，他是你们中的一员。他讲希腊语，他热爱哲学，能在逐城勒索为共和国筹集军费的同时做到彬彬有礼；而紧随其后的卡西乌斯就远不及他那般圆滑了。

身陷重围的德奇姆斯

自德奇姆斯公元前44年4月离开罗马那天起，到他步入今天法国与瑞士边界上的汝拉山脉（Jura Mountains）关隘的伏击圈之时，他行刺后的生活堪称史诗。事实上，这部史诗要从他最初效力于恺撒军队的那天计起，只是最后一个阶段最富戏剧性罢了。

如果要说哪个人与自己管辖的行省最契合的话，那就是山南高卢的德奇姆斯。他再次回到了凯尔特人中间。他自幼耳闻祖父在西班牙凯尔特人中的丰功伟绩，成年后的他多数时间都在山北高卢（今法国和比利时）的凯尔特人中间度过，他甚至会讲高卢人的语言。罗马于公元前3世纪开始殖民山南高卢。到德奇姆斯那个时代，拉丁语已经成为当地精英人士的必学语言。不过，这个地区依旧保持着浓重的凯尔特风情，特别是阿尔卑斯山脉的丘陵地带。德奇姆斯在这里倒有种宾至如归的感觉。

身为总督,德奇姆斯拥有两个军团,[26] 一个军团由老兵组成,另一个军团的士兵只有一年的军龄。公元前 44 年整个夏季,德奇姆斯都在攻击阿尔卑斯山脉中的部落。他声称曾与异常凶猛的敌人过手[27],捣毁了多个堡垒,缴获了大量的战利品分给他的士兵们。作为回应,士兵们感激地称他为凯旋将军、大元帅,这样的头衔通常是授予打了胜仗的将军的。这些经历磨砺了他的两个军团,也使士兵们更加亲近他们的指挥官。德奇姆斯给远在罗马的西塞罗去信,[28] 恳请他帮助自己获得元老院的正式认可。西塞罗许诺将照顾德奇姆斯的尊严[29]——这比自己的尊严还要珍贵,西塞罗如是说。

鉴于自己的资源有限,西塞罗在元老院肯定还有更重要的事情要做,但他知道他在给谁写信。他在其他信件中也提到了德奇姆斯的尊严。[30] 西塞罗向德奇姆斯保证,鉴于他使罗马人民摆脱了暴政,民众十分热爱他。[31] 他还在信的结尾处表达了坚定的愿望,称德奇姆斯将会成为最伟大、最著名的人物。[32]

无论如何,德奇姆斯当时在山南高卢的任何行动都是非法的。6 月 1 日,安东尼让人民选举自己为山南高卢统帅,并很快将任期延至 5 年。安东尼维护自己的尊严,诋毁刺客们的名誉。这是对德奇姆斯的打击,他将失去该行省的总督职位,他拒绝接受这样的侮辱和威胁。他拒不服从法律,继续在山南高卢发号施令。后来,在 10 月份,安东尼的朋友安排处死了一个名叫米尔提洛斯(Myrtilus)[33] 的奴隶,据说此人要行刺安东尼。他们称,德奇姆斯是此事的幕后操纵者。

如果说德奇姆斯领导了山南高卢的共和事业,那么,罗马的事业则由西塞罗领导。他从来不信任安东尼,并在公元前 44 年 9 月,将自己与安东尼的对立公开化。西塞罗发表了一系列攻击安东尼的演讲,他称之为《腓利比克》(*Philippics*)*——出自公元前4世纪雅典雄辩家德摩斯梯尼痛斥马其顿国王腓力二世的一系列著名演讲。西塞罗的演讲狂贬安东尼,盛赞屋大维。他称赞德奇姆斯为共和国的捍卫者,[34] 是负有保卫罗马自由之神圣使命的家族(布鲁图斯家族)成员。当年德摩斯梯尼将公众团结到一个失败的事业上,最终腓力二世赢了,征服了整个希腊,现在西塞罗唯一的希望就是获得比德摩斯梯尼更大的成功。

无论发生什么,有一点西塞罗是肯定的,那就是他再不能说自己缺乏胆识了。特别是以62岁高龄表明了立场,西塞罗做到了为共和国赴汤蹈火。

起初,西塞罗帮着将安东尼赶出罗马。公元前44年10月,为安东尼挑选的3个马其顿军团在布林迪西登陆,途中还有第4个军团加入。安东尼前去迎接他们,但因他推行与刺杀恺撒的凶手们和解的政策而引来众怒——士兵们想要复仇。安东尼要给他们一小笔钱作为安抚,但此前屋大维的代表开价更高,所以士兵们拒绝了安东尼。最后,为了恢复纪律,安东尼下令处决了部队中的一些人。

屋大维在坎帕尼亚征募到了3000名恺撒老兵。这支私人武装是非法的,但这并不妨碍这位身负恺撒之名的年轻人。数年后,屋大维夸耀起自己的这一举措时,堂而皇之地将其标榜为拯救共和国的方法:

> 19岁时,我自发、自费地拉起一支武装,借此解放了这个饱受政治派系无限权力压制的共和国。[35]

11月,屋大维率自己新募集的军队前往罗马,但因安东尼的到来很快又离去了。整编之后,屋大维获悉马其顿有两个军团发生了兵变,现在要

---

* 西塞罗借用此名发表反对安东尼的演说,故又译作《斥安东尼篇》。——译注

来投奔他。这两个军团都是老兵，这实在是求之不得。这个时期军团里的很多人都缺乏作战经验，要不就是个头矮小。屋大维将军队集结于意大利中部的一个小山镇，马上发给每人 500 第纳里乌斯，[36] 并承诺打败安东尼后会奖赏更多——每人再发 5000 第纳里乌斯，这与公元前 46 年获得三重胜利时恺撒发给士兵的钱数大致相当。

德奇姆斯胆大、勇敢、执拗。他控制下的意大利北部基地直接威胁着罗马。安东尼和屋大维都明白这一点，[37] 故而都向德奇姆斯示好。两人都不是可靠的盟友，但是德奇姆斯选择了屋大维，无疑是因为年轻人看起来比安东尼这种老练的领导人威胁更小。西塞罗支持这一做法，尽管也存在风险。再说，屋大维是一个精明的生意人。就这样，德奇姆斯留下来继续战斗，虽然很多人认为这样做是枉费心机。而西塞罗对安东尼的抨击实在是鲁莽之举。

安东尼此刻正率领大军，包括剩余的马其顿军团，挺进山南高卢。他也对胜利后的战利品犒赏做出了类似的承诺。首先，安东尼需要对付德奇姆斯。这时已是公元前 44 年 11 月底，安东尼麾下有 4 个老兵军团，以及护卫队、辅助部队和新兵。12 月，他要求德奇姆斯交出行省，但遭到德奇姆斯的拒绝。西塞罗和其他元老自罗马给德奇姆斯去信，让他顶住。最终，于 12 月 20 日，西塞罗设法让元老院颁布政令，要求德奇姆斯及所有总督固守各大行省。元老院向安东尼派出使节，商议让他自该行省撤兵，但遭拒。安东尼已做好向德奇姆斯开战的准备。

对于这一形势，安全待在希腊的布鲁图斯反倒不以为然；如他所说，他担心的是屋大维。[38] 西塞罗要求布鲁图斯自马其顿发兵救援德奇姆斯，[39] 但被拒绝了。塞克斯都·庞培也婉拒救援德奇姆斯，称他不想以宿敌之子的身份出场"冒犯"恺撒老兵。[40] 简言之，精明的"投资人"正在撤离意大利。但是，德奇姆斯留下来了。因为如果他打算成为罗马的领袖人物，他就别无选择。塞克斯都·庞培在西班牙拥有一个基地，他还能在西西里岛找到第二个。布鲁图斯和卡西乌斯与东方罗马关系密切。德奇姆斯的事业在高卢，因此他留在那里合情合理。阿尔卑斯山脉南部的胜利可以带来丰厚的回报，因此他选择留下来战斗。如有需要，以后也有时间翻越阿尔卑斯山脉，到他从前的行省寻求庇护。

德奇姆斯进军穆提纳（Mutina，今摩德纳），这是山南高卢波河流域一个富庶的农业城市。他占领了这里，关闭了城门，查抄了居民们的财产，宰杀并腌制了所有的运输用牛，为一场旷日持久的围城战做好准备。

此时的德奇姆斯已经招募到了第三个军团，不过都是新兵，缺乏作战经验。因此，他更倚靠他的角斗士们。与内战时期其他指挥官一样，德奇姆斯用角斗士担任保镖。他们替换或培养了罗马将军传统卫队中很大一部分成员，这是一支由 500 人组成的强有力的禁卫军。阿庇安称，德奇姆斯在穆提纳时身边总带有"一大批角斗士"[41]。也许这些角斗士（或至少其中一些人）就是 3 月 15 日那天伴他左右的角斗士。

12 月，安东尼率部围城。德奇姆斯的军队无法抗衡安东尼，因为安东尼很快就要拥有 6 个军团，外加一支禁卫军和骑兵。安东尼在城外围了一道墙，这与恺撒围攻阿莱西亚如出一辙，不同的是，这一次对峙的是恺撒麾下的两位将军。在来年 1 月罗马的一个悲苦时刻，德奇姆斯的妻子葆拉·瓦莱里娅[42]请求西塞罗在下次给她丈夫发信时将她的信件夹带其中。

公元前 43 年 1 月，事态发展很快。此时出现了两个新执政官，希尔提乌斯和潘萨（Pansa）。虽然两人同为恺撒的朋友，但他们在共和国问题上同属政治温和派。如西塞罗一样，他们决定将赌注押在屋大维身上，希望他们能够控制这个年轻人。元老院要求安东尼从山南高卢撤兵；他们给了屋大维替补高级官员（行政长官）的头衔，并派他与执政官希尔提乌斯一同前去救援德奇姆斯。这三人总共掌控着 7 个军团。

屋大维以普通公民的身份组建了军队，这本违法，但元老院通过授予他一份公职化解了此事。然而，屋大维并不傻。他明白，元老院不过是想在击败安东尼之前利用他。[43]

公元前43年2月，一则消息从亚细亚省传至罗马，称上个月多拉贝拉已将特雷博尼乌斯处死。极少有人会像多拉贝拉这么频繁地改变立场。作为恺撒公元前45年的追随者，他在"3月15日事件"后支持刺客，之后又与他们反目。现在，多拉贝拉在士麦那[Smyrna，今土耳其伊兹密尔（Izmir）]将特雷博尼乌斯杀害，并将其首级放到集市上的恺撒雕像脚下示众。特雷博尼乌斯曾对西塞罗说，他为自己在刺杀恺撒行动中发挥的作用而自豪，[44]但是现在，他得为之付出代价了。他是刺客中第一个死去的。元老院谴责多拉贝拉，称其为国家的敌人。

与德奇姆斯一样，特雷博尼乌斯原为恺撒老护卫队中的一员，但后来与自己的首领反目。他是一个相当传统的罗马人，这一点与同他保持联络的西塞罗一样。特雷博尼乌斯不能容忍恺撒对共和政体的践踏，以及对他这样的元老所享有的权力和尊严的践踏。3月15日当天，他在拖住安东尼的行动中发挥了至关重要的作用。

回到意大利，德奇姆斯因在安东尼围困穆提纳期间对军队的出色管控而成为传奇人物。他与盟友做了几件大事。[45]安东尼在封锁该城之前，曾派出间谍混进城去，试图收买德奇姆斯的士兵，但是德奇姆斯对此有所察觉，并设法把这些人找了出来。希尔提乌斯和屋大维逼近穆提纳后，派人趁着夜色潜水游过河去，这些人手臂上绑着写有信息的铅片，为的是让德奇姆斯知道他们的到来。德奇姆斯获悉之后，也回复了一条信息，双方一直以这种方式保持沟通。希尔提乌斯和德奇姆斯还用信鸽通信。2月，德奇姆斯得知，有一个元老在穆提纳叛投安东尼。德奇姆斯大度地叫人将此人的行李送去给他。这一举动恐怕说服了一些支持安东尼的毗邻城镇改变立场。

  穆提纳守军的主要问题是粮食。德奇姆斯的盟军曾经一度将盐和羊放到河上顺流而下，[46] 让其漂到一个无人察觉的地方，然后搬进城去。当然，这也只是权宜之计。穆提纳的情势糟透了。[47] 但值得注意的是，没有人为安东尼打开城门。这要归功于德奇姆斯作为领袖极高的警惕性和卓越的领导才能。他博得了人们对他个人，或事业，或两者兼有的忠诚。

  穆提纳的命运于公元前43年4月揭晓。4月14日，安东尼在弗鲁姆·加罗路姆战役[48]中击败了执政官潘萨。这个小地方靠近埃米利亚大道（Via Aemilia）——一条自亚得里亚海滨西北方通往波河河畔普莱森提亚[Placentia，今皮尔琴察（Piacenza）]的罗马大道。如果阿庇安的记述无误，在这场战役中，老兵们悄无声息地互相猛殴，完全像摔跤手一样扭打在一起。[49]刺客之一的加尔巴曾任高卢军团指挥官，现在指挥着潘萨的一个军团。加尔巴就这次激烈的战事向西塞罗做了令人难忘的描述，[50] 他身陷重围，险些被自己的士兵误杀。但是读过恺撒《高卢战记》的人都会不为所动，因为书中对加尔巴在高卢的军事失误皆有记载。[51]

  潘萨就没那么幸运了，他受了致命伤。虽然如此，安东尼依然无法品尝到胜利果实。当天晚些时候，由另一位执政官希尔提乌斯率领的援军赶到，粉碎了安东尼部队的围攻，迫使其撤退。一周后的4月21日，第二次战役在穆提纳城外打响。[52] 屋大维亲自率领军团赶来增援希尔提乌斯。德奇姆斯至少带了一些人马从城里突围出来，参加战斗。穆提纳安然无恙。讽刺的是，这天正好是德奇姆斯的生日。

  联军挫败了安东尼，但希尔提乌斯却付出了生命的代价。屋大维活了下来。安东尼称，屋大维从弗鲁姆·加罗路姆广场的战场上逃走了，抛下了自己的军用斗篷和坐骑[53]——这对罗马人来说简直是奇耻大辱。不管这属实与否，各大史料似乎一致认同屋大维是第二次穆提纳战役中的英雄。[54] 在他军团的鹰旗手身负重伤时，是屋大维扛起鹰旗坚持了一阵子。

另一位在穆提纳阵亡的军人是德奇姆斯的副官庞提乌斯·阿奎拉。早些时候，在该城遭围时，庞提乌斯尚在意大利西北部，他在那里击败了安东尼的一名副官。接着，这位勇士赶回穆提纳参加战斗，并终结于此。庞提乌斯是第二个毙命的刺客。他在公元前45年担任平民保民官期间，曾在恺撒再次凯旋罗马城时向其挑衅。西塞罗提议为庞提乌斯立一尊雕像以示纪念，[55] 并获得通过。

虽然安东尼输了战役，但他的部队元气未伤。他决定向西有序撤退，与在意大利北部其他地方的盟军和高卢阿尔卑斯山脉地区的潜在盟军会师。李必达是山北高卢和近西班牙总督，普兰库斯是长毛高卢总督，波利奥是远西班牙总督，他们统领着多个军团。三人都允诺支持德奇姆斯，支持元老院；但他们又都是恺撒的支持者，没人能保证他们不会倒向安东尼。

4月22日，安东尼几乎立刻踏上征程。德奇姆斯准备追击，但他的军力薄弱，减员严重。他既无骑兵，也无驮运辎重的牲口。不过，他拥有庞提乌斯和潘萨新招募的一些军团；屋大维则掌管其余军团和他自己的老兵。无论价值如何，德奇姆斯也还有政治资本，那就是元老院的热烈支持。自此，元老院宣布安东尼及其盟友为人民公敌。

弑父元凶

此时的屋大维是一个大大的问号。希尔提乌斯和潘萨两位执政官之死为他这个指挥官留下了极大的自主权。这对他的事业而言是一大裨益，但对共和政体则是一大打击。问题是，这打击到底有多大？

现在，包围解除，德奇姆斯要与屋大维见面了。很难想象还有比这更尴尬的相见了。两年前,德奇姆斯和屋大维在恺撒凯旋的队伍中并辔而行。此后,德奇姆斯成了谋杀恺撒的凶手,而屋大维成了恺撒的义子。据阿庇安称,此时的德奇姆斯在会面之前派人向屋大维传话,以做事先铺垫。[56] 德奇姆斯称,魔鬼蒙骗了他,是别人使他卷入阴谋的。这一记述貌似有理,但不可信,因为阿庇安还说,屋大维拒绝与德奇姆斯会面,称去见谋杀自己义父的凶手实在不合情理,更别说与他对话了,但这不是史实。

不论屋大维对德奇姆斯背叛恺撒作何感想,他还是见了德奇姆斯,这绝不仅仅出于礼貌。德奇姆斯在公元前43年5月9日致西塞罗的信中[57]坦率地写道,他见了屋大维,离去时反倒信任了他,尽管此前他信不过屋大维。德奇姆斯对屋大维说,[58]他计划翻越亚平宁山脉(Apennines),继续追击安东尼,敦促屋大维也这样做,但是屋大维拒绝参与,也拒绝移交他统领的已故执政官的军团。

德奇姆斯是一个强权人物,而屋大维想成为这场权力游戏的玩家,因此他的行为完全合情合理,他后来否认曾与德奇姆斯见过面也合情合理。这无疑也是阿庇安断然否认会面的原因所在。屋大维不同意帮助德奇姆斯打击安东尼的原因在于,屋大维只想削弱安东尼的势力,[59]仅此而已。屋大维并不想帮助德奇姆斯夺取胜利。

德奇姆斯在公元前43年5月5日致西塞罗的信中对此做了陈述。对于屋大维的无动于衷,德奇姆斯很是失望:

> 只要恺撒(屋大维)听我的,翻越亚平宁山脉,我就能将安东尼逼入绝境,让他毁于给养短缺,而无须动枪动刀。但是恺撒不服调遣,也不能让他的士兵服从命令——真糟糕透了。[60]

严于律人,宽以待己,这就是德奇姆斯。傲慢的德奇姆斯向来就不曾自责过。

德奇姆斯怀疑屋大维的忠诚。他在 5 月底致西塞罗的信中写道,这个年轻人的老兵们一直在谩骂西塞罗,不断敦促他们的指挥官,逼他多给他们一些好处。德奇姆斯的信中还称,屋大维听说了西塞罗的一些话,十分生气。据称,西塞罗曾说:"这个年轻人要夸、要尊、要抬,最后让他出局。"[61]屋大维并无被逼出局之意。

德奇姆斯的怀疑是正确的。屋大维根本不会帮德奇姆斯剿灭安东尼,他采取的立场是中立。难道他想倒戈,与安东尼合流不成?这是一个冷酷之举,不过与那个无情的时代倒也相符。即使莎翁笔下的英雄布鲁图斯,也是一个背叛成性的家伙——背叛已故父亲的名声,背叛上司庞培,背叛舅父加图,背叛恩主恺撒。再则,元老院已经表明了对屋大维的看法。元老院非但不赋予屋大维与德奇姆斯同等的权力和荣誉,而且削减了早先承诺拨付给屋大维军队的款项;德奇姆斯获得尊享凯旋的礼遇,而屋大维只能接受稍逊一筹的小凯旋;德奇姆斯还受命执掌抗击安东尼的战事,并接收已故执政官的部队。但是,屋大维并无顺从元老院之意。

屋大维深知,一旦安东尼的威胁解除,元老院将把他彻底抛弃。支持安东尼要承担风险,但继续支持元老院将铸成大错。因此,屋大维置身事外,不与安东尼开战,当然也在思忖改变路线。与他之前的恺撒一样,他喜欢冒险。

5 月初,安东尼的同僚在意大利中部招募了 3 个军团,并与身处意大利西北部、距今天的热那亚(Genoa)不远的安东尼会合。安东尼和德奇姆斯现在都拥有 7 个军团,但安东尼的是老兵,此外还拥有 5000 名骑兵。德奇姆斯无从与之匹敌,特别是在钱已耗光的情况下。他在致西塞罗的信中写道,为了养活部队,他不仅花掉了自己的大笔钱财,[62]还向朋友伸手借了钱。

西塞罗不为所动。他批评德奇姆斯没能乘胜追击残败之敌,让安东尼得以逃脱。[63]这样说似乎有失公允,鉴于德奇姆斯的部队人困马乏且经验不足,鉴于他缺少骑兵和驮畜,鉴于屋大维拒绝继续向安东尼开战。

安东尼计划翻过阿尔卑斯山脉,之后与李必达和波利奥会师,这正是德奇姆斯所担心的。李必达对此矢口否认,而德奇姆斯并不相信李必达。他觉得李必达这人靠不住。[64]

换作他人可能会放弃追击,但德奇姆斯不会。他踌躇满志,一心只想解除他在意大利最强大的军事威胁,也就是除掉安东尼。意大利前途未卜。击败了安东尼,元老院就能再度统治罗马,而德奇姆斯将成为元老院的领袖。

德奇姆斯明白,击败安东尼的唯一方法就是亲自翻越阿尔卑斯山脉,与普兰库斯的大军会师长毛高卢。普兰库斯拥有4个军团和盟军骑兵,但是德奇姆斯和普兰库斯依然不可能战胜安东尼和李必达的联军。不过,德奇姆斯还是勇往直前,奋不顾身,无所畏惧,正如恺撒可能会做的那样。德奇姆斯不乏自信。高卢是他的安乐窝,他过去军事凯旋的地方。因此,他想办法筹到了当地居民索要的过路钱,最终通过格拉耶山[Graian Alps,今小圣伯纳德隘口(Little St. Bernard Pass)]。

德奇姆斯可能还期望在高卢寻得本地盟友。在6月10日左右,他在阿洛布罗基人的小城库拉罗[Culcro,今格勒诺布尔(Grenoble)]会见了普兰库斯。这群阿洛布罗基人就是20年前与喀提林结盟的那支部落。德奇姆斯的母亲塞姆普罗妮娅曾经在公元前63年的革命岁月里收容过一伙阿洛布罗基人。德奇姆斯一直与阿洛布罗基人保持联系,[65]有理由相信他们会提供兵员、资金和给养。

尽管德奇姆斯和普兰库斯拥有重兵,但老兵不多。从高卢南部传来的坏消息阻止了他们的行动,无疑也打消了阿洛布罗基人任何提供支持的念头(如果他们真动过此念头的话)。安东尼已于5月中旬抵达山北高卢(今法国普罗旺斯)。他从恺撒的书中学到几招,将自己的部队扎营在李必达部队的旁边,让双方的士兵相互交好;他还蓄起胡子,为自己的阵亡将士哀悼——统统都是恺撒用过的手段。李必达的手下被迷惑了,且有一些人马易帜,李必达紧随其后。5月29日,两支大军合二为一。

他们旗下的军团数与德奇姆斯和普兰库斯的相同,但老兵更多、骑兵更多,装备也更精良。西塞罗要求布鲁图斯和卡西乌斯支援德奇姆斯,[66]但无人响应。在长达两个多月的时间里,德奇姆斯和普兰库斯按兵不动。接下来,灾难降临了。

8月底,波利奥和普兰库斯相继抛弃德奇姆斯,倒戈安东尼。此时,一场革命已经震撼了罗马。

VENGEANCE

第十二章　报仇雪耻

公元前43年夏，正当德奇姆斯在高卢的阿尔卑斯山脉西麓安营扎寨，为与普兰库斯的部队协同作战而训练士兵之时，突然间遭人包抄。安东尼和李必达刚刚联手了。在阿尔卑斯山脉另一边的罗马，一头更加凶险的野兽正在渐渐醒来。

向东看

公元前44年8月，布鲁图斯和卡西乌斯离开意大利之后，在首都只能见到关于他们行动的零星报道。塞维莉娅犹如间谍头子一般坐镇罗马，散发来自东方的消息。公元前44年10月，她接待了叙利亚省叛军总督凯基利乌斯·巴苏斯的一个奴隶。此人告诉她驻屯亚历山大的军团正在闹事，巴苏斯已经接到召唤，而此时的卡西乌斯预计已经抵达叙利亚省。塞维莉娅正期待着布鲁图斯长期的东方代理人马尔库斯·斯考普提乌斯（Marcus

Scaptius）的一次秘密造访。在塞维莉娅向西塞罗传递这则信息的时候，西塞罗给阿提库斯去了一封信，内心夹杂着对东方进展的兴奋和对西边安东尼及其追随者"恶行与疯狂"[1]的忧虑。

与此同时，布鲁图斯正在雅典积攒力量。在那里，人们称他为英雄，还在雅典著名的除暴英雄雕像旁边立起了他的雕像。布鲁图斯将支持者和有潜力的军官聚集起来，做交易，施威胁。他用自己的方式获得了对马其顿行省（大致为今希腊北部和中部，以及阿尔巴尼亚部分地区和马其顿）和伊利里亚行省（大致为今阿尔巴尼亚和前南斯拉夫大部）的控制。布鲁图斯起初是一个不具合法权威的僭取者，直到公元前43年2月元老院批准他为这些行省的合法总督。布鲁图斯俘获了马克·安东尼的弟弟盖乌斯·安东尼乌斯（Gaius Antonius），后者照理应该是马其顿总督。布鲁图斯小心翼翼地招待盖乌斯·安东尼乌斯。与西塞罗不同，布鲁图斯仍然希望能够与恺撒的追随者、温和派人物马克·安东尼达成一致。他信不过屋大维，并指责西塞罗太信任屋大维。"我只希望你能够明白我有多么畏惧他啊！"布鲁图斯在致西塞罗的信中提到屋大维时如是说。[2]

卡西乌斯就更加忙碌了。公元前43年2月底，传到罗马的消息称，他已经接管了叙利亚省，以及驻扎在那里及周边地区的军团。再一次地，卡西乌斯未经授权便采取行动。

克利奥帕特拉在埃及悉心观察着事态的发展。恺撒在埃及留下4个军团，对此多拉贝拉和卡西乌斯无不垂涎三尺。女王选择了多拉贝拉，并将这几个军团派了过去，但被卡西乌斯在前往叙利亚省的途中截获。他整合了一支12个军团的部队，将多拉贝拉击败。最后，多拉贝拉自杀身亡。

但是，克利奥帕特拉并未善罢甘休，她决定帮助布鲁图斯和卡西乌斯的反对者,这些人此时都身处希腊西部。她装备了一支舰队并亲自担任指挥，成了一位女性舰队司令,就像公元前480年在萨拉米斯(Salamis)英勇作战的哈利卡尔那索斯[Halicarnassus,今土耳其博德鲁姆(Bodrum)]的阿尔泰米西娅(Artemisia),或公元前2世纪20年代与罗马人鏖战的伊利里亚(今黑山和阿尔巴尼亚)海盗女王泰乌塔(Teuta)那样。卡西乌斯派出另一位刺客的支持者墨尔库斯,前去希腊南部伏击克利奥帕特拉,但是埃及舰队根本就没有行驶到那里。舰队在利比亚海域遭遇了一场风暴而受损严重,只好调头返回;克利奥帕特拉自己也严重晕船。卡西乌斯本打算进犯埃及,但布鲁图斯提醒他说他们需要节省资源。

在东方基地,布鲁图斯和卡西乌斯将整个地中海战略的各个组成部分做了整合。只要在帝国作战,而不是在罗马或意大利,他们就能取胜。这是庞培对抗恺撒的战略,现在他们将重启此策。他们要么相信现在情况发生了变化,要么就是多害相权取其轻,从而采用了庞培的策略。

公元前43年4月,在穆提纳获胜之后,元老院还将共和国的命运寄托于除德奇姆斯之外的三位指挥官身上。他们批准布鲁图斯为马其顿总督,卡西乌斯为叙利亚总督,塞克斯都·庞培为海军统帅。

与德奇姆斯相比,卡西乌斯是一位更好的战略家。他打算在东方组建陆军和海军,并将后者与西方塞克斯都的海军联合起来。公元前43年夏季,塞克斯都将海军基地迁到了西西里岛。

塞克斯都·庞培带来了海上力量。这虽然不具有决定性,但用处极大。与庞培和恺撒间的那场内战一样,在这场新的斗争中,战略家们都希望将敌人扼杀在海上。他们的意图是掐断敌人的粮食供给,削弱其兵员运输能力。但是,鉴于多数海岸线都连通公路,坚定而灵活的敌人可以选择陆路运输,仅凭海上力量是无法赢得战争胜利的,需要借助陆军来完成决定性的一击。卡西乌斯明白这一点,所以他和布鲁图斯竭力创建一支陆军。

时间不允许布鲁图斯停下来，即使是伤悲。公元前43年夏，波契娅病故，³详情未被记录下来。波契娅在意大利，布鲁图斯在希腊，两人没有机会做最后诀别。西塞罗写信给哀伤的布鲁图斯，要他坚强。他的国家需要他，这位雄辩家说道："不仅你的军队、全体公民，几乎所有人都在关注你。"⁴

布鲁图斯在色雷斯（今保加利亚）和安纳托利亚西部地区表现积极。德奥塔鲁斯为他派去部队。布鲁图斯四处勒索钱财，击败了一支色雷斯部落武装，这次小胜为他赢得了赞誉，他的部队奉承他为"凯旋将军"。布鲁图斯将这一头衔放进他的官方声明中，并镌刻在他的纪念币上。

塞维莉娅像一头母狮，在布鲁图斯和卡西乌斯离开罗马期间，捍卫着他们在罗马的利益。或者说像一名元老，因为她操持着类似元老院会议的家庭会议。公元前43年7月25日，塞维莉娅在她的一处住所里召集了一次会议。到场的有西塞罗、卡斯卡和拉贝奥，后面两人为3月15日的刺客；还有公元前50年及现在两度充当布鲁图斯东方代理人的马尔库斯·斯考普提乌斯。塞维莉娅问大家，现在是通知布鲁图斯回来，还是让他继续留在希腊。⁵西塞罗说让他回来，但是布鲁图斯坚持留下。塞维莉娅肯定将这次会议的情况通报了布鲁图斯，也通报了她孙儿们的情况。同年夏天，西塞罗在元老院为李必达的孩子们发声，李必达的妻子是塞维莉娅的另一个女儿。由于李必达已经叛投安东尼，布鲁图斯十分担心这些孩子的安全，当然，也担心他们的母亲和塞维莉娅。⁶

塞维莉娅同样担心布鲁图斯和女婿卡西乌斯，不过他们的情况都还不错。多数东方的罗马指挥官都投奔他们而来，其中有的是恺撒的死敌或共和信徒，有的反感安东尼和屋大维即将实施的野蛮作风；有些人推想，任何想方设法杀死恺撒的人一定都是很有实力的军人，他们希望站到胜利者一方；还有人喜欢的是刺客手里叮当响的金钱。

与此同时，意大利即将天翻地覆。很快就要有人大祸临头，此人不是布鲁图斯，也不是卡西乌斯，而是塞维莉娅。

以剑发声

公元前 43 年 7 月，屋大维行动了。他要求元老院让他担任执政官——现在两个职位都空着。对一个 19 岁的年轻人来说，提出这个要求实在无礼，特别是在元老院已经将执政官的最低法定年龄由 43 岁降低了 10 岁的情况下，并同意只要屋大维年满 33 岁就能任职。但是，屋大维一向大胆。他带着一个士兵使团来到元老院，但元老们拒不答应他的要求。就在他要离开议事厅的时候，一位士兵将他放在室外的剑取来，怒气冲冲地嚷道："如果你们不愿意的话，这个总能使他成为执政官吧。"[7] 结果，一切如愿以偿。屋大维跨过卢比孔河朝着罗马进军，取道恺撒六年半前走的那条路；他掌控着 8 个军团，包括新兵。

屋大维指定自己和表兄弟昆图斯·佩迪乌斯担任执政官。元老们表示默许，人民通过选举例行公事地让二人当选。接着，屋大维让佩迪乌斯通过一项法令，废除针对刺客的赦免，依照人们所称的"佩迪亚法"设立了特别法庭，立刻审判刺客及其同谋。即使塞克斯都·庞培也未能幸免，即使他与这场暗杀并无任何瓜葛，仅表示了支持。仅有一位法官为布鲁图斯投了"无罪"票。就这样，元老院 3 月 15 日后经过反复酝酿制定的和解方案被废止了。

然而对于安东尼及其盟友来说，保持和平才是最重要的。屋大维取消了惩戒安东尼的法令，启动谈判。公元前 43 年 9 月，安东尼率领十八九个军团重返山南高卢。次月，安东尼、李必达和屋大维聚首博诺尼亚（Bononia，今博洛尼亚）附近，结成三头同盟——一个拥有为期5年独裁权威的三人委员会。三人掌控着40多个军团，瓜分了帝国的西部地区，安东尼得到高卢大部，李必达得到山北高卢和近西班牙，屋大维得到西西里岛、撒丁岛和罗马阿非利加。他们代表着这个国家的最高权威。

公元前43年11月27日，通过了一项使三头同盟合法化的法令。这简直是罗马共和国的讣告，只有孤注一掷才能力挽狂澜。

对三头同盟而言，鲜血、金钱和房产是一切事务的重中之重。他们毫无兴趣赦免那些他们认为杀害了恺撒的凶手。相反，他们像苏拉一样选择了公开处罚，也就是整肃——颁布公共法令，列出被判死刑的敌人和要没收的财产。共有300名元老和2000名罗马骑士在列。被处死的元老中有一位法官，当年早些时候他曾投票赞成无罪释放布鲁图斯。[8] 行刑者成群结队地四面出击，搜寻战利品和赏金。受害者大多逃离意大利，但是他们失去了财产，这些财产被没收和出售。多年来罗马发生了如此之多的暴力政治，其行动大多落脚在房产之上。

公开处罚往往含有多种目的，从报仇雪恨到灌输对新政权的服从意识，但主要目的还在于筹钱。战争花费巨大，一场与布鲁图斯、卡西乌斯和塞克斯都·庞培的新冲突迫在眉睫。公开处罚不能筹到足够多的钱，因此，三头同盟还制定了新的税赋。

三头同盟宣布了一项决定，没收意大利18个富裕城市的土地，用于安置士兵。对这些城市的居民而言，这实质上就是一份战争宣言；于布鲁图斯和卡西乌斯而言，这就是征募工具。

参与暗杀恺撒的刺客加尔巴名列公开处罚的元老名单之中。他是否被杀，我们不得而知，但无论如何，他未能从这些年的战争中幸免。

塞维莉娅的境遇好些，她在阿提库斯处寻得了庇护。[9] 做事谨慎的阿提库斯在各个派系都有朋友，早年还曾经出手帮过安东尼的妻子富尔维娅。

塞维莉娅终究渡过了难关。西塞罗就不然了，他是这次恐怖行动中名气最大的牺牲者。

公元前43年12月7日，西塞罗被捕，当时他正要从那不勒斯北部的海滨庄园逃往一艘船上，这艘船正等候着将把他带往东方的安全地带。他本来可以早些逃跑的，只因等得太久。西塞罗不失体面地死去，未做任何抵抗。他的首级被送去罗马，钉在罗马广场的演讲台上，这与马略和苏拉对待异己的做法如出一辙。只是西塞罗的双手被砍下来示众，以报他在《腓利比克》中对安东尼猛烈抨击之仇。有史料称，安东尼的妻子富尔维娅拉出西塞罗的舌头，用发针去扎。[10]

西塞罗的死不仅是罗马政治的大事件，也是西方文明的里程碑——西塞罗正是奠基人之一。我们的视界太过狭窄，我们眼中的西塞罗是恺撒时代最知名、最善辩、最有趣的政治观察家。确实，在古代历史上没有谁曾经留下过如此之多的政治评述，但他还是公元前44年和公元前43年事件的关键角色。

西塞罗幸免于3月15日的暗杀事件，多活了20个月。在这期间，他成了被称为"意大利优先政策"的心脏和灵魂。别人为共和国而战，但他们是在海外战斗。西塞罗不是。他活力四射、英勇无畏，但是他错了——屋大维是靠不住的。屋大维为了迎合安东尼，同意公开处罚盟友西塞罗。安东尼是打不垮的，仅凭意大利反恺撒集团的微弱兵力根本做不到。共和国只能靠意大利以外的力量拯救，或根本就无从拯救。如果不是因为西塞罗，德奇姆斯也早已撤离意大利了，其余的共和派人士也都会撤离罗马加入东方部队。德奇姆斯这样的优秀将军也就可以在那里为共和国的事业做出巨大贡献了。

西塞罗去世后，安东尼的一个朋友获准购买西塞罗位于罗马帕拉丁山（Palatine Hill）上的宅邸。这个人不是别人，正是3月15日那天在元老院试图搭救恺撒的肯索里努斯。[11]

在西塞罗被杀害的同时，关于恺撒的纪念活动正大量举行。三头同盟通过一项立法，旨在建立一座神庙，施行"神圣尤利乌斯·恺撒"（divus julius）的公众性祭拜。几年之后，在安东尼接受这一信仰的大祭司职位时，恺撒的神化活动已经具有了官方性质。由此，屋大维获取"神之子"（divi filius）的称号也就顺理成章了。人们拥戴屋大维为"凯旋将军"，他成了"凯旋将军·恺撒·神之子"。

德奇姆斯的末日

此时的德奇姆斯决定拯救他的军队，与马其顿的布鲁图斯会合。最便捷的道路是穿过意大利北部地区，但因屋大维及其军队的到来已无法通行。德奇姆斯向手下提议，选择一条更加艰难的路线，即翻越阿尔卑斯山脉。结果他的军团立刻离他而去，老兵们和辅助部队投奔安东尼，新兵们则返回家乡山南高卢或投奔屋大维。穆提纳战役后，我们再未见到关于德奇姆斯角斗士的只言片语，但他仍然拥有一支高卢骑兵卫队，这支卫队也许可以追溯到他担任高卢总督时期。德奇姆斯让想回家的人带上巨额报酬走人，继而率领 300 名追随者继续向莱茵河进发。他们也许为避开汝拉山脉而向东、向南迂回，最终来到今天瑞士巴塞尔（Basel）*附近的河段。但是面对波涛汹涌的莱茵河，大多数人还是被吓跑了。德奇姆斯身边只剩下了 10 人，其中至少有两个罗马人。

德奇姆斯毫不畏惧，决定还是要穿过山南高卢，但得伪装成高卢人。

---

* 瑞士西北部城市。——译注

他懂高卢人的语言。他和随员中的几个外地人穿上连帽上衣、马裤和木底鞋，看上去还挺像那么回事。德奇姆斯不是入乡随俗的罗马第一人，但是在如此极端的情势背景下见到这样的人也实属罕见。

这几个孤注一掷的人折返维松提奥［Vesontio，今法国贝桑松（Besançon）］，继而从今天的法国取道狭窄的茹尼隘口翻越汝拉山脉进入瑞士。这里是高卢塞广尼人（Sequani Gauls）的领地。全副武装的当地人守卫着隘口，收取通行费。他们多疑的目光留意到了德奇姆斯及其同伴，将他们逮了起来。当德奇姆斯得知他们的首领是一个名叫卡米利乌斯（Camilus）的地头蛇，他高悬的心落了下来。担任总督时，德奇姆斯对卡米利乌斯恩重如山，所以他让当地人带他去见这个人。卡米利乌斯奉承了德奇姆斯一番，为关错了人道歉，但他又偷偷地派人向安东尼通风报信。逮住德奇姆斯就能论功行赏，现在的重要人物是安东尼，而非这个从前的总督。

史料一致认为，是安东尼要了德奇姆斯的命。就德奇姆斯是怎么死的，各家说法不一。[12] 有人说是由卡米利乌斯处死的；还有人说是安东尼派来的一队骑兵干的。多家史料称，最后，德奇姆斯忘记了自己曾大肆吹嘘的勇猛，开始悲叹自己的命运不济。但德奇姆斯从来都很勇敢，这种说法听上去倒像是后来出自敌人之口的诽谤之词。不管怎么说，德奇姆斯死于一剑封喉。卡米利乌斯将他的首级呈交安东尼，后来安东尼把它埋了。这一切大约发生在公元前 43 年 9 月中旬。

反对尤利乌斯·恺撒的三大阴谋家之一就这样死了。在生命的最后 15 个月里，德奇姆斯表现出了勇敢无畏、领导才能、坚强决心、行动能力和圆滑顺从。他招兵买马，让自己的军队在围城之战中团结一致。他率领手下翻越阿尔卑斯山脉，但未能消除他们面临人迹罕至的荒原产生的怯懦心理。为了拯救共和国，为了促进自己事业的发展，他无视法律并荣获了熠熠生辉、梦寐以求的奖赏——凯旋式。但是，他却庆典未享身先死。如果他击败安东尼,那他就能成为罗马的伟人之一,就能成为重建共和国的军事英雄。就此而论,如果他愿意的话,他还能身居要职,逐渐削弱共和国的权威,最终让自己成为下一个恺撒。

德奇姆斯表现的冒险精神足以使恺撒相形见绌,不同之处在于恺撒只冒经过悉心盘算的险。德奇姆斯选择防守山南高卢,而没有在还来得及的时候撤往马其顿,所下的赌注与恺撒3月15日那天未带保镖便迈入元老院议事厅不相上下。简言之,德奇姆斯唯独缺少战略上的审慎。

毫无疑问,比起死刑,德奇姆斯更愿意作为英雄战死沙场。但有一点他可能会感到欣慰,他死在高卢,这个他获得几乎所有军事凯旋的地方。

战争的命脉

西塞罗曾说,金钱是"战争的命脉"[13]。这番话出自他于公元前43年1月1日在元老院发表的演说《腓利比克》第五篇之中。它可能被用作布鲁图斯和卡西乌斯在东方的行动宗旨。二人致力于为罗马人民的自由而战,[14]但是帝国的人民就是另一码事了。为了筹钱,他们对行省居民大肆盘剥,但他们同所有人一样,明白战争是要花大钱的。

布鲁图斯得到西边传来的消息后,作为对西塞罗和德奇姆斯之死的报复,他下令处死囚犯——安东尼的弟弟盖乌斯。布鲁图斯说,西塞罗和德奇姆斯二人,后者是他的亲属,[15]前者是他的朋友。布鲁图斯的情感常混杂着严酷与冷淡,他说,比起对事件本身的悲伤,他更为西塞罗的死感到羞耻,[16]他将西塞罗的死归咎于罗马的软弱。

公元前42年春,两位指挥官向多个抵抗中心发起进攻。卡西乌斯向罗得岛上一小股支持多拉贝拉的海军开战。经过两次海战败绩和一次威胁性围攻，一些罗得岛人向罗马人打开了城门。卡西乌斯处死了50名首领，劫掠了城里的金银财宝。

而布鲁图斯则向安纳托利亚西南部的利西亚（Lycia）诸城发起猛攻。[17] 他包围了固若金汤的克桑托斯城（Xanthus）。当罗马人最终攻入城内时，大量的市民宁死不降。普鲁塔克就布鲁图斯如何为城中居民痛哭流涕讲述了一个动人的故事，但那似乎不太可能。接下来，一座毗邻城市选择接受布鲁图斯的条件，交出了所有的金钱宝物。自由可能是布鲁图斯的座右铭，但是它只意味着罗马共和政府的自由行使，而非帝国各个城市的自由。

大约在公元前42年6月，布鲁图斯和卡西乌斯在安纳托利亚西部的萨迪斯城（Sardis）会合。他们消除了各种分歧，决定向马其顿进发。安东尼和屋大维留下李必达守护意大利后，率领19个军团跨过亚得里亚海。理论上说，那就是9.5万人，但是实际人数也许只有大约一半。此外，他们应该还有1.3万名骑兵。布鲁图斯和卡西乌斯拥有17个兵团，据说有8.5万人，但同样地，实际人数大概也只有一半；另外，据称，他们还拥有2万名骑兵，即使将数据减半，也有一支总计约达9万人之众的庞大军队[18]准备会师。那个时代最大的一场决战正一触即发。

东方盟友纷纷派部队助阵布鲁图斯和卡西乌斯，来的主要是骑兵。德奥塔鲁斯同时派出了步兵和骑兵；帕提亚国王派来一支弓箭手部队。这些都是布鲁图斯和卡西乌斯外交成就的体现。在公元前43年末，他们又将恺撒"昔日友、今日敌"的拉比努斯之子派到帕提亚，让他去商谈援助事宜。

公元前42年夏，在加利波利半岛（Gallipoli Peninsula）上的卡尔迪亚（Cardia）城外，布鲁图斯和卡西乌斯集结了他们的联军。偌大的部队要吃、要住、要操练、要鼓舞士气，最重要的是，要支付报酬。

两位指挥官没有令人失望。在一年多的时间里，他们一直在通过外交或武力手段筹钱。现在，他们安排官员们发行了各种各样的硬币，可能动用了马其顿一家或多家铸币厂。

布鲁图斯吸取了教训。与 3 月 15 日其后的那些日子不同,他不会对士兵们太抠门。如阿庇安所言,他和卡西乌斯筹集了充足的资金支付给士兵们。二人特别担心的是,他们大部分的士兵都为尤利乌斯·恺撒作战过,现在有可能叛投他的义子屋大维。照阿庇安所言,卡西乌斯在一次对集结部队的演讲中就谈到了这一点。[19] 他告诉士兵,不论谁做统帅,他们都在为同一项事业——罗马而战斗。但是,布鲁图斯和卡西乌斯都不会天真到认为仅凭语言就能高枕无忧。每一位军团士兵分得了 1500 第纳里乌斯,[20] 每一位百夫长分得 7500 第纳里乌斯,每一位军团司令官分得了 1.5 万第纳里乌斯。这样的收入本来已十分可观,但仍然不及安东尼和屋大维向手下承诺的获胜后的报酬[21]——每人 5000 第纳里乌斯(相当于 2 万塞斯特斯)。不过,公元前 46 年恺撒三重凯旋时开出的数额比这更高,每位军团士兵最低收入 6000 第纳里乌斯。布鲁图斯和卡西乌斯是先付钱,也就是说,他们的士兵钱到手了才去打仗;而安东尼和屋大维·恺撒只是做出承诺,他们的士兵并没有真正拿到钱。[22] 据阿庇安说,卡西乌斯向他的士兵强调了这一点。[23] 即使是恺撒,在高卢和内战中也是战后才付钱的。战前付钱常常具有风险,不过布鲁图斯和卡西乌斯肯定觉得必须这样做才能争取到恺撒从前的士兵。或者说,这两位刺客是在为 3 月 15 日之后未能笼络到士兵的失策加倍补偿吧。无论如何,他们现在一定都会指明,胜利将会带来更多。

这些华丽的钱币表现了各种各样的主题,[24] 其中就有罗马昔日的英雄、众神、鹰旗。在布鲁图斯和卡斯卡发行的一枚硬币[25]上,一面是手执三叉戟的海神,象征共和国海上霸权;另一面是长有翅膀、手握棕榈枝、脚踩破王冠和破权杖的胜利女神,象征恺撒王权梦的破灭;上面的铭文为"凯旋将军布鲁图斯"(BRUTUS IMP)。

不过,有一枚硬币在所有钱币中脱颖而出。[26] 它由布鲁图斯发行,很小，是枚银质的第纳里乌斯，堪称古罗马最有名的钱币；这个硬币还有金币版，即奥里斯。硬币正面是布鲁图斯的侧面像。他蓄着胡须，表示对共和国不幸的哀伤。鉴于恺撒因打破先例，成为将自己头像刻在钱币上的罗马第一人而饱受诟病，布鲁图斯的所作所为就很是令人不解了。当下，布鲁图斯被认定为"凯旋将军"，其表现严重背离了共和精神。不过，他还需要赢得一场战争，这是当务之急，宪法上的细节可以日后再议。

硬币的另一面更加令人惊讶。背面的上方是一顶伞状帽或者自由奴隶的帽子，下方刻有"EID MAR"的字样，即"3月15日"的缩写。帽子的两边各有一把军用匕首，刀尖朝下。这一图形十分引人注目。

随着与安东尼和屋大维的军队大战的临近，出现军事意象也是合情合理的。但是，那并不是硬币上匕首的原意，至少对发行者来说不是。

几个世纪后，狄奥对两把军用匕首做了考证，使这枚硬币成了为数不多的被古代作家提及的硬币之一：

> 除了这些活动，布鲁图斯还在铸造中的钱币上压印了他的肖像和一顶帽子、两把匕首，以此及铭文表示他和卡西乌斯已经解放了祖国。[27]

简言之，这两柄军用匕首代表的是3月15日那天反恺撒运动的两位领导人所使用的武器。即使对于士兵们来说，这也过于直白了。

正如前文提到的，硬币上两把匕首的刀柄不同，十字柄的那把很可能是布鲁图斯的，双盘柄的那把很可能是卡西乌斯的。只需留意到两把匕首的共同之处，一切也就清楚了。准确地讲，这两把匕首都是军用匕首，即拉丁语的 pugiones（单数为 pugio）。罗马人将军用匕首区别于"西卡"（sica），一种起源于色雷斯的弧形匕首，罗马军人通常不会配备这种匕首。在罗马人眼里,"西卡"是一种残酷的武器;拉丁语中的"谋杀者"或"刺客"写作 sicarius,照字意就是"持匕首的人"。

3月15日后,恺撒的朋友们宣称,[28] 刺客不过只是一些杀人犯。但是,这枚硬币以图像表明,3月15日是一个用罗马士兵的武器完成的光荣之举,军用匕首就是证明。暗杀行动绝非谋杀,而是解放,那顶自由奴隶帽就是证明。

当然,在公元前42年领受了布鲁图斯硬币的士兵都知道,正是他们指挥官的匕首杀死了恺撒。他们明白这柄军用匕首作为诛戮暴君工具的象征意义;他们深谙这一武器的可怕现实;他们还明白,他们正在靠着使用这种军用匕首、剑和矛,去完成布鲁图斯和卡西乌斯开启的事业,从而获得酬劳。

腓立比之战及其后续

最大的战役发生在腓立比(Philippi)城外,该城位于马其顿东部,艾格纳提亚大道旁,邻近爱琴海海岸。这场战争的参战人数巨大。这个地方预定着未来的命运。著名战士、亚历山大大帝的父亲、马其顿国王腓力二世建立了这座城市,并以自己的名字为其命名。甚至幽灵都出来显显身手。在布鲁图斯率兵渡过达达尼尔海峡的前一天晚上,他见到了他的附体魔鬼——罗马人认为每个人都会碰到的厄运或者误判。这一幻象警告布鲁图斯:"你将在腓立比见到我。"[29] 据说这一幻象在决战的前夜再次出现。在第二天腓立比的激战中,据说卡西乌斯见到了恺撒的幽灵,[30] 身着绛紫色的指挥官披肩。

随着大对决的临近,布鲁图斯心怀勇气与承诺,给阿提库斯写了一封信。[31]布鲁图斯写道，他们要么解放罗马人民，要么就此死去，从奴役中得到解脱。他又补充道，一切都妥妥帖帖，只是不知道他们会自由地活下去还是会死去。

布鲁图斯和卡西乌斯在腓立比还是很有胜算的。[32]他们兵员雄厚，盘踞在罗马道路两侧的高地上，位置极佳。群山保护着他们的北翼，沼泽防卫着他们的南翼。卡西乌斯是他们的优秀指挥官，布鲁图斯也很能干。他们控制着海洋，在附近一座岛屿上驻扎着他们的舰队，能够将给养送达离军营不远的港口。相比之下，屋大维和安东尼缺少粮食。因此，压力在屋大维一方，而布鲁图斯和卡西乌斯则可以高枕无忧，让敌人挨饿。

布鲁图斯和卡西乌斯得到了几位刺客同伙的帮助。酒鬼加打手辛布尔帮他们从敌方先头部队那里夺下了这个阵地。普布利乌斯·塞维利乌斯·卡斯卡，这个3月15日那天袭击恺撒的第一人在布鲁图斯麾下担任指挥官。还有一份真正的罗马贵族名单，[33]加图的公子就名列其中。

安东尼是一个足智多谋的统帅，身在战场的四位指挥官中，数他经验最丰富。他设法绕过布鲁图斯和卡西乌斯的阵地，威胁他们的补给线。接着，他开始修筑防御工事，切断敌人的海上通道，使其无法获得补给；这样一来，布鲁图斯和卡西乌斯就得修筑反防御工事，以阻止安东尼得逞。10月3日左右，安东尼发起攻击，一举攻下了反防御工事，还拿下了卡西乌斯的军营。卡西乌斯的士兵落荒而逃。此时的北方，布鲁图斯的部队夺取了屋大维的军营，尽管他们缺乏组织纪律性，也未听从布鲁图斯的命令。

屋大维患病在身，人也没在那里，他对胜利的主要贡献在于安然无恙地活了下来。后来的记录对他能够密切关注神迹而赞赏有加，[34]称为了回应某个人的幻象，他戴上了被视为幸运符的恺撒的戒指；而作为对另一人幻象的回应，他事先离开营帐，由此避开了伤害。

卡西乌斯误以为布鲁图斯的部队也已溃败，于是便撤往山间以求安全。他宁肯自尽也不愿被生擒，因此让一个自由民斩下了他的首级。一些古代作家称，[35] 这个人杀他并不是遵命而行。这天恰好是卡西乌斯的生日。[36]

卡西乌斯是一个怀有坚定信仰的政治家，一个纯粹的精英人物，敌视恺撒和任何带有独裁统治意味的东西。如果普鲁塔克是对的，那么就是卡西乌斯促成了刺杀恺撒阴谋的实施。考虑到他的军人背景，卡西乌斯肯定在暗杀行动的细节策划中扮演了主要角色。他一贯奉行强硬路线，要杀死安东尼，还要否决举行恺撒公祭的提案，但是都被布鲁图斯驳回。杀死安东尼可能会使李必达和他的军团对卡比托利欧山上的刺客采取行动；否决举行恺撒公祭的提案只会导致公众对势必出现的骚乱异常愤懑。在熟悉的地中海东部，卡西乌斯对谋杀事件发生后的两年间可能发生的一切表现出了卓越的战略眼光。他的做法时常显得很野蛮，但是他却能出色地整合部队，挑战安东尼和屋大维。

为了不挫伤部队情绪，布鲁图斯秘密掩埋了卡西乌斯。他哀叹卡西乌斯是"最后的罗马人"[37]，其英勇空前绝后。这种英勇在布鲁图斯的军营肯定是见不到的。纵然卡西乌斯在世，他也未必能打败安东尼。由布鲁图斯担纲指挥，军队获胜的概率一落千丈，因为布鲁图斯不是军事统帅。[38] 可德奇姆斯是啊！如果德奇姆斯没死，且能与布鲁图斯会合担纲指挥的话，部队取胜的概率定然大为提升。

布鲁图斯信不过卡西乌斯手下的忠心，而且他至少遭受过一次明显的背叛。德奥塔鲁斯的一位将军发现风向已变，便转向了安东尼。人们不禁疑惑，是不是这位天性冷酷的老国王已经发出命令，让他的指挥官择胜而依。布鲁图斯也明白，敌人仍要切断他的补给。于是，在三周之后的10月23日，他发起了进攻。经过漫长而激烈的战斗，敌军突破了布鲁图斯的防线。

安东尼是腓立比之战胜利的缔造者，这是一次彻底的、决定性的胜利，标志着布鲁图斯和卡西乌斯共和国主张的终结。如果之前没有，现在布鲁图斯也一定会重新审视3月15日放过安东尼的决定。

布鲁图斯设法从战场上逃脱了。他与几个朋友行进在山间，不禁在满天星斗的夜空下念叨起了希腊诗歌。过了一些时候，他决定来个一了百了。他告诉朋友们，他责怪时运，但他要快乐地死去。与胜利者不同，他会留下良好的道德声誉，而他的敌人则是非正义的，是邪恶的。普鲁塔克的记述来源于布鲁图斯的朋友兼同学普布利乌斯·沃伦尼乌斯（Publius Volumnius）的亲眼所见。这一次，普鲁塔克比其他版本的可信度更高。[39]

腓立比之战摧毁了刺客及其支持者的阵线。此后，再无普布利乌斯·塞维利乌斯·卡斯卡和辛布尔的消息。据推测，他们要么已经阵亡，要么后来都自尽了。还有一些贵族也在阵亡之列，[40] 包括加图的公子。

诗人贺拉斯在腓立比与新政权对抗之后，与其媾和。他批评了布鲁图斯拙劣的指挥才能，将这次战役描述为"美德的破败"[41]。"美德"（virtue）一词的拉丁语写作 virtus，是一个兼具男子英勇气概和高尚品德之意的词语。在布鲁图斯的一生中，他因美德而闻名，也因美德而自豪，但现在这却成了问题。"他为何未能在腓立比成为一名更加优秀的将军？他为何不继续战斗而要自杀？"人们首先会提出这样的问题。

虽然如此，但长远说来，布鲁图斯身上依旧焕发着荣耀的余晖。正如普鲁塔克所称，人们记住他并不是因为他是"腓立比的输家"，而是因为他是"正人君子"。布鲁图斯口碑很好，这一定程度得益于他的人脉和塞维莉娅，但事实远非于此。布鲁图斯深受罗马人爱戴。他既是一个意大利中部地区坚毅气质的传承者，又是一个更务实、更富远见的希腊智慧践行者。毫无疑问，如果说布鲁图斯3月15日的举动让罗马人民厌恶，却也着实令他们震撼。布鲁图斯抽出匕首刺向恺撒的举动，证明了他的勇敢。如普鲁塔克所说，即使是那些憎恨他杀了恺撒的人，也不会对他表现出来的高贵品质视若无睹。[42]

布鲁图斯绝不像人们描述的那样，是一个看不清时局的理想主义者。尽管安东尼的用兵谋略摧毁了布鲁图斯，但布鲁图斯在3月15日那天免他一死并没有错。如果没有安东尼缓和局面，刺客们能否逃脱李必达及其士兵的复仇就不得而知了。布鲁图斯也没能预见到屋大维的有生力量，以及这种力量会如何促使安东尼消灭德奇姆斯。无论如何，布鲁图斯警告过西塞罗不要信任屋大维。如果布鲁图斯得手的话，德奇姆斯就可能会与安东尼结成同盟，共同对付屋大维。如果真发生了这样的事情，情况就会大不一样了。布鲁图斯可能也就拯救了这个共和国。

不过，古代作家们总忍不住要撰写一些令人毛骨悚然的逸事来描述布鲁图斯尸首的结局。例如其中一个故事称安东尼找到了布鲁图斯的尸首，[43]他用最华贵的绛紫色长袍将其包裹起来，那可是罗马指挥官的标志啊！后来，有个盗贼来偷长袍，被安东尼逮住并处死了。

安东尼火葬了布鲁图斯后，将骨灰送回他家。于是，公元前42年年底，一个信使来到了塞维莉娅的庄园，可能是她在罗马的住宅，也可能是她在安提乌姆或那不勒斯附近的一处乡舍。信使带来了一只瓮，里面装着她独生子的遗骸，除了头。[44]有史料称，屋大维砍下了布鲁图斯的头，正如德奇姆斯被斩首那样。这份史料还称，作为报复，布鲁图斯的头被送往罗马，放到恺撒雕像的脚下。其实，首级根本就没有出现在那里，因为在送往罗马的海运途中遭遇了暴风雨，水手们就把它视为《圣经》中约拿一样的不祥之物扔进大海了。看着装有布鲁图斯骨灰的瓮，塞维莉娅会作何感想？她能承受连续多位家人辞世所带来的痛苦吗？除了儿子和儿媳波契娅，她的女婿卡西乌斯也死了。塞维莉娅能从回想儿子的荣耀中得到安慰吗？此后再没有关于塞维莉娅的任何消息，史料也再没有提到过她。

"这是最高贵的罗马人。"莎翁笔下的安东尼见到布鲁图斯的尸体时这样说道。[45] 这呼应了普鲁塔克在另一早期文本中对布鲁图斯的看法。[46] 普鲁塔克称,很多人都听过,安东尼曾宣称布鲁图斯是唯一一个被刺杀行动的荣耀和崇高所驱使的反恺撒分子;而别的人,仅仅出于仇恨和忌妒。

实际上,安东尼也是一位品德高尚的罗马人,一个传统派人物。他与布鲁图斯属于同一代人。与布鲁图斯一样,他从一个正在消失的世界里认清自己的方向。而在腓立比战役中与安东尼联合指挥的 21 岁的屋大维就不然了。屋大维对待罗马的过去较为漠然而又缺乏诚意。

布鲁图斯曾称安东尼会为他的愚蠢付出代价。[47] 安东尼未能像加图、卡西乌斯和布鲁图斯那样挺然而立,而是让自己成了屋大维的附庸。在腓立比决战之前,布鲁图斯曾预计,如果安东尼未能与屋大维一道被击败,两人很快就会发生内斗。他说对了。

最后一个刺客

腓立比一役,安东尼和屋大维大获全胜,但是要完全掌控整个罗马世界还有工作要做。由塞克斯都·庞培统率的、来自于西西里岛基地的共和派舰队仍然控制着海洋。在接下来的数年间,塞克斯都·庞培先是与三巨头谈判,接着摧毁了屋大维的两支舰队,最后才于公元前 36 年在海战中完败。之后,他逃往安纳托利亚,在那里被活捉并处死。

李必达则在走下坡路。公元前 40 年时,他不得已以近西班牙和山北高卢换得战略地位次之的罗马阿非利加行省。他就是在那里帮助屋大维抗击塞克斯都·庞培的,而且大获成功。因为庞培的部队最终叛投了李必达。李必达打算将西西里岛纳入自己的管辖,但是屋大维非常强势,李必达未能如愿。公元前36年,李必达被迫永久流亡于罗马南部的奇尔切依(Circeii),此地临海,美丽但偏僻,知名的只有牡蛎。

安东尼与屋大维瓜分了整个罗马帝国。安东尼掌握东部,屋大维得到西部。这样一来,屋大维就得承担起一份在意大利不得人心的工作——为安置老兵而征用土地。结果倒是令退伍军人们满意,但对许多意大利人来说,则意味着一无所有。意大利周边的军人墓碑上记录下了这次新的繁荣,而当时的诗歌则回荡着失地者的窘困。[48] 安东尼的强势妻子富尔维娅和他幸存的弟弟卢基乌斯激起人们对土地劫掠的强烈反对,进而引发了意大利中部城市佩鲁西亚(Perusia,今佩鲁贾)一带的战争。屋大维的军队大获全胜。如果记录属实,那军队接下来还在3月15日的尤利乌斯神坛上大开杀戒,屠杀了大量敌对的元老[49] 和骑士。这实质上就是对恺撒亡灵的活人献祭,但他们没有对富尔维娅和卢基乌斯下手。

在东方,安东尼继承了恺撒对抗帕提亚人的衣钵。令人吃惊的是,帕提亚人获得了昆图斯·拉比努斯(Quintus Labienus)的帮助,此人是恺撒昔日友、今日敌的提图斯·拉比努斯之子。腓立比之战后,帕提亚人征服了罗马东部的大部地区。现在,安东尼的副帅把他们驱赶回来处,俘获并处死了昆图斯·拉比努斯。接着,安东尼得寸进尺——他试图取埃米利亚大道入侵帕提亚,但以完败告终。不过,这个时期身在东部的安东尼却因另外一桩事情留名史册,那就是他与克利奥帕特拉之间的关系,二人之间既是一种政治和军事联盟,也是一桩恋情。这已不是他的第一次移情。富尔维娅公元前40年去世后,安东尼迎娶屋大维的姐姐屋大维娅(Octavia),二人育有两女,但这并不防碍安东尼与克利奥帕特拉发展关系。

如果说屋大维继承了恺撒的名字,安东尼就继承了恺撒的情妇。关于这对历史上最著名的权力情侣的精彩故事有很多,但这不是我们的主题。克利奥帕特拉再次成为一个恺撒式人物的恋人。他是站在罗马世界权势之巅的两人之一。但是，这个世界不可能同时容纳两个恺撒。最后，大战爆发了，一方是屋大维，另一方是安东尼和克利奥帕特拉。

现在，屋大维终于成了海洋霸主，他掌控着在公元前31年希腊西部亚克兴（Actium）战役中获胜的舰队。那是一个决定性的胜利。第二年，安东尼和克利奥帕特拉双双于亚历山大自杀身亡。终于，屋大维成了唯一的恺撒，罗马帝国唯一的统治者。但是，3月15日的总账还有待清算。

苏维托尼乌斯写道，在恺撒谋杀案事发3年之内，[50] 阴谋集团的所有成员全部身亡。这并非事实。至少还有两名刺客多活了10年。他们都是无名小卒，这也许不是偶然。三头同盟以最快的速度翦除了核心人物，名气越小的人遭到报复的时间就会越晚。

德奇姆斯·图卢里乌斯[51]是幸存者之一。腓立比战役之后，图卢里乌斯带着他的舰船和大笔钱财逃往西西里岛，投奔塞克斯都·庞培。几年后，塞克斯都落败，图卢里乌斯转而投靠安东尼。他满腔热忱地支持自己以前的敌人，为安东尼建起一支舰队，并为他铸造钱币。图卢里乌斯于公元前31年在亚克兴为安东尼而战。第二年，屋大维在希腊的科斯岛将其俘获，后以砍伐圣林里的木材建造战舰为由将其处死。为何不指控他谋杀恺撒？或许，屋大维现在想换个话题。

下一个赴死的刺客是图卢里乌斯的同僚、帕尔马的卡西乌斯[52]。依罗马大诗人贺拉斯的评价，此人是一位优秀的诗人。贺拉斯对帕尔马的卡西乌斯之"小作"[53]赞不绝口，这些"小作"也许是一些挽歌，即一些短小的警句式的博学诗文。这些诗文全部散轶。在腓立比战役中，帕尔马的卡西乌斯担任军官，贺拉斯也在那里的共和派军队中作战。也许，在等待战斗期间，这两个人还交流了诗句呢！

腓立比战役之后，帕尔马的卡西乌斯集中了剩余的部队，投奔塞克斯都·庞培。6年后的公元前36年，他转而效忠安东尼。在与安东尼为伍期间，帕尔马的卡西乌斯写下了一些侮辱屋大维祖辈的讽刺作品。[54] 公元前31年，他在亚克兴为安东尼作战。再一次地，帕尔马的卡西乌斯落荒而逃，这一次逃往雅典，但是他的报应也接踵而至。在雅典，噩梦不断萦绕着他，梦中，一个凶神恶煞、蓬头垢面的男人朝他迎面扑来，告诉诗人自己就是他的附体魔鬼。在其后不久的公元前30年，在屋大维的指示下，帕尔马的卡西乌斯被处死了。

如果史料记述没错的话，帕尔马的卡西乌斯是刺客中最后一个赴死的人。[55] 我们无从提供所有已知刺客结局的资料，但在公元前30年之后的史料中再未出现过关于刺客的记述。他们很可能在"3月15日事件"发生后的14年里，全部身亡了。屋大维大仇得报。但是，罗马、意大利，以及罗马世界的其他地区都付出了代价。

AUGUSTUS

第十三章　奥古斯都

公元前29年夏天是一个值得庆祝的时刻。为期15年的内战已经结束，再无敌人可言。屋大维从海外凯旋，荣归罗马，一路平安。

德奇姆斯未给屋大维造成太大困扰。布鲁图斯和卡西乌斯难以对付，但在"3月15日事件"后的3年间也都烟消云散。塞克斯都·庞培又坚持了7年，之后也撒手人寰。安东尼给屋大维带来了最大的挑战，不过屋大维最终还是获得了胜利。

亚克兴一役后，安东尼和克利奥帕特拉命丧黄泉，屋大维成了罗马世界的统治者。他赢得了内战，但是罗马民众并不愿意想起这些公民间的自相残杀。因此，屋大维精明地重新定义了他的成功。他说，那是战胜外敌的胜利，战胜的不是安东尼，而是埃及王后克利奥帕特拉。在政治上具有远见卓识的诗人贺拉斯表示赞同，他写了一首诗，猛烈抨击克利奥帕特拉，而对安东尼只字未提。屋大维更进一步，他借罗马人心目中成功人士的首肯来嘉许自己的胜利，称这是恺撒的神佑。

屋大维举行了三重凯旋庆典，[1] 即连续数日的三次庆典。第一天，他庆祝在巴尔干地区取得的胜利；第二天标志着他在亚克兴海战中取得的胜利。在第三天，他庆祝了对埃及的征服，这是希腊最后一个独立的重要国家，现在终于成为罗马的一个行省。埃及是古代世界极为富裕的国家之一，屋大维以为罗马将其征服为傲。恰如其分地说，埃及凯旋在三者中最为宏大。克利奥帕特拉已死，不可能被迫参加游行，但她以雕像的形式出现了。雕像被放置在一张卧榻上，她与安东尼生下的两个孩子[2]走在后面。小恺撒没有出现。屋大维听从了"恺撒太多不是好事"[3]的建议而将其处死了。小恺撒年仅17岁，但屋大维也许记得，自己在这个年纪时已是一个危险人物了。最后，屋大维乘坐战车登场，后面跟有元老和其他主要的政府官员。

亚克兴的胜利意味着和平的到来。屋大维现在遣散了约达半数的军团。埃及意味着财富。屋大维可以在意大利或帝国各地购置土地，建立新的老兵安置点。公元前46年至公元前45年和公元前41年那种用于老兵安置的财产罚没不复存在，屋大维还妥善解决了罗马冲突之源的不动产问题。

在第三场凯旋庆典次日的6月18日[4]，盛典继续。屋大维为尤利乌斯神庙举行落成典礼，之后是数日的盛大公共游乐活动和宴会。该神庙规划于公元前42年，公元前36年开工。人们可能以为神庙的落成庆典会安排在7月，即恺撒出生的月份，也是古罗马历的5月。但是，庆典的着眼点与其说在纪念恺撒，不如说在尊崇屋大维。屋大维希望将这次供奉与他的凯旋结合到一起。[公元前8年，古罗马历的6月（Sextilis）更名为8月（August），这是对三大凯旋的纪念，也是对屋大维获"奥古斯都"尊号的正式认同。]

新神庙的建筑和装饰好像将恺撒的赐福赋予了新的政权。高高的基座上矗立着柱状结构；神庙内，身着大祭司长袍的恺撒雕像巍然挺立。屋大维用从埃及掠来的战利品装点大殿，也许其中就有一幅绘有维纳斯从海中浮现的希腊名画——维纳斯是恺撒的守护神和所谓的祖先。大殿内的大理石墙壁上嵌刻有彰显恺撒神性的彗星标志。

除了神庙本身，该建筑还有一个矩形平台，以在亚克兴俘获的战舰船首装饰。这标志着恺撒的情妇克利奥帕特拉和恺撒的得力干将安东尼现在已经成了公敌。只有恺撒的义子屋大维对恺撒的纪念是真心实意的，也只有屋大维会为恺撒建立神庙。

在神庙前方平台的中心位置，有一个带有祭坛的壁龛，标志着恺撒的火葬之地。这个平台被用作演讲台，同另一座坐落于罗马广场另一端的更加古老的演讲台一样。从这以后，罗马皇帝的葬礼都在恺撒神庙前面的新演讲台上举行。

新神庙的落成庆祝活动既回首往昔又展望未来。与公元前46年恺撒举行维纳斯神庙落成庆典时一样，活动内容包括了"特洛伊游戏"。这其实是年轻贵族的骑术运动，这种运动大概可以追溯到特洛伊时期。恺撒宣称，他的家族迁往意大利前就是在特洛伊兴起的。河马和犀牛都是首次亮相罗马，给现场带来了一些埃及的气息。另外，庆典还安排有角斗比赛和公众宴会。

这个新的宗教有自己的圣日。每年7月12日是恺撒的生日[5]庆典；安东尼公元前30年辞世之后，[6]他的生日1月14日被确定为一个禁止日常公共事务的日子。安东尼的死给人们留下的记忆将是负面的。3月15日被定为"弑亲日"[7]，一个弑杀至亲的日子。这是一个不吉利的日子，这一天所有法庭休庭，法令停批。庞培元老院议事厅[8]不再用于召开元老院会议。公元前42年，元老院通过表决，封闭了该栋建筑物。后来，人们在建筑外面修建了公共洗手间，可能还在建筑内部树立了一座纪念碑，标明恺撒就是在这里被杀的。

罗马人从前膜拜过许多伟大的领导者，然而只有罗慕路斯，这位传说中罗马的缔造者，在罗马享有一座神庙（人们甚至以奎里努斯之名来祭拜他）。对恺撒的膜拜尚属新生事物。

恺撒的名字成了一个泛称。奥古斯都之后,每一任的罗马统治者都被称作恺撒。"恺撒"即皇帝,这一用法一直延用至现代。德语中的皇帝(kaiser)和俄语的沙皇(tsar 或 czar)都由恺撒(Caesar)一词演化而来。

总之,恺撒成了某种圣徒,"神圣的尤利乌斯",罗马帝国的庇护者。他的遇害并没有预示着共和自由的恢复,反而成了共和自由的葬礼。如果恺撒没有得到整个月份,*那他殉难的 3 月 15 日很可能会成为圣日。他位于罗马广场边缘(这里也是他的火葬地)的神庙就是他的圣祠。

恺撒的鲜血赋予了罗马帝国神圣性。恺撒在这里升天,屋大维在这里降世。我们叫他屋大维,他称自己为恺撒。他也是一位凯旋将军,一位征服将军和圣子。屋大维,或者更准确地说,新恺撒,即将成为奥古斯都。两年后的公元前 27 年,他接受了元老院授予的这一头衔。他将再统治罗马帝国 41 年,直至公元 14 年。历史学家自公元前 27 年起称屋大维为"奥古斯都",他是罗马帝国的开国皇帝。人们有时将他的王朝称作"奥古斯都时代",认为那是拉丁文学的巅峰之一,一个诗人维吉尔、贺拉斯、奥维德和历史学家李维舞文弄墨的古典时期。

恺撒只能向人暗示的,奥古斯都则身体力行。奥古斯都创建了一个王朝。他去世后,由他的义子提比略继位。公元 37 年提比略离世后,由家族中的其他成员继任皇帝。具有讽刺意味的是,有三任罗马帝国皇帝为安东尼的后人,因为他迎娶了屋大维的姐姐屋大维娅。最终,这个家族被迫让位,公元 69 年时被一个新的王朝取代。新王朝延续了若干世纪,其间也发生过战争、革命、入侵和天启、瘟疫和动乱。意大利的皇帝统治一直持续到 476 年;在拜占庭帝国的君士坦丁堡,皇帝们又延续了 1000 年的统治,直至 1453 年。由此可见,恺撒和奥古斯都所建立的制度基础是何等强

---

* 7 月的英文 July 由恺撒之名 Julius 而来。——编注

大啊!

奥古斯都否认自己是君主。他坚称自己恢复了共和国,正式地将国家的控制权归还元老院。事实上,他掌握着执政官、保民官和大祭司的权力,加图和西塞罗对此一直深恶痛绝。他掌控着足够的军队,足以镇压任何潜在对手。他住在帕拉丁山上的一座豪宅里,从这里可以俯瞰整座城市,有需要时他也会不时下山去赏赏光的。幕后,他却操纵着整个系统。这是一个和颜悦色的君主政体。

恺撒神庙的废墟尚存。即使在今天,也依然有人定期前往祭坛献花,以此缅怀罗马的最后一任独裁官。人们非但没有谴责恺撒是暴君,反而将他当成烈士加以凭吊。人们对恺撒的才华和他对穷人的情感依然记忆犹新;而他为了独裁统治向共和国开战,以及他在高卢的疯狂杀戮,导致数百万人的死亡和奴役,却被忘了个干干净净。这与莎士比亚所述的截然相反:

> 身后骂名不尽,
> 功绩尸骨同埋。[9]

史上最著名的谋杀,以及紧随其后的大规模内战,难道最终就落得这样的结局?难道所有这一切仅仅是在通往君主制和独裁者封神的道路上兜兜圈子?难道人们挥舞匕首,冒着生命危险,一切都白费了吗?

事实上,他们这一仗打得很漂亮。拯救共和国需要诉诸更多暴力,但它本可以被拯救。这是"3月15日事件"发生之后多年的经验教训。如果刺客们在战场上获胜,只要做出一些让步,他们就能完成恢复共和国的大业。首先,为了制度的改革,他们也许需要整肃政敌并忍受一段时间的独裁统治。接下来,他们需要采取一些额外的改革举措,以防范庞培和恺撒时代曾给罗马带来祸患的不安定因素。罗马需要一个更加强有力的执行者保证帝国管理的连续性，需要规定严格的总督任期，以防止新恺撒的崛起；需要进一步放权行省，以防止叛乱的发生；需要向富人征收更高的税金以支付军人的报酬；需要为军事扩张设限以减少支出，防止出现军事强人。施行了这一切后，共和国还会是共和国吗？当然！与奥古斯都的罗马不同，政府不会隶属于一个家族。一个经过改良的共和国将实行宪政、自由选举，规定任职期限，允许言论自由，并由一个一心为民的精英人物统治。为了能够延续，共和国也需要更多的自我演进，其程度将远超加图、布鲁图斯或西塞罗的设想。历史尊重传统，但不与时俱进的制度则难以为继。借用意大利经典小说《豹》中的说法："如果我们希望一切保持不变，那么一切就都得改变。"[10]

大多数刺客逐渐被人们淡忘，但德奇姆斯则与众不同。他不是知识分子，也不像布鲁图斯那样，死后有哲人朋友推崇他，而且没有一个出人投地的儿子赞美他，如塞克斯都赞美他父亲庞培那样。奥古斯都将德奇姆斯描述为恶棍，[11]但半个世纪以后，德奇姆斯的命运不仅被人遗忘，还遭人嘲弄。

德奇姆斯注定会成为罗马帝国不得善终的典型。在公元64年小塞尼卡著述的时候，关于处决德奇姆斯的反德奇姆斯版本便已触手可及。伦理学家塞尼卡写道，如果说加图是善终的典型，那么德奇姆斯就代表了一种不体面的、羞耻的死。他写道，当听到露出喉咙的命令时，德奇姆斯说："可以，只要我能活命。"[12]德奇姆斯就此沦为笑柄，这对于一个曾经勇立布列塔尼潮头、蔑视穆提纳围城、不惧翻越阿尔卑斯山脉艰辛的勇士而言，真可谓颜面扫尽。

与3月15日的显赫一时相比，可怜的德奇姆斯此时已是声名大跌，而布鲁图斯和卡西乌斯则不然。作为行动者，他们失败了；作为殉道者，他们却获得了意想不到的成功。

"当神话变成事实,就将神话出版。"影片《双虎屠龙》中一位报社编辑的这句风凉话用在那些刺死尤利乌斯·恺撒的人身上倒十分贴切。特别是布鲁图斯,他变成了神话。布鲁图斯至少有三四位朋友(包括哲学家、历史学家或战友)[13]著书或发表讲演来表达对他的崇敬之情。布鲁图斯的内弟兼战友卡西乌斯也分享了这份荣耀,但布鲁图斯才是明星。

与恺撒一样,布鲁图斯成了人们狂热崇拜的偶像,事实上的已逝共和国的守护神。与恺撒不同的是,他没有神庙,但他却活在人们心中——在文字中,在图像上。在统治王朝高压下恼怒不已的元老们、向往自由的哲学家们、渴望重返共和国雄辩岁月及其自由言论的演说者们,所有人都呼唤着布鲁图斯的名字(有时也呼唤卡西乌斯)。对于涉及布鲁图斯的内容,奥古斯都甚至也允许一定程度的修正主义。据传,奥古斯都在梅迪奥兰(米兰)见到布鲁图斯雕像时,曾吩咐手下不可破坏,要管护好。[14]

布鲁图斯、卡西乌斯和德奇姆斯未能保住他们的官职或荣誉。他们阻止不了屋大维统治罗马;事实上,他们为他开启了权力之路。他们未能保住性命,相反,他们加速了自己的灭亡——均早早暴卒。不过,话又说回来,纵然他们没能保住共和国,却保住了共和主义。

3月15日的刺杀改变了世界,但并非如那一日持刀者计划的那样。如果恺撒未死,在抗击帕提亚的战斗中哪怕取得些微成功,然后在凯旋中班师罗马,情况就大不一样了。罗马贵族会大肆溜须拍马,争相表白自己完全拥护专制主义。恺撒会像亚历山大大帝一样,尝试一些东方专制主义的虚饰排场,很难想象他会不喜欢这些东西。身边有他的情妇、埃及王后克利奥帕特拉陪伴,身后有数十位帕提亚新贵门客向他俯首称臣,正如他们的祖辈对亚历山大大帝那样,恺撒俨然就是作为亚细亚之王回到罗马。过不了多长时间,罗马就会成为一个专制君主国。

当然,罗马最终的确成为一个专制国家,但在戴克里先(Diocletian,285—309 年在位)当政前的 300 年里却不然。屋大维治下的罗马亦不然。屋大维在击败安东尼,成为罗马统治者时,并未自称独裁官,更别说国王了。他反倒称自己为"第一公民"(Princeps)。与恺撒不同的是,他不穿紫色托加长袍,不戴金王冠。他甚至宣称要将权力归还元老院,恢复共和——这样的说辞当然没人相信。然而,如果说奥古斯都是国王的话,他施行的也是一个有限的君主制。参照罗马传统的政府形式,奥古斯都周密地论证了自己权力的正当性。在大部分的统治时间内,他都让元老担任执政官。他控制着最具战略意义的行省和大部分的军团,不过他也让元老院掌管一些重要的行省和少量的军团。

奥古斯都对罗马贵族阶层表现出一种由衷的敬畏。他清晰地记得 3 月 15 日发生的事,也明白这样的事件可能重演。他不是唯一一个有这种想法的当权者。

公元 23 年年初的一个冬日,此时是皇帝提比略·恺撒(Tiberius Caesar)统治时期,在罗马广场举行了一次庄严的葬礼[15],气派非凡,古老的贵族们依然能于葬礼上集会。死者年已八旬[16],祭文在演讲台上发布。她是一个非凡的老太太,一个家财万贯的富孀。传统的巡游队伍由送葬者和乐师组成,他们中有 20 个人头戴死者高贵先祖们的蜂蜡面具,一面行进一面炫耀着曼利乌斯(Manlius)和昆克提乌斯(Quinctius)等显赫的名字,唯一缺少的是她已故丈夫和已故哥哥的面具,因为皇帝不允许。死者在遗嘱中答谢了许多罗马贵族,但未提及皇帝,提比略原谅了这点,但他不会原谅她的家人再度唤醒本该消逝的记忆。

死者为尤尼娅·特尔提娅,塞维莉娅之女,小加图的外甥女,布鲁图斯同母异父的妹妹,卡西乌斯的遗孀。很久前,还有谣传说特尔提娅与尤利乌斯·恺撒有关,称她是他的情妇。特尔提娅死于公元 22 年 12 月 31

日。她的离世，标志着罗马与刺杀尤利乌斯·恺撒之人最后留存于世的联系终结了。将皇帝排斥于遗嘱之外，特尔提娅不仅是在侮辱提比略。通过否定恺撒，她在向誓死捍卫共和、不向独裁统治屈服的一代人做最后的致意。

将布鲁图斯和卡西乌斯的肖像同时陈列到罗马广场上的做法由于会引起太多争议而作罢，这表明"3月15日事件"发生66年之后，由二人煽动的激情仍未消散。他们现在成了传奇人物。他们狭隘的个人动机——他们的贪婪，他们的残暴，他们的野心，他们与变节者（其背叛行为让二人相形见绌）的合谋，以及他们对各大行省平民百姓的残忍虐待——已经被人们忘得一干二净。二人的形象已被改造，强有力地提醒着人们，只要人们一天没有忘记那些刺杀尤利乌斯·恺撒的人的名字，独裁官们就一天不能安然入睡。

参考文献
A NOTE ON SOURCES

我在这里主要罗列的是英语著作及一些重要的非英语著作,其他参考文献可在我的网站上获取,参见 Barrystrauss.com。

介 绍

古典文学和古代史专业的学生应必备 The Oxford Classical Dictionary, 3rd ed.（Oxford: Oxford University Press, 1999）。好的古代世界地图可以从 Richard J. A. Talbert, ed., *The Barrington Atlas of the Ancient Greco-Roman World*（Princeton, NJ: Princeton University Press, 2000）中获得。另一个特别有价值的参考文献是 Hubert Cancik and Helmut Schneider, eds., *Brill's New Pauly: Encyclopaedia of the Ancient World*, English ed., managing editor, Christine F. Salazar; assistant editor, David E. Orton（Leiden and Boston: Brill, 2002–2010）, 此书有非常优秀的在线版本。

关于没有泪水的罗马史, 请参阅 Simon Baker, *Ancient Rome: The Rise and Fall of an Empire*（n.p.: BBC Books, 2007）。有关罗马共和国晚期动荡年代的介

绍，请参阅 Tom Holland, *Rubicon*（New York: Doubleday, 2003）或 Mary Beard and Michael Crawford, *Rome in the Late Republic*（London: Duckworth, 2009）。详情请参阅 Christopher S. Mackay, *The Breakdown of the Roman Republic: From Oligarchy to Empire*（New York: Cambridge University Press, 2009）或 J. A. Crook, Andrew Lintott, and Elizabeth Rawson, eds., *The Last Age of the Roman Republic*, vol. 9 of *The Cambridge Ancient History*, 2nd ed.（Cambridge: Cambridge University Press, 1994）。P. A. Brunt 在 *Social Conflicts in the Roman Republic*（New York: Norton, 1971），esp. 1–41 and 112–147 中介绍了那个时代的社会斗争。

关于罗马军队，请参见 Adrian Goldsworthy, *The Complete Roman Army*（New York: Thames & Hudson, 2003）; Kate Gilliver, Adrian Goldsworthy, and Michael Whitby, *Rome at War*（Oxford: Osprey, 2005）; L. J. F. Keppie, *The Making of the Roman Army: From Republic to Empire*（Norman: University of Oklahoma Press, 1984）。

从共和国晚期向帝国早期过渡的最有影响力的现代英文著作有 Sir Ronald Syme, *The Roman Revolution*（Oxford: Oxford University Press, 1939）。本书的重点是奥古斯都，但也有一些关于恺撒最后岁月和针对他的阴谋的重要章节。书中的一些主题还涉及了利用个人政治建立权力、晚期罗马贵族的不负责任、屋大维在公元前 44 年和公元前 43 年煽动恺撒军队反对元老院中发挥的关键作用，以及奥古斯都恢复共和的华丽辞藻背后的君主制现实。在作者看来，共和国的终结不可避免。Erich Gruen 的 *The Last Generation of the Roman Republic*, 2nd ed.（Berkeley: University of California Press, 1995）则有力地证明了相反的观点：共和国正蒸蒸日上，完全可以继续维持下去。

史 料

我们如何看待杀害恺撒的阴谋,在很大程度上取决于我们如何解读史料。Robert Etienne 在他的优秀著作 *Les Ides de Mars: la fin de César ou de la dictature?*(The Ides of March: The End of Caesar or of the Dictatorship?)(Paris: Gallimard/Julliard, 1973)中很好地说明了这一观点。按照年代顺序,主要有五大史料:大马士革的尼古劳斯、苏维托尼乌斯、普鲁塔克、阿庇安和卡西乌斯·狄奥。他们对事件的总体情况看法一致,但对某些细节问题及不同阴谋家的动机和相对意义存在分歧。普鲁塔克是莎士比亚作品的主要资料来源,他强调的是布鲁图斯和他的理想主义的作用。莎士比亚没有读过尼古劳斯的作品,强调的是阴谋家冷血及甚至有些愤世嫉俗的动机;他还让德奇姆斯成了关键性人物。早期的学者倾向于忽视尼古劳斯,因为他为奥古斯都效力,因此会存有偏见。最近,马利茨(Malitz)和托赫(Toher)这类学者的作品将尼古劳斯重新定位为那个时代颇具洞察力的史料,如果他确实有时能够提供重大事件的奥古斯都版本的话。正如托赫所言,尼古劳斯是一个研读过亚里士多德和修昔底德著作的学生,这两人都是古代世界杰出的政治分析家。我相信尼古劳斯提供的信息对理解暗杀事件至关重要。

关于刺杀尤利乌斯·恺撒的阴谋及其余波的五大史料都有英文译本。Appian, *The Civil Wars* 由 J. M. Carter 翻译并附上导言(London and New York: Penguin Books, 1996)。与卡西乌斯·狄奥的 *History of Rome* 相关的书籍,请参阅洛布(Loeb)古典图书馆版《狄奥罗马史》(*Dio's Roman History*),本书由 Earnest Cary 在 Herbert Baldwin Foster(London: W. Heinemann; Cambridge, MA: Harvard University Press, 1914–1927)译本的基础上译成英文。大马士革的尼古劳斯的 *Life of Caesar Augustus* 新译本将很快面世,附有 Mark Toher 的学术评论,ΒΙΟΣ ΚΑΙΣΑΡΟΣ(*Bios Kaisaros*)(Cambridge University Press, forthcoming）。在此之前，最好的英文版本是编辑有介绍、译文和评论的 Jane Bellemore，*Nicolaus of Damascus, Life of Augustus*（Bristol, England: Bristol Classical Press, 1984）。若要查询普鲁塔克的庞培与恺撒传记，可以诉诸附有 Rex Warner 介绍和注释的 Plutarch，*Fall of the Roman Republic*，修订版译本，修订版上附有 Robin Seager 翻译的比较和序言，以及 Christopher Pelling 的系列序言（Harmondsworth: Penguin, 2005）；普鲁塔克的布鲁图斯与马克·安东尼传记可以在普鲁塔克的 *Makers of Rome* 一书中找到，该书由 Ian Scott-Kilvert（Harmondsworth: Penguin, 1965）翻译并附引言。普鲁塔克的小加图传可以在 Bernadotte Perrin, trans., *Plutarch Lives VIII: Sertorius and Eumenes, Phocion and Cato the Younger*（Cambridge, MA: Harvard University Press, 1919）中寻得。苏维托尼乌斯的恺撒与奥古斯都传载于 Robert Graves 翻译、Michael Grant 撰写前言的修订版 Gaius Suetonius Tranquillus, *The Twelve Caesars*（London and New York: Penguin, 2003）。

在 Naphtali Lewis, *The Ides of March*（Sanibel and Toronto: Samuel Stevens, 1984）中可以查找到大量涉及公元前 60 年至公元前 42 年恺撒兴衰的史料译本选集，以及学术评论。在 Matthew Dillon and Lynda Garland, eds., *Ancient Rome: From the Early Republic to the Assassination of Julius Caesar*（London and New York: Routledge, 2005）中，可以找到一些有价值的跨越 3 月 15 日的资料，包括评论和参考书目。

我从古代文本的学术评论中受益匪浅。非常感谢马克·托赫（Mark Toher）与我分享了他对 Nicolaus of Damascus, ΒΙΟΣ ΚΑΙΣΑΡΟΣ（*Bios Kai-saros*）（Cambridge University Press, forthcoming）优秀评论的相关手稿。我从 Bellemore, *Nicolaus of Damascus* 和经过编辑、翻译，并附有评注的 Jürgen Malitz, *Nikolaos von Damaskus, Leben des Kaisers Augustus*（Darmstadt, Germany: Wissenschaftliche Buchgesellschaft, 2003）中获得了很多信息。Christopher Pelling 附有引言和评注

的译本 *Plutarch Caesar*（Oxford: Oxford University Press, 2011）非常优秀，弥足珍贵。同样非常有用的是同一作者的 *Life of Antony/Plutarch*（Cambridge and New York: Cambridge University Press, 1988）和 J. L. Moles 的 *The Life of Cicero/Plutarch*（Warminster, England: Aris & Phillips, 1988）。苏维托尼乌斯的 *Julius Caesar* 和编辑有引言和评注的 H. E. Butler, and M. Cary 的 *Suetoni Tranquilli Divus Iulius*（Oxford: Clarendon Press, 1927）虽然古老，但仍然非常有用。Carlotta Scantamburlo 的 *Suetonio, Vita di Cesare, Introduzione, traduzione e commento*（Pisa: Edizioni Plus, Pisa University Press, 2011）很有帮助。

关于阿斯库尼乌斯，参见 B. A. Marshall, *A Historical Commentary on Asconius*（Columbia: University of Missouri Press, 1985）。

D. R. Shackleton Bailey, ed. 的 Cicero, *Letters to Atticus*, 7 vols.（Cambridge: Cambridge University Press, 1965–1970、Cicero, *Epistulae ad Familiares*（Letters to His Friends）, 2 vols.（Cambridge and New York: Cambridge University Press, 1977）和 Cicero, *Epistulae ad Quintum Fratrum et M. Brutum*（Cambridge and New York: Cambridge University Press, 1980）同等重要。关于西塞罗的 *Philippics* 有两篇有用的评论，一篇是 W. K. Lacey, *Second Philippic Oration/Cicero*（Bristol, Avon: Bolchazy Carducci; Warminster, England: Aris & Phillips; Atlantic Highlands, NJ: Distributed in the U.S.A. and Canada by Humanities Press, 1986），另一篇是 John T. Ramsey, ed., *Philippics I–II/Cicero*（Cambridge and New York: Cambridge University Press, 2003）。

恺 撒

恺撒的着笔简明扼要，但他的一生却是一个庞大的主题，促成了多部著作的问世。简而言之，就涉及恺撒个人的著作而言，难有能出 J. P. V. D.

Balsdon 那部篇幅不长的佳作 *Julius Caesar*（New York: Atheneum, 1967）其右者。欲了解当今恺撒研究中许多令学者们感兴趣的主题，请参见优秀论文集 Miriam Griffin, ed., *A Companion to Julius Caesar*（Oxford and Malden, MA: Wiley-Blackwell, 2009）。评判精到、学术性优秀的经典著作有 Peter Needham 翻译的 Matthias Gelzer, *Caesar: Politician and Statesman*,（Oxford: Blackwell, 1969）。David McLintock 翻译的 Christian Meier, *Caesar*,（New York: Basic Books/HarperCollins）是一本很棒的书，既有学术性又扣人心弦，但其观点并不总是正确的。对恺撒王朝野心提出更负面理论的批判性评论，请参见 E. Badian, "Christian Meier: Caesar", *Gnomon* 62.1（1990）: 22–39。最近出版的一部杰出传记是 Adrian Goldsworthy, *Caesar: Life of a Colossus*（New Haven: Yale University Press, 2006）。Philip Freeman, *Julius Caesar*（New York: Simon & Schuster, 2008）机敏而简洁。W. Jeffrey Tatum 的 *Always I Am Caesar*（Malden, MA: Blackwell, 2008）是一篇生动而有见地的介绍。对于德语人士而言，E.Baltrusch 对 *Caesar und Pompeius*（Darmstadt, Germany: Wissenschaftliche Buchgesellschaft, 2004）中的恺撒和庞培做了鲜明对比。Zvi Yavetz 的两本重要著作分析了恺撒的计划、他的宣传及他对普通罗马人的感染力：*Plebs and Princeps*（Oxford: Clarendon Press, 1969）和 *Julius Caesar and His Public Image*（Ithaca, NY: Cornell University Press, 1983）。更多关于恺撒对穷人和非公民的迎合，参见 Marian Hill 和 Kevin Windle 翻译的 Luciano Canfora, *Julius Caesar: The Life and Times of the People's Dictator*（Berkeley: University of California Press, 2007）。同样地，还可参见 Michael Parenti, *The Assassination of Julius Caesar*（New York: New Press, 2003）。

关于指挥官恺撒，参见 J. F. C. Fuller, *Julius Caesar: Man, Soldier and Tyrant*（New Brunswick, NJ: Da Capo, 1965）; Kimberly Kagan, *The Eye of Command*（Ann Arbor: University of Michigan Press, 2006）。

关于冒险家恺撒，参见我的 *Masters of Command: Alexander, Hannibal, Caesar and the Genius of Leadership*（New York: Simon & Schuster, 2012）。

关于恺撒不朽的遗产，可参见 Maria Wyke 的三本非常有价值的著作：*Caesar: A Life in Western Culture*（Chicago: University of Chicago Press, 2008）；*Caesar in the USA*（Berkeley: University of California Press, 2012）；Maria Wyke 编辑，*Julius Caesar in Western Culture*（Oxford and Malden, MA: Blackwell, 2006）。

关于恺撒的早期生涯，参见 Lily Ross Taylor, "The Rise of Julius Caesar." *Greece and Rome*（Second Series）4.1（1957）；R. T. Ridley, "The Dictator's Mistake: Caesar's Escape from Sulla," *Historia* 49.2（2000）: 211–229。

关于高卢的恺撒，参见 K. Gilliver, *Caesar's Gallic Wars 58–50 BC*（London: Routledge, 2003）；T. R. Holmes, *Caesar's Conquest of Gaul*（Oxford: Clarendon Press, 1911）；Christophe Goudineau, *César et la Gaule*（Paris: Errance, 1992）；Kathryn Welch,"Caesar and His Officers in the Gallic War Commentaries"，载于 Kathryn Welch and Anton Powell, eds., *Julius Caesar as Artful Reporter: The War Commentaries as Political Instruments*（London: Duckworth; Swansea: Classical Press of Wales, 1998），85–110。

关于内战，参见 Adrian Goldsworthy, "Caesar's Civil War 49–44 BC"，载于 Kate Gilliver, Adrian Goldsworthy、Michael Whitby 著，Steven Saylor 作序的 *Rome at War*（Oxford and New York: Osprey, 2005），106–182。我在 *Masters of Command* 中分析了恺撒内战的战术和战略。

关于宣传家恺撒，参见 J. H. Collins, "Caesar as a Political Propagandist", in H. Temporini, ed., *Aufstieg und Niedergang der Römischen Welt*, vol. 1.1（Berlin and New York: DeGruyter, 1972），922–966。论及恺撒对维纳斯的宣传利用，参见 "Caesar's Divine Heritage and the Battle for Venus", 2013 年 7 月 24 日检索自 http://www.humanities.mq.edu.au/acans/caesar/Career_Venus.htm。

关于恺撒的外貌，参见 P. Zanker, "The Irritating Statues and Contradictory Portraits of Julius Caesar", in Griffin, ed., *Companion to Caesar*, 288–313。

对独裁官恺撒的最佳研究是 Martin Jehne, *Der Staat des Dictators Caesar*（《独裁官恺撒的国家》）(Cologne, Germany: Böhlau, 1987)。关于恺撒生涯最后阶段的重要文章可在 Gianpaolo Urso, ed., *L'ultimo Cesare: Scritti, Riforme, Progetti, Congiure: atti del Convegno Internazionale, Cividale del Friuli*（Rome: L'Erma di Bretschneider, 2000）中找到。也可参见 John H. Collins, "Caesar and the Corruption of Power", *Historia: Zeitschrift für Alte Geschichte* 4.4（1955）: 445–465; Marta Sordi, "Caesar's Powers in His Last Phase", 载于 Francis Cairns and Elaine Fantham, eds., *Caesar Against Liberty? Perspectives on his Autocracy*, Papers of the Langford Latin Seminar 11（Cambridge: Francis Cairns, 2003）, 190–199; J. T. Ramsey, "Did Julius Caesar Temporarily Banish Mark Antony from His Inner Circle?", *Classical Quarterly* 54.1（2004）: 161–173。关于牧神节，参见 A. K. Michels, "The Topography and Interpretation of the Lupercalia", *Transactions of the American Philological Association* 84（1953）: 35–59。

一部关于恺撒封神的基础性著作，Stefan Weinstock, *Divus Julius*（Oxford: Clarendon Press, 1971）。参见 Ittai Grade *Emperor Worship and Roman Religion*（Oxford: Clarendon Press, 2002）的重要修订本。

罗马政治：机构与实践

有两部介绍恺撒时代罗马政治生活的精彩著作，Lily Ross Taylor, *Party Politics in the Age of Caesar*（Berkeley: University of California Press, 1961 [1949]）和 Claude Nicolet, *The World of the Citizen in Republican Rome*, P. S. Falla 翻译（London: Batsford Academic and Educational, 1980）。Fergus Millar 认为，罗马政治比学

者们在 *The Crowd in Rome in the Late Republic*（Ann Arbor: University of Michigan Press, 1988）中认为的更加民主。欲了解罗马民主的怀疑论观点，参见 Henrik Mouritsen, *Plebs and Politics in the Late Roman Republic*（Cambridge and New York: Cambridge University Press, 2001）。Robert Morstein-Marx 在 *Mass Oratory and Political Power in the Late Roman Republic*（Cambridge and New York: Cambridge University Press, 2004）一书中对罗马政治演讲做了深刻分析，3 月 15 日之后的日子就是重要的例子。F. Pina Polo 在 *Las Contiones Civiles y Militares en Roma*（Zaragoza, Spain: Universidad de Zaragoza, 1989）中提供了公民大会的目录。

关于精英人物和平民主义者，参见 W. K. Lacey, "Boni atque Improbi", *Greece & Rome*, 2nd ser. 17.1（1970）: 3–16。

恺撒的对手

关于庞培，有两部简练的传记: Robin Seager, *Pompey the Great, A Political Biography*, 2nd ed.（Malden, MA: Blackwell, 2002）和 Patricia Southern, *Pompey*（Stroud, England: Tempus, 2002）。更多细节，参见 P. A. L. Greenhalgh 的 *Pompey, the Roman Alexander*（Columbia: University of Missouri Press, 1981）和 *Pompey, the Republican Prince*（Columbia: University of Missouri Press, 1982）。

Rob Goodman and Jimmy Soni, *Rome's Last Citizen: The Life and Legacy of Cato, Mortal Enemy of Caesar*（New York: Thomas Dunne Books, 2012）对小加图做了很好的介绍。

Anthony Everitt, *Cicero: The Life and Times of Rome's Greatest Politician*（New York: Random House, 2002）对西塞罗做了精彩的介绍。Elizabeth Rawson, *Cicero: A Portrait*, rev. ed.（Ithaca, NY: Cornell University Press, 1983）是共和国晚期知识分子界的专家著作。两部介绍西塞罗与政治的佳作是 R. E. Smith, *Cicero the*

Statesman（Cambridge: Cambridge University Press, 1966）和 D. Stockton, *Cicero: A Political Biography*（London: Oxford University Press, 1971）。

关于克洛狄乌斯，参见 W. Jeffrey Tatum, *The Patrician Tribune: Publius Clodius Pulcher*（Chapel Hill: University of North Carolina Press, 1999）。

恺撒的部下

两部介绍马克·安东尼的优秀传记是 E. G. Huzar, *Mark Antony: A Biography*（Minneapolis: University of Minnesota Press, 1978） 和 P. Southern, *Mark Antony*（Stroud, England: Tempus, 2006）。Adrian Goldsworthy 的 *Antony and Cleopatra*（New Haven, CT: Yale University Press, 2010）也很有价值。关于安东尼与恺撒关系的重要著作有 J. T. Ramsey, "Did Julius Caesar Temporarily Banish Mark Antony from His Inner Circle?", *Classical Quarterly* 54.1（2004）: 161–173。Arthur Weigall, *The Life and Times of Marc Antony*（Garden City, NY: Garden City, 1931）是一部宏大的古老叙述，时而充满幻想，时而充满智慧。

关于李必达，参见 Richard D. Weigel, *Lepidus: The Tarnished Triumvir*（London and New York: Routledge, 1992）; L. Hayne, "M. Lepidus and His Wife", *Latomus* 33（1974）: 76–79; L. Hayne, "M. Lepidus(cos. 78)—A Reappraisal", *Historia* 21（1972）: 661–668。

关于奥庇乌斯和巴尔布斯，以及他们的崛起在罗马贵族中激发的怨恨，参见 Kathryn E. Welch, "The Praefectura Urbis of 45 b.c. and the Ambitions of L. Cornelius Balbus", *Antichthon* 24（1990）: 53–69。另见 Ralph Masciantonio, "Balbus the Unique", *Classical World* 61.4（December 1967）: 134–138。

阴谋家

关于阴谋家及其阴谋证据的古老而基本的讨论有 W. Drumann, *Geschichte Roms* [History of Rome] *in seinem Übergange von der republikanischen zur monarchischen Verfassung; oder, Pompeius, Caesar, Cicero und ihre Zeitgenossen nach Geschlechtern und mit genealogischen Tabellen,* vol. 3: *Domitii–Julii*, 2nd ed., ed. P. Groebe (Leipzig: Gebrüder Borntraeger, 1906), 624–628。Pelling 在 *Plutarch's Caesar* 中的评论对于认真研究阴谋家、暗杀事件及其后果至关重要。对阴谋及其后果最好、最简洁的介绍是 Greg Woolf, *Et Tu, Brute? The Murder of Caesar and Political Assassination* (London: Profile Books, 2006), 1–51 中的章节；然而，Woolf 对于重建的谋杀细节持不同看法。Woolf 认为，如果不是恺撒的士兵坚持复仇，阴谋家本可在完成谋杀后逃之夭夭的；罗马贵族很可能愿意接受这样的结局。Zvi Yavetz, "Existimatio, Fama and the Ides of March", *Harvard Studies in Classical Philology* 78 (1974): 35–65 认为阴谋家错误地相信公众舆论是站在他们一边的。D. F. Epstein, "Caesar's Personal Enemies on the Ides of March", *Latomus* 46, Fasc. 3 (1987): 566–570 认为个人和非意识形态动机激励了阴谋家们。Andrew Lintott 的 "The Assassination" 载于 Griffin, ed., *Companion to Caesar*, 72–81 更重视意识形态动机。同样有价值的还有 R. E. Smith, "The Conspiracy and the Conspirators", *Greece & Rome*, 2nd Series 4.1 (1957): 58–70 和 R. H. Storch, "Relative Deprivation and the Ides of March: Motive for Murder", *Ancient History Bulletin* 9 (1995): 45–52。

T. P. Wiseman 的 *Remembering the Roman People: Essays on Late Republican Politics and Literature* (Oxford: Oxford University Press, 2009) 认为，刺杀恺撒的凶手是傲慢的贵族，而恺撒则遵循法治并得到了罗马人民的支持。参见 Josiah Osgood, *Classical Journal* 105.2 (2009): 180–183 有价值的评论。

M. H. Dettenhofer 提供了一个重要的视角，即大多数的阴谋家及他们的对手安东尼和李必达所处的年代，他们在 3 月 15 日事发时都在 40 岁上下。参见她的 *Perdita iuventus: zwischen den Generationen von Caesar und Augustus*（《失去的青春：恺撒与奥古斯都之间的世代》）(Munich: Beck, 1992)。

关于马尔库斯·布鲁图斯，最易读的英语书籍是 M. L. Clarke 的佳作，*The Noblest Roman: Marcus Brutus and His Reputation* (Ithaca, NY: Cornell University Press, 1981)，但分析最为深入的当属德文著作：Hermann Bengston 的 *Zur Geschichte des Brutus*, Verlag der Bayerischen Akademie der Wissenschaften (Munich: Beck, 1970)。Erik Wistrand 在 *The Policy of Brutus the Tyrannicide* (Göteborg: Kungl. Vetenskaps-och Vitterhets-samhället, 1981) 中对布鲁图斯的温和提供了令人信服的说明。参见 G. Dobesch 的评论文章，"Review of the Noblest Roman. Marcus Brutus and His Reputation by M.L. Clarke; The Policy of Brutus the Tyrannicide by Erik Wistrand", *Gnomon* 56.8 (1984) : 708–722。

Ramsay MacMullen 在 *Enemies of the Roman Order: Treason, Unrest, and Alienation in The Roman Empire* (Cambridge, MA: Harvard University Press, 1966)，1–45 中对布鲁图斯的动机和他后来的名声做了透彻的分析。Sheldon Nodelman 在 "The Portrait of Brutus the Tyrannicide", *Occasional Papers on Antiquities 4: Ancient Portraits in the J. Paul Getty Museum* 1 (1987): 41–86 中对硬币和雕塑的证据做了深入的研究。在 "The Mask of an Assassin: A Psychohistorical Study of M. Junius Brutus", *Journal of Interdisciplinary History* 8, 4 (1978) : 599–626 中，T. W. Africa 分析了布鲁图斯的心理。Graham Wylie 在载于 Carl Deroux, ed., *Studies in Latin literature and Roman history*, vol. 9（Brussels: Latomus, 1998），167–185 的 "The Ides of March and the Immovable Icon" 和 M. Radin 的 *Marcus Brutus*（New York and London: Oxford University Press, 1939）中强调的布鲁图斯作为偶像的地位和作为领

导者的失败具有很强的推测性。

论及演说家布鲁图斯，参见 Andrea Balbo, "Marcus Junius Brutus the Orator: Between Philosophy and Rhetoric"，载于 Catherine Steel and Henriette van Der Blom, eds., *Community and Communication: Oratory and Politics in Republican Rome*（Oxford: Oxford University Press, 2013），315–328。

对卡西乌斯和布鲁图斯的深入研究，参见 Elizabeth Rawson, "Cassius and Brutus: The Memory of the Liberators"，载于 I. S. Moxon, J.D. Smart, and A. J. Woodman, eds., *Past Perspectives: Studies in Greek and Roman Historical Writing, Papers Presented at a Conference in Leeds*, 6–8 April 1983（Cambridge and New York: Cambridge University Press, 1986），101–119。

关于德奇姆斯·布鲁图斯有充分引证来源的基础研究是 Friedrich Münzer, s.v. *Iunius*（Brutus）（55a），载于 August Pauly and Georg Wissowa, eds., *Real-Encyclopädie der classischen Altertumswissenschaft, Supplementband V, Agamemnon-Statilius*（Stuttgart, 1931），cols. 369–385（in German）。同样至关重要的还有 Bernard Camillus Bondurant, *Decimus Brutus Albinus: A Historical Study*（Chicago: University of Chicago Press, 1907）。我从 Dettenhofer 的 *Perdita Iuventus*, 258–262 中对德奇姆斯简短但敏锐的分析使人获益颇多。

Syme 在 "Bastards in the Roman Aristocracy"，*Proceedings of the American Philosophical Society* 104, 3（1960）: 323–327 和 "No Son for Caesar?"，*Historia* 29（1980）: 422–437, esp. 426–430 中继续他的论点，即德奇姆斯就是恺撒的私生子。G. M. Duval 在 "D. Junius Brutus: mari ou fils de Sempronia?"，*Latomus* 50.3（1991）: 608–615。R. Schulz 在 "Caesar und das Meer"，*Historische Zeitschrift* 271.2（2000）: 281–309 中对德奇姆斯和海洋很好地展开了讨论。还可参阅 John C. Rolfe, "Brutus and the Ships of the Veneti",

Classical Weekly 11.14（Jan. 28, 1918）: 106–107。

关于恺撒葬礼后德奇姆斯的行为，参见 S. Accame, "Decimo Bruto dopo i Funerali di Cesare", *Rivista di filologica e di istruzione classica* 62（1934）: 201–208。对德奇姆斯生命最后阶段的一项重要研究是 Denis van Berchem 的 "La Fuite de Decimus Brutus", 见 *Les routes et l'histoire: 355 études sur les Helvètes et leurs voisins dans l'Empire romain*（Geneva: Librairie Droz, 1982）, 55–65。

虽然有些学者认识到德奇姆斯在这场阴谋中的重要性，但他们认为，要弄清德奇姆斯的动机是不可能的；Baltrusch 在 *Caesar und Pompeius* 第 166~167 页的论述就是一个很好的例子。当 Syme 注意到德奇姆斯的职业生涯有多长时间是在高卢度过，又有多短时间是在罗马度过（Syme, "No Son for Caesar?", 436）时，他便找到了下一步工作的方向。作为一名军人和一个有凯尔特荣誉观的人，德奇姆斯可能不会对他被排除在帕提亚战争之外并被屋大维抢了风头做出友善的回应。

3月15日

除了 Woolf 的 *Et tu Brute?* 第 1~18 页和 Lintott 的 "The Assassination"，在 J. V. P. D Balsdon, "The Ides of March", *Historia* 7（1958）: 80–94 和 N. Horsfall, "The Ides of March: Some New Problems", *Greece and Rome* 21（1974）: 191–199 中还有一些重要的介绍。Etienne 的 *Ides de Mars* 提供了更为详尽的描述。Stephen Dando-Collins 的 *The Ides: Caesar's Mur-der and the War for Rome*（Hoboken, NJ: Wiley, 2010）亦是如此。Parenti 在 *Assassination of Julius Caesar* 第 167~186 页做了阐述。M. E. Deutsch 在 "The Plot to Murder Caesar on the Bridge", *UCP* 2（1908/16）: 267–278 中仔细分析了早先失败的暗杀计划。

关于恺撒对布鲁图斯说过的话，参见 P. Arnaud, "Toi aussi, mons fils, tu

mangeras ta part de notre pouvoir—Brutus le Tyran?", *Latomus* 57（1998）: 61–71；F. Brenk, "Caesar and the Evil Eye or What to Do with 'καὶ σύ, τέκνου'", in Gareth Schmeling and Jon D. Mikalson, eds., *Qui miscuit utile dulci: Festschrift Essays for Paul Lachlan*（Wauconda, IL: Bolchazy Carducci, 1998）, 31–49；M. Dubuisson, "Toi Aussi, Mon Fils", *Latomus* 39（1980）: 881–890; J. Russell, "Julius Caesar's Last Words: A Reinterpretation", in Bruce Marshall, ed., *Vindex Humanitatis: Essays in Honor of John Huntly Bishop*（Armidale, New South Wales: University of New England, 1980）, 123–128。

关于斯普林那和占卜师，参阅 E. Rawson, "Caesar, Etruria and the Disciplina Etrusca", *Journal of Roman Studies* 68（1978）: 132–152；J. T. Ramsey, "Beware the Ides of March!: An Astrological Prediction?" *Classical Quarterly*, New Series, 50, 2（2000）: 440–454。

J. T. Ramsey 刊发在 Stephan Heilen et al., *In Pursuit of Wissenschaft: Festschrift für William M. Calder III zum 75. Geburtstag*（Hildesheim and Zurich: Olms, 2008）, 351–363 中的 "At What Hour Did the Murderers of Julius Caesar Gather on the Ides of March 44 b.c.?" 一文堪称杰作，可用于重新评估 3 月 15 日早晨的时序。

关于罗马共和国晚期的军用匕首，首推关于罗马武器优秀而更广泛的文化史著作，Simon James 的 *Rome and the Sword: How Warriors and Weapons Shaped Roman History*（London: Thames & Hudson, 2011），然后是 G. Walker 的总论：*Battle Blades: a Professional's Guide to Combat/Fighting Knives.*（Boulder, CO: Paladin Press, 1993）。

关于使用角斗士充当保镖，参见 A. W. Lintott, *Violence in Republican Rome*, 2nd ed.（Oxford: Oxford University Press, 1999）, 83–85。

关于庞培柱廊和元老院议事厅，即恺撒遇刺的地点，参见 K. L. Gleason, "The Garden Portico of Pompey the Great: An Ancient Public Park Preserved in the Layers of Rome", *Expedition* 32.2（1990）: 3–13 和 "Porticus Pompeiana: A New Perspective on the First Public Park of Ancient Rome", *Journal of Garden History* 14.1（January–March 1994）: 13–27。

从 3 月 15 日到公元前 29 年屋大维凯旋

Syme 的 *The Roman Revolution* 对这一时期做了经典的描述。接着，Josiah Osgood 在 *Caesar's Legacy: Civil War and the Emergence of the Roman Empire*（Cambridge and New York: Cambridge University Press, 2006）一书中做了极好的叙述和分析，且侧重于普通人的经历。Adrian Goldsworthy 在 *Antony and Cleopatra*（New Haven: Yale University Press, 2010）中的介绍也十分精彩，判断谨慎，尤其对于军事事件。

Kathryn Welch 在 *Magnus Pius—Sextus Pompeius and the Transformation of the Roman Republic*（Swansea: Classical Press of Wales, 2012）中强调了在 3 月 15 日事发后 10 年间的冲突中经常被忽略的塞克斯都·庞培和海权因素。关于士兵在 3 月 15 日这天的作用及其后果，参见 Helga Boterman, *Die Soldaten und die roemische Politik in der Zeit von Caesars Tod bis zur Begruendung des zweiten Triumvirats*（Munich: Beck, 1968）。我在 Don Sutton 的 "The Associates of Brutus: A Prosopographical Study"（1986）中获得很多有价值的信息，本篇文章可以在开放式学术论文搜索引擎 OATD 中搜索到，论文 6910, http://digitalcommons.mcmaster.ca/opendissertations/6910。

Morstein-Marx 在 *Mass Oratory and Political Power* 第 150～158 页说明了在 3 月 15 日之后的日子里，各方是如何争夺罗马的公众舆论的。而 Wiseman, *Remembering the Roman People*, 216–228 则不赞同这种观点。

关于恺撒的葬礼，参见 Weinstock, *Divus Julius*, 346–355; G. S. Sumi,

Ceremony and Power: Performing Politics in Rome between Republic and Empire（Ann Arbor: University of Michigan Press, 2005）; G. S. Sumi, "Impersonating the Dead: Mimes at Roman Funerals", *The American Journal of Philology* 123.4（2002）: 559–585; George Kennedy, "Antony's Speech at Caesar's Funeral",*Quarterly Journal of Speech* 54.2（1968）: 99–106; D. Noy, "Half-Burnt on an Emergency Pyre: Roman Creations Which Went Wrong", *Greece & Rome*, 2nd ser. 47. 2（2000）: 186–196; Wiseman, *Remembering the Roman People*, 228–233.

H. I. Flower, *Ancestor Masks and Aristocratic Power in Roman Culture*（Oxford: Oxford University Press, 2000）对罗马的丧葬习俗，尤其是神秘的蜂蜡面具很有价值。

Ulrich Gotter, *Der Diktator ist tot! Politik in Rom zwischen den Iden des März und der Begründung des Zweiten Triumvirats*（《独裁者已死！3月15日与后三头同盟建立之间的罗马政治》）*Historia Einzelschrift* 110（Stuttgart, Germany: Franz Steiner, 1996）详细介绍了自公元前44年3月到公元前43年11月这段时间发生的事件。对公元前44年事件的一些有价值的研究是 L. Hayne. "Lepidus's Role After the Ides of March", *Antiquité Classique* 14（1971）: 108–117; Mark Toher, "Octavian's Arrival in Rome, 44 b.c.", *Classical Quarterly*, New Series 54. 1（2004）: 174–184; J. T. Ramsey and A. Lewis Licht, *The Comet of 44 b.c. and Caesar's Funeral Games*（Atlanta: Scholars Press, 1997）; J. T. Ramsey, "Did Mark Antony Contemplate an Alliance with His Political Enemies in July 44 b.c.e.?", *Classical Philology* 96. 3（2001）: 253–268; A. E. Raubitschek, "Brutus in Athens", *Phoenix* 11（1957）: 1–11。

针对公元前43至公元前42年布鲁图斯和卡西乌斯战略的研究有 Martin Drum, "Cicero's Tenth and Eleventh Philippics: The Republican Advance in the East", 载于 Tom Stevenson and Marcus Wilson, eds., *Cicero's Philippics* (Auckland, New Zealand: Polygraphia, 2008), 82–94; Arthur Keaveney, "Cassius' Parthian Allies", *Hommages à Carl Deroux*, vol. 3(Brussels: Latomus, 2003), 232–234。

Anthony Everitt 的 *The Life of Rome's First Emperor* (New York: Random House, 2003)很好地介绍了奥古斯都, 致使屋大维最终为人所知。Walter Eder("Augustus and the Power of Tradition")和 Erich S. Gruen("Augustus and the Making of the Principate")的两篇优秀评论文章解释了在 Karl Galinsky, ed., *The Cambridge Companion to the Age of Augustus* (Cambridge and New York: Cambridge University Press, 2005), 13–32, 33–51 中, 屋大维是如何弥合共和国与帝国之间的鸿沟的。

女性人物

Richard A. Bauman, *Women and Politics in Ancient Rome* (London and New York, Routledge: 1992)做了很好的介绍。另请参见 Judith Hallett, *Fathers and Daughters in Roman Society: Women and the Elite Family* (Princeton, NJ: Princeton University Press, 1984)。

关于克利奥帕特拉, 参见 Stacey Schiff, *Cleopatra: A Life* (New York: Little, Brown, 2010); Duane Roller, *Cleopatra: A Biography* (Oxford: Oxford University Press, 2010); Diana E. E. Kleiner, *Cleopatra and Rome* (Cambridge, MA: Belknap Press of Harvard University Press, 2005)。

莎士比亚

S. Wells, ed., *The Oxford Shakespeare Julius Caesar* (Oxford and New York: Oxford

University Press, 1984）是一个不错的版本，附有很好的引言和注释。Ernest Schanzer, ed., *Shakespeare's Appian: A Selection from the Tudor Translation of Appian's Civil Wars (Liverpool: Liverpool University Press*, 1956），包含有对莎士比亚史料使用的理性讨论；Gary Wills, Rome and Rhetoric: *Shakespeare's Julius Caesar*（New Haven, CT: Yale University Press, 2011）对这一主题做了生动的介绍。

罗马古城

Eva Margareta Steinby, ed., *Lexicon Topographicum Urbis Romae* [Topographical Lexicon of the City of Rome], 6 vols.（Rome: Edizioni Quasar, 1993–2000）是一部基础性的百科全书，取代了由 Thomas Ashby 早期完成并修订的 Samuel Ball Platner, *A Topographical Dictionary of Ancient Rome*（London: Oxford University Press, H. Milford, 1929）。Lawrence Richardson 的 *A New Topographical Dictionary of Ancient Rome*（Baltimore: Johns Hopkins University Press, 1992）很优秀，篇幅也更短。由 James J. Clauss 和 Daniel P. Harmon 翻译的 Filippo Coarelli, *Rome and Environs: An Archaeological Guide*（Berkeley: University of California Press, 2007）既详尽又学术。Amanda Claridge, *Rome: An Oxford Archaeological Guide,* 2nd ed., rev. and expanded ed.（Oxford and New York: Oxford University Press, 2010）非常有用，尤其可以用作步行指南。

有几个网站很有价值，其中包括：2011 年 12 月 15 日从 http://www.romereborn.virginia.edu/ 检索到的 "Rome Reborn: A Digital Model of Ancient Rome"；2011 年 12 月 15 日从 http://digitalaugustanrome.org/ 检索到的"Digital Augustan Rome"；2011 年 12 月 15 日从 http://www.pompey.cch.kcl.ac.uk/index.htm 检索到的 "The Theatre of Pompey"。

将罗马作为城市空间的研究，参见 S. L. Dyson, *Rome: A Living Portrait of an Ancient City*（Baltimore: Johns Hopkins University Press, 2010）; Jon Coulston and Hazel Dodge, *Ancient Rome: The Archaeology of the Eternal City*（Oxford: Oxford University School of Archaeology, 2000）; Grant Heiken, Renato Funiciello, and Donatella De Rita, *The Seven Hills of Rome: A Geological Tour of the Eternal City*（Princeton: Princeton University Press, 2005）。

关于古罗马的日常生活，参见 Jérôme Carcopino 的经典之作 *Daily Life in Ancient Rome: The People and the City at the Height of the Empire*（New Haven, CT: Yale University Press, 2003 [1940]）。另见 John E. Stambaugh, *The Ancient Roman City*（Baltimore and London: Johns Hopkins University Press, 1988）; F. Dupont, *Daily Life in Ancient Rome*（Oxford: Blackwell, 1992）和通俗易懂的、由 Gregory Conti 翻译的 Alberto Angela, *A Day in the Life of Ancient Rome*,（New York: Europa Editions, 2011）。

关于罗马的公园和花园，参见 Pierre Grimal, *Les jardins romains à la fin de la république et aux deux premiers siècles de l'empire; essai sur le naturalisme romain*, 3rd ed.（Paris: Fayard, 1984）; Maddalena Cima and Emilia Talamo, *Gli Horti di Roma Antica*（Milan: Electa, 2008）; John D'Arms, "Between Public and Private: The *epulum publicum* and *Caesar's horti trans Tiberim*"，载于 Maddalena Cima and Eugenio La Rocca, eds., *Horti romani: atti del convegno inter-nazionale: Roma, 4–6 maggio 1995*（Rome:"L'Erma" di Bretschneider, 1998）, 33–43。

关于神圣的尤利乌斯神庙及其供奉的资料可以很方便地从 http://romereborn.frischerconsulting.com/ge/TS-020.html 上的 "Rome Reborn: The Temple of Caesar" 的英文翻译中获取。

其 他

关于服装，参见 L. M. Wilson, *The Roman Toga*（Baltimore: Johns Hopkins University Press, 1924）。

以恺撒之死为主题的小说有很多。Allan Massie, *Caesar*（London: Hodder & Stoughton, 1993）让德奇姆斯成为叙述者，他在高卢监狱的最后几天回顾了恺撒遇刺的情景。Colleen McCullough, *The October Horse: A Novel of Caesar and Cleopatra*（New York: Simon & Schuster, 2007）让德奇姆斯在谋杀故事中扮演了重要的角色。Steven Saylor, *The Judgment of Caesar: A Novel of Ancient Rome*（New York: St. Martin's, 2004）和 *The Triumph of Caesar: A Novel of Ancient Rome*（New York: St. Martin's, 2008）都是推理小说，它们精彩地唤起了罗马的阴谋气氛。Saylor 的 *A Murder on the Appian Way: A Novel of Ancient Rome*（New York: St. Martin's Press, 1996）以公元前52 年克洛狄乌斯遇刺为背景。德奇姆斯是 Ben Kane 的 *The Road to Rome*（New York: St. Martin's Griffin, 2012）一书中的重要角色。Conn Iggulden 的 *Emperor: The Gods of War*（New York: Delacorte Press, 2006）描绘了一幅震撼人心的内战场景和恺撒遇刺的画面。Thornton Wilder 的 *The Ides of March*（New York: Harper Perennial, 2003 [1948]）有一种微妙的乐趣。Riccardo Bacchelli, *I tre Schiavi di Giulio Cesare*（《尤利乌斯·恺撒的三个奴隶》, Milan: Mondadori, 1957）抓取了苏维托尼乌斯记述的一个细节：恺撒遇刺后，只有三个奴隶笨拙地抬着他的轿舆回家。Margaret George, *The Memoirs of Cleopatra: A Novel*（New York: St. Martin's Press, 2004）是一本女王自述视角的历史小说，其中生动地讲述了克利奥帕特拉的故事。

尾 注
NOTES

第一章　并辔同行

1. 关于恺撒从伊斯帕尼亚归来的时间表，见 Lily Ross Taylor, "On the Chronology of Cicero's Letters to Atticus, Book XIII", *Classical Philology* 32.3（1937）: 238–240。
2. Plutarch, *Antony* 11.2. 普鲁塔克只提到了"穿越意大利"的四个人，并且只提及了梅迪奥兰这个特定城市，很可能因为它是山南高卢的主要城市之一。
3. 见 Matthias Gelzer, *Caesar, Politician and Statesman, trans.* Peter Needham（Cambridge, MA: Harvard University Press, 1968）, 299；Bernard Camillus Bondurant, *Decimus Brutus Albinus: A Historical Study*（Chicago: University of Chicago Press, 1907）, 36。
4. Nicolaus of Damascus, *Life of Caesar Augustus* 23.84；Velleius Paterculus, *The Roman History* 2.64.2；Plutarch, *Brutus* 13；Appian, *Civil Wars* 2.111；Cassius Dio, *Roman History* 44.18.1.
5. Ronald Syme, "Bastards in the Roman Aristocracy", *Proceedings of the American Philosophical Society* 104.3（1960）: 323–327 和 "No Son for Caesar?", *Historia* 29（1980）: 422–337, esp. 426–330。若需一个令人信服的答案，见 Georges Michel Duval, "D. Junius Brutus: mari ou fils de Sempronia?", *Latomus* 50.3（1991）: 608–615。
6. 尽管我们第一次听说德奇姆斯是在公元前 56 年的高卢，但仍然有充分的理由认为他在公元前 61 年的伊斯帕尼亚就已经为恺撒效力。见 R. Schulz, "Caesar und das Meer", *Historische Zeitschrift* 271.2（2000）: 288–290 中提供的论据。
7. G. V. Sumner, "The Lex Annalis Under Caesar（Continued）", *Phoenix* 24.4（1971）: 358–359.
8. 其名不详。Cicero, *Letters to Friends* 8.7.2.

9. *faex Romuli*, Cicero, *Letters to Atticus* 2.1.8.
10. 硬币也是为了纪念收养德奇姆斯的家族，即帕斯图米乌斯·阿尔比努斯家。见 M. H. Crawford, *Roman Republican Coinage*（London and New York: Cambridge University Press, 2001），vol.1: 92, 466, 547, 711; vol. 2: 736。
11. 一位罗马诗人后来写道，德奇姆斯是第一个在内战中为恺撒添加海上胜利荣誉的人。Lucan（a.d. 39–65），*Pharsalia* 3.761–762.
12. Livy, *Periochae* 114.9; Caesar, *Gallic War* 2.4.5; Strabo, *Geography* 4.4.3. 他们住在法国北部的皮卡第地区。
13. Plutarch, *Antony* 9; Cicero, *Letters to Atticus* 10.10.5; Cicero, *Philippics* 2.58.
14. 在公元前 41 年的佩鲁西亚之战中。
15. 发生于公元前 40 年对佩鲁西亚（今佩鲁贾）的攻城战中。 Corey Brennan, "Perceptions of Women's Power in the Late Republic: Terentia, Fulvia, and the Generation of 63 BCE", 载于 Sharon L. James and Sheila Dillon James, eds., *A Companion to Women in the Ancient World*（Malden, MA: Wiley-Blackwell, 2012），358；Judith P. Hallett, "Perusinae Glandes and the Changing Image of Augustus", *American Journal of Ancient History* 2（1977）: 151–171.
16. Suetonius, *Augustus* 79.
17. Velleius Paterculus, *History of Rome* 2.59.3.
18. Nicolaus of Damascus, *Life of Caesar* 18.17.
19. Cicero, *Philippics* 2.74.
20. Cicero, *Philippics* 2.34; Plutarch, *Antony* 13.

第二章　精英人物

1. 史料只说他们在山南高卢见面，没有提到具体城市（Cicero, *Letters to Atticus* 13.40.1; Plutarch, Brutus 6.12），但很可能就是梅迪奥兰，因为它是一个区域性中心，而且该城后来为布鲁图斯塑造了一尊雕像（见后）。虽然普鲁塔克的《布鲁图斯》（*Brutus* 6.12）似乎把会面安排在公元前 46 年，但他有时会归纳年表，而更有可能的日期是公元前 45 年。见 Taylor, "On the Chronology of Cicero's Letters", 239 n. 24。
2. Cicero, *Letters to Friends* 6.6.10.
3. Plutarch, *Caesar* 17.2, 53.5–6, 60.7；Suetonius, *Julius Caesar* 45.2；Appian, *Civil Wars* 2.110；Cassius Dio, *Roman History* 43.32.6. 由于恺撒的朋友和敌人都会利用他的健康报告为自己谋利，所以古代的此类证据必须谨慎对待。
4. Cicero, *Second Philippic* 2.116.
5. Sheldon Nodelman, "The Portrait of Brutus the Tyrannicide", *Occasional Papers on Antiquities 4: Ancient Portraits in the J. Paul Getty Museum 1*（1987）: 41–86.

6. Plutarch, *Brutus* 6.11, *Comparison of Dion and Brutus* 5.
7. Plutarch, *Brutus* 6.12; cf. Taylor, "On the Chronology of Cicero's Letters", 238–239.
8. 这些术语并非精确的固定用法。见 W. K. Lacey, "*Boni atque Improbi*", *Greece & Rome*, 2nd ser., 17.1（1970）: 3–16。
9. Cicero, *Letters to Atticus* 13.37.2.
10. Cicero, *Letters to Atticus* 13.40.1.
11. 此句出自 Cicero, *Letters to Atticus* 13.40.1. D. R. Shackleton Bailey 在编译的 *Cicero, Letters to Atticus*（Cambridge: Cambridge University Press, 1996）, vol. 5: 241 中认为这个难句是可以被翻译的，见 ad loc., 388（13.41.2 讨论了西塞罗对布鲁图斯的另一个相关评论）。
12. 演讲者就是西塞罗的朋友阿提库斯，见 Cicero, *Brutus* 252。
13. Cicero, *Brutus* 253, 见由 G. L. Hendrickson 翻译的 *Brutus / Cicero*；由 G. L. Hendrickson 翻译的英语版 *Orator / Cicero*, 由 H. M. Hubbell 翻译的修订版（Cambridge, MA: Harvard University Press, 1962）, 219。
14. Pliny, *Natural History* 7.117, translated by Elizabeth Rawson, *Cicero: A Portrait*, rev. ed.（Ithaca, NY: Cornell University Press, 1983）, 254.
15. Cicero, *Letters to Friends* 9.16.3.
16. "aliquam rem publicam", Cicero, *Letters to Friends* 13.68.2, maybe October 46 b.c.; cf. 6.10b.2.
17. Cicero, *Letters to Atticus* 13.40.4.
18. Cicero, *For Marcellus* 26, 28.
19. Cicero, *Letters to Friends* 4.4.3.
20. Cicero, *Letters to Friends* 9.16.6.
21. Andrew Erskine, "Hellenistic Monarchy and Roman Political Invective", *Classical Quarterly* n.s. 41.1（1991）: 106–120.
22. Cicero, *Letters to Atticus* 13.40.1.
23. Suetonius, *Julius Caesar* 50.2.
24. 如今美国陆军现役军人的平均年薪，见 http://www.goarmy.com/benefits/total-compensation.html。作为世界上极为昂贵的钻石之一，"希望"钻石的估值为 2 亿～3.5 亿美元，http://en.wikipedia.org/wiki/Hope_Diamond。
25. 就像提图斯·庞波尼乌斯·阿提库斯这类有钱、有势、有人脉的罗马骑士。
26. Cicero, *Letters to Brutus* 1.18.1.
27. Cicero, *Letters to Atticus* 15.11.1–3. 关于作为恺撒红颜知己和代理人的塞维莉娅，参见 Richard A. Bauman, *Women and Politics in Ancient Rome*（London and New York: Routledge, 1992）, 73。
28. Cicero, *Letters to Brutus* 1.18, 载于 D. R. Shackleton Bailey, ed. and trans., *Cicero: Letters*

to Quintus and Brutus（Cambridge, MA: Harvard University Press, 2002）, 283。
29. 参见摩洛哥拉巴特考古博物馆的小加图胸像。发现于沃吕比利斯的维纳斯宫。Frederick Poulsen, "Caton et le Jeune Prince", *Acta Ar-chaeologica* 18（1947）117–139.
30. Suetonius, *Julius Caesar* 53.1; Plutarch, *Cato the Younger* 24.1, *Brutus* 5.2, *Caesar* 17.9–10; Velleius Paterculus, *The Roman History* 41.2.
31. Plutarch, *Cato the Younger* 24.1–2, *Brutus* 5.2.
32. Plutarch, *Brutus* 5.1.
33. Appian, *Civil War* 2.112.
34. Cicero, *Letters to Atticus* 14.1.2, trans. A. W. Lintott, 载于 *Cicero as Evidence: A Historian's Companion*（Oxford: Oxford University Press, 2008）, 341。
35. Plutarch, *Brutus* 6.3–5.
36. Caesar, *Civil War* 3.105–106.
37. Plutarch, *Cato the Younger* 66.2.
38. Cassius Dio, *Roman History* 43.10.4–5.
39. Plutarch, *Cato the Younger* 70.1; Appian, *Civil Wars* 2.98; Cassius Dio, *Roman History* 43.11.4.
40. Plutarch, *Cato the Younger* 72.2; cf. Appian, *Civil Wars* 2.99.
41. Plutarch, *Brutus* 40.7.
42. Suetonius, *Julius Caesar* 51, trans. Mary Beard, 载于 *The Roman Triumph*（Cambridge, MA: Belknap Press of Harvard University, 2007）, 247。
43. Appian, *Civil Wars* 2.101.
44. Cicero, *Letters to Atticus* 12.4.2.
45. Cicero, *Philippics* 13.30.
46. 如 Cicero, *Letters to Friends* 9.18.2 中的帕皮里乌斯·帕图斯（Papirius Peatus）。
47. Cicero, *Letters to Atticus* 14.21.3; Suetonius, *Julius Caesar* 50.2.
48. Plutarch, *Brutus* 13.
49. Cicero, *Letters to Atticus* 13.22.4.

第三章　庄园决策

1. Velleius Paterculus, *History of Rome* 2.56.3.
2. 在距罗马东南约 28 千米、今天的圣切萨雷奥发现了一栋共和国时期的庄园遗迹，可能是恺撒的庄园。恺撒在这一带住过的说法看似合理，但无法确定。见 "San Cesareo（RM）. Scavi in località Colle Noci（c.d. Villa di Massenzio）", http://www.archeologia.beniculturali.it/index.php?it/142/scavi_/scaviar cheologici_4e048966cfa3a/356,

accessed July 28, 2014； Carlo Alberto Bucci, "Vandali e incuria salviamo la villa di Cesare", *La Repubblica Roma.it*, June 10, 2011, http://roma.repubblica.it/cronaca/2011/06/10/news/vandali_e_incuria_salviamo_la_villa_di_cesare-17479575/, accessed July 28, 2014.

3. Caesar, *Civil War* 3.57.
4. Cicero, *Republic* 1.70.
5. Pseudo-Sallust, "Letter to Caesar", 重译自 John C. Rolfe, *Sallust*（Cambridge, MA: Harvard University Press, 1985）, p. 447, 1.8。
6. Plutarch, *Life of Caesar*, 4.9. 就日期, 参见 Pelling, *Plutarch Caesar* 148–149。关于笑话, 参见 Anthony Corbeill, *Nature Embodied: Gesture in Ancient Rome*（Princeton, NJ: Princeton University Press, 2004）, 134–135。
7. Suetonius, *Julius Caesar* 77.
8. Suetonius, *Julius Caesar* 77.
9. Suetonius, *Caesar* 37.2; Plutarch, *Caesar* 50.3; Appian, *Civil Wars* 2.91.
10. Nicomachean *Ethics* 4.3.
11. Caesar, *Civil War* 1.13.
12. 恺撒的母亲奥雷利娅·科塔（Aurelia Cotta）后来被奉为良好教育的典范。Tacitus, *Dialogue on Oratory* 28.
13. Plutarch, *Caesar* 11.3–4.
14. Sallust, *War with Catiline* 54.3.
15. Suetonius, *Julius Caesar* 72.
16. Velleius Paterculus, *History of Rome* 2.43.2. 此事发生在公元前 73 年。
17. Caesar, *Gallic War* 2.15–28; Plutarch, *Caesar* 20.4–10; Appian, *Gallic Wars* Epitome 4; Cassius Dio, *Roman History* 39.3.1–2. 萨比斯河战役发生在公元前 57 年。
18. Caesar, *Civil War* 1.7.
19. Caesar, *Gallic War* 7.89.5; Florus *Epitome of Roman History* 1.45.26; Plutarch, *Caesar* 27.9–10; Cassius Dio, *Roman History* 40.41.
20. Duane Roller, *Cleopatra: A Biography*（Oxford: Oxford University Press, 2010）, 3; Plutarch, *Antony* 27.2.
21. Suetonius, *Julius Caesar* 52.2.
22. Suetonius, *Julius Caesar* 7.1; Cassius Dio, *Roman History* 37.52.2; Plutarch, *Caesar* 11.5–6.
23. Cassius Dio, *Roman History* 42.29.4.
24. Caesar, *Gallic War* 1.25.
25. Caesar, *Gallic War* 7.88.1.
26. Suetonius, *Julius Caesar* 68.1.
27. Livy, *History of Rome* 1.15.8; Zvi Yavetz, *Plebs and Princeps*（Oxford: Clarendon Press,

1969), 58, n. 4.

28. Cassius Dio, *Roman History* 43.20.3.
29. Cassius Dio, *Roman History Epitome* 77.15.2.
30. Cicero, *Letters to Atticus* 14.21.2.
31. Cicero, *Letters to Friends* 9.15.4.
32. Cicero, *Letters to Friends* 9.15.4.
33. Cicero, *Letters to Atticus* 14.1.2.
34. 这块土地耗资超过 1 亿塞斯特斯（合 2500 万第纳里乌斯）。Suetonius, *Julius Caesar* 26.2. 一个军团士兵的年薪是 225 第纳里乌斯。
35. "satis diu vel naturae vixi vel gloriae", Cicero, *For Marcellus* 25.
36. Suetonius, *Julius Caesar* 86.1.
37. Suetonius, *Julius Caesar* 45.1.
38. Plutarch, *Caesar* 17.2, 53.5–6, 60.7; Suetonius *Julius Caesar* 45.2, Appian *Civil Wars* 2.110; Cassius Dio, *Roman History* 43.32.6. 由于恺撒的朋友和敌人都利用他的健康记录为自己谋利，所以必须谨慎对待古代的证据。
39. Suetonius, *Julius Caesar* 83.1. 根据传统的罗马历法，3 月、5 月、7 月和 10 月的月中日是 15 日，其他月份的月中日都是当月的 13 日。
40. Suetonius, *Julius Caesar* 83.1; Nicolaus, *Life of Caesar Augustus* 17.48; Appian, *Civil Wars* 2.143; Cassius Dio, *Roman History* 44.35.2–3.
41. Cicero, *Philippics* 2.71; Nicolaus of Damascus, *Life of Caesar Augustus* 21.74.
42. Suetonius, *Augustus* 68.

第四章　终极凯旋

1. Cicero, *Letters to Atticus* 14.21.3.
2. Suetonius, *Julius Caesar* 78.2.
3. Suetonius, *Julius Caesar* 78.2.
4. Valerius Maximus, *Memorable Deeds and Sayings* 9.15.1, cf. Appian, *Civil Wars* 3.2.
5. Wolfgang Helbig, *Fuehrer durch die oeffentlichen Sammlungen klassischer Altertuemer in Rom*, 4th ed., vol. 2 (Tuebingen: E. Wasmuth, 1963), 614, no. 1846.
6. MC Inv 3027; Helbig, *Fuehrer durch die oeffentlichen Sam-mlungen klassischer Altertuemer in Rom*, 553, no. 1783. 参见 Marina Berto letti, Maddalena Cima, and Emilia Talamo, *Centrale Montemartini. Musei Capitolini* (Electa: Milano, 2007), 75, fig. 70 彩色插图。
7. Cicero, *Letters to Atticus* 13.31.3.
8. Tacitus, *Histories* 3.37.

9. Cicero, *Letters to Atticus* 7.30.2; Cassius Dio, *Roman History* 43.46.4.
10. Plutarch, *Caesar* 57.1.
11. Cicero, *On Divination* 2.110: "quem re vera regem habebamus appellandum quoque esse regem."
12. Cicero, *Letters to Friends* 10.31.3; 可能是对 Appian, *Civil Wars* 2.111.1 的附和。
13. Suetonius, *Julius Caesar* 77, 出自恺撒的政敌提图斯·阿姆比乌斯·巴尔布斯（T. Ampius Balbus）。
14. Suetonius, *Julius Caesar* 84.2, 86.1; Livy, *Periochae* 116; Appian, *Civil Wars* 2.144; Cassius Dio, *Roman History* 44.5.3.
15. Cassius Dio, *Roman History* 43.51.7; Appian, *Civil Wars* 3.9.30.
16. Cassius Dio, *Roman History* 44.4.4.
17. Suetonius, *Julius Caesar* 45.2.
18. Cicero, *Letters to Atticus* 12.45.2, cf. 12.48; Cassius Dio, *Roman History* 43.45.3.
19. Livy, *History of Rome* 1.16; Cassius Dio, *Roman History* 43.45.2–4.
20. Cassius Dio, *Roman History* 43.14.6, 43.21.1–2; Suetonius, *Julius Caesar* 37.2.
21. Cicero, *Letters to Atticus* 13.44.1.
22. Cicero, *Letters to Atticus* 15.15.2.
23. Nicolaus of Damascus, *Life of Caesar Augustus* 20.68; Suetonius, *Julius Caesar* 79.3.
24. Cicero, *Letters to Atticus* 13.31.3.
25. Cicero, *Letters to Atticus* 13.7.
26. Martin Jehne, *Der Staat des Dictators Caesar*（《独裁者恺撒的国家》）(Cologne, Germany: Böhlau, 1987), 457–461。
27. "satis diu vel naturae vixi vel gloriae", Cicero, *For Marcellus* 25.
28. 据马克罗比乌斯（Macrobius）[*Satires* 3.15.6] 所言，西塞罗抱怨菲利普斯是一个无名的有闲富人，此人关心鱼塘胜过关心共和国，Cicero, *Letters to Atticus* 1.19.6; 1.20.3。
29. Cicero, *Letters to Atticus* 13.52.
30. Cicero, *Letters to Atticus* 13.20.1.
31. Servius Sulpicius; 参见 Cicero, *Letters to Friends* 4.5.6.
32. Cicero, *Letters to Atticus* 13.26.2, 12.51.2, 52.2.
33. Cicero, *Letters to Atticus* 13.52.2.
34. Livy, *Periochae* 6.2–3. 这些事件的发生顺序存在一些疑问。总的来说，我认为下文的顺序是最有可能的。
35. Cassius Dio, *Roman History* 44.8; Plutarch, *Caesar* 60.3–4; Appian, *Civil Wars* 2.107; Suetonius, *Julius Caesar* 78.1; Nicolaus of Damascus, *Life of Caesar Augustus* 78; Livy, *Periochae* 116.

36. Suetonius, *Julius Caesar* 78.1; Plutarch, *Caesar* 60.4–5;Cassius Dio, *Roman History* 44.8.2; Appian, *Civil Wars* 2.107.
37. Suetonius, *Julius Caesar* 6.1.
38. Velleius Paterculus, *History of Rome* 2.68.3.
39. Valerius Maximus, *Memorable Deeds and Sayings* 5.7.2.
40. Nicolaus of Damas cus, *Life of Caesar Augustus* 20.69, 22.76; Livy, *Periochae* 116.2; Suetonius, *Julius Caesar* 79.2, 80.3; Appian, *Civil Wars* 2.108–109; Plutarch, *Caesar* 61.10; Cassius Dio, *Roman History* 44.10.1–4, 11.4.
41. Caesar, *Civil War* 1.7–8.
42. Livy, *Periochae* 116.2.
43. Cassius Dio, *Roman History* 43.43.2; Gelzer, *Caesar: Politician and Statesman*, 316, n.1.
44. Cassius Dio, *Roman History* 44.11.2.
45. Cicero, *Philippics* 5.38.
46. Cassius Dio, *Roman History* 44.11.2–3.
47. Cicero, *Philippics* 2.85–87.
48. 例子可见 Nicolaus of Damascus, *Life of Caesar Augustus* 21.71–74; Cicero, *Philippics* 2.85; Cassius Dio, *Roman History* 44.11.3。
49. Cassius Dio, *Roman History* 46.19.1–8.
50. 卡西乌斯和普布利乌斯·卡斯卡, Nicolaus of Damascus, *Life of Caesar Augustus* 21.72。尼古劳斯此说不可信，见 Jane Bellemore, edited with introduction, translation and commentary, *Nicolaus of Damascus, Life of Augustus*（Bristol: Bristol Classical Press, 1984）comm. ad loc., 106.
51. 例如 Cicero, *Letters to Atticus* 14.22.1.
52. "tanto viro", Cicero, *Letters to Atticus* 14.11.1; Velleius Paterculus, *History of Rome* 2.56.3.
53. Nicolaus of Damascus, *Life of Caesar Augustus* 19.64.
54. Plutarch, *Caesar* 61.6; Cassius Dio, *Roman History* 44.11.3; Nicolaus of Damascus, *Life of Caesar Augustus* 21.73.
55. Machiavelli, *The Prince*, ch. 19.

第五章　酝酿阴谋

1. Plutarch, *Caesar* 62.8, Brutus 10.3–7.
2. 见第 87 页。
3. Cicero, *Letters to Friends* 11.10.4.
4. 西塞罗与以下阴谋家有书信往来：布鲁图斯（*Letters to Brutus*，两本书，共 26 封信，大部分是真实的），卡西乌斯（例如 *Letters to Friends* 12.12），德奇姆斯（例如 *Letters to Friends* 11.5），加尔巴（*Letters to Friends* 10.30），特雷博尼乌斯（例如 *Letters to Friends* 12.16），米努基乌斯·巴西卢斯（*Letters to Friends* 6.5）。

5. Cicero, *On Divination* 2.23.
6. Cicero, *Letters to Friends* 15.19.4. Cicero, *Letters to Friends*, vol. 2, ed. and trans. by D. R. Shackleton Bailey（Cambridge, MA, and London, England: Harvard University Press, 2001）: 287.
7. Cassius Dio, *Roman History* 44.14.2.
8. Plutarch, *Brutus* 7.4, 8.2, 10.1; Appian, *Civil Wars* 2.113; cf. Suetonius, *Julius Caesar* 80.3–4.
9. Shakespeare, *Julius Caesar* 1.2.194–195.
10. 这尊半身像属于"伪科尔布罗"型。蒙特利尔美术博物馆有一个很好的实例，可以追溯到公元 1 世纪下半叶。另请参阅 Sheldon Nodelman, "The Portrait of Brutus the Tyran nicide", *Occasional Papers on Antiquities 4: Ancient Portraits in the J. Paul Getty Museum* 1（1987）: 57–59 and 59 n. 59。
11. Cicero, *Letters to Friends* 15.16.3.
12. Pseudo-Aurelus Victor, *De Virus Illustribus* 83.3.
13. Caesar, *Civil War* 3.5.3, 3.101.
14. Cicero, *Letters to Friends* 15.19.4.
15. Cicero, *Philippics* 2.26.
16. Cassius Dio, *Roman History* 44.8.1.
17. Plutarch, *Brutus* 7.1–5, *Caesar* 62.4–5; Appian, *Civil Wars* 2.112; Velleius Paterculus, *History of Rome* 2.56.3; Cicero, *Philippics* 8.27. 我相信佩林在 Plutarch, *Caesar*, 460–461 的评注。
18. Suetonius, *Julius Caesar* 50.2.
19. Plutarch, *Brutus* 8.6–7; *Caesar* 43.1–2, 62.8.
20. Appian, *Civil Wars* 4.133.
21. Seneca, *Letters to Lucilius* 83.12.
22. 见"*Libertas*: The Coins of Brutus", http://www.humanities.mq.edu.au/acans/caesar/CivilWars_Libertas.htm, accessed July 27, 2014; M. H. Crawford, *Roman Republican Coinage*, vol. 1, 455–456, no. 433.
23. Quintilian, *Institutes* 9.3.95.
24. Quintilian, *Institutes* 3.6.93.
25. Nicolaus of Damascus, *Life of Caesar Augustus* 26a.100, Bellemore translation modified.
26. 他是柏拉图学派成员。
27. Plutarch, *Brutus* 8.3, *Caesar* 62.6.

28. Plutarch, *Brutus* 8.4.
29. Plutarch, *Brutus* 9.5–9; Appian, *Civil Wars* 2.112; Cassius Dio, *Roman History* 44.12.3.
30. Cicero, *Brutus* 331.
31. Plutarch, *Brutus* 10.1–7.
32. Cassius Dio, *Roman History* 44.13.1.
33. Appian, *Civil Wars* 2.112.
34. Seneca, *Letters to Lucilius* 95.45.
35. Plutarch, *Brutus* 12.5–6.
36. Nicolaus of Damascus, *Life of Caesar Augustus* 23.84; Velleius Paterculus, *History of Rome* 2.64.2; Plutarch, *Brutus* 13; Appian, *Civil Wars* 2.111; Cassius Dio, *Roman History* 44.18.1.
37. Nicolaus of Damascus, *Life of Caesar Augustus* 19.59.
38. Appian, *Civil Wars* 2.111.
39. Paterculus, *History of Rome* 2.58.1–2.
40. Cassius Dio, *Roman History* 44.13.3–13.4; Eu tropius, *Abridgement of Roman History* 6.7.497; Suetonius, *Julius Caesar* 80.4.
41. Plutarch, *Brutus* 12.5.
42. Appian, *Civil Wars* 2.111; Velleius Paterculus, *History of Rome* 64.2.
43. Plutarch, *Caesar* 64.1; Suetonius, *Julius Caesar* 83.2.
44. Suetonius, *Julius Caesar* 83.2; Cassius Dio, *Roman History* 44.35.2; Plutarch, *Caesar* 64.1; Appian, *Civil Wars* 2.143.
45. Cicero, *Letters to Friends* 11.7.3.
46. Cicero, *Philippics* 2.26.
47. Orosius, *History Against the Pagans* 5.12; Cicero, *Letters to Atticus* 12.22.2.
48. 分别为：Cicero, Letters to Friends 10.13, 11.1, 11.4, 11.7, 11.9, 11.10, 11.13, 11.13b, 11.20, 11.23, 11.26。德奇姆斯与普兰库斯致行政长官、元老院和人民的联名信有一部分留存至今；其中一处提到共和国（11.13a.2）。
49. Cicero, *Letters to Friends* 11.10.5.
50. Cicero, *Letters to Friends* 11.25.1–2.
51. Cicero, *Letters to Friends* 11.5, 11.6, 11.6a, 11.7, 11.8, 11.12, 11.14, 11.15, 11.16, 11.21, 11.22, 11.24, 11.25.
52. 11.5.2–3, 11.7.2, 11.6a.1, 11.8.1–2, 11.12.1–2.
53. Nicolaus of Da mascus, *Life of Caesar Augustus* 26a.98.
54. Cicero, *Letters to Friends* 11.4.2, 11.6a.1–2, 11.8.1.
55. Cicero, *Letters to Friends* 11.4.3.
56. Cicero, *Letters to Atticus* 11.22.1。也请注意德奇姆斯为无所畏惧而自豪：Cicero,

Letters to Friends 11.20.1.

57. Suetonius, *Augustus* 2.3。
58. Cassius Dio, *Roman History* 48.22.3; Cicero, *Letters to Atticus* 14.10.2.
59. 就其兄盖乌斯·瓦勒里乌斯·特里阿里乌斯，请见 Bondurant, *Decimus* 29 和 n. 77; Franklin H. Potter, "Political Alliance by Marriage", *Classical World* 29.9（1934）: 673–674; Karl-Ludwig Elvers（Bochum）, "Valerius, [I 53–54]", *Brill's New Pauly*, antiquity volumes edited by Hubert Cancik and Helmuth Schneider, Brill Online, accessed April 20, 2014。

第六章　征募杀手

1. Seneca, *On Anger* 3.30.4.
2. Nicolaus of Damascus, *Life of Caesar Augustus* 19.61–63.
3. Nicolaus of Damascus, *Life of Caesar Augustus* 19.62–63.
4. Nicolaus of Damascus, *Life of Caesar Augustus* 19.62.
5. Plutarch, *Cato the Younger* 66.2.
6. Florus, *Epitome of Roman History* 2.13.92; cf. Nicolaus of Damascus, *Life of Caesar Augustus* 19.63; Velleius Paterculus, *History of Rome* 2.57.1.
7. Nicolaus of Damascus, *Life of Caesar Augustus* 19.58–65, esp. 60.
8. 一些古代史料指出，对恺撒的忌妒是阴谋家动机：Appian, *Civil Wars* 2.111.1; Cassius Dio, *Roman History* 44.1.1; Vellerius Paterculus, *History of Rome* 2.60.01。
9. Caesar, *Gallic War* 8.52.2; Cicero, *Letters to Atticus* 7.7.6, 7.13.1; Cassius Dio, *Roman History* 41.4.3.
10. Cicero, *Letters to Friends* 10.28.1.
11. Cicero, *Letters to Friends* 12.16.3.
12. Cicero, *Philippics* 2.27。
13. Cicero, *Philippics* 2.34; Plutarch, *Antony* 13.
14. Cicero, *Letters to Atticus* 12.16.3–4.
15. Appian, *Civil Wars* 2.113（混淆了两兄弟）, 115; Plutarch, *Brutus* 15; Cicero, *Philippics* 2.27, cf. Suetonius, *Julius Caesar* 82; Plutarch, *Caesar* 66; Plutarch, *Brutus* 17.45; Cassius Dio, *Roman History* 44.52.2, 46.49.1。
16. Caesar, *Gallic Wars* 3.1–6.
17. Suetonius, *Galba* 3.2.
18. Suetonius, *Galba* 3.2; Valerius Maximus, *Memo-rable Deeds and Sayings* 6.2.11; Cicero, *Letters to Atticus* 6.18.3.

19. Cicero, *Letters to Friends* 10.30.
20. Caesar, *Gallic Wars* 6.29–30.
21. Orosius, *History Against the Pagans* 6.15.8.
22. Cassius Dio, *Roman History* 43.47.5.
23. Appian, *Civil Wars* 2.113; Cicero, *Letters to Friends* 6.15; Cassius Dio, *Roman History* 43.47.5.
24. Cicero, *Letters to Atticus* 6.12.2; Seneca, *On Anger* 3.30.5; Appian, *Civil Wars* 3.2; Plutarch, *Brutus* 19.2.
25. Cimber Cicero, *Philippics* 2.27.
26. Seneca, *Letters to Lucilius* 83.12.
27. Suetonius, *Julius Caesar* 80.4; Orosius, *History Against the Pagans* 6.17.2; Eu tropius, *Abridgement of Roman History* 6.25, 80; Nicolaus of Damascus, *Life of Caesar Augustus* 19.59.
28. Nicolaus of Damascus, *Life of Caesar Augustus* 19.62.
29. Cicero, *For Ligarius*.
30. Plutarch, *Cicero* 39.6.
31. Cicero, *For Ligarius* 16.
32. Plutarch, *Brutus* 11.
33. Cassius Dio, *Roman History*, 42.51.2. 关于恺撒没收的财产，参见 Gelzer, Caesar, 283–284, n. 1; Zvi Yavetz, *Julius Caesar and His Public Image*（Ithaca, NY: Cornell University Press, 1983）, 140–141; Elizabeth Rawson, "Caesar: Civil War and Dictatorship", in J. A. Crook, Andrew Lintott, and Eliza beth Rawson, eds., *The Cambridge Ancient History*, 2nd ed., vol. 9, *The Last Age of the Roman Republic*, 146–143 b.c.（Cambridge: Cambridge University Press, 1994）, 449–450。
34. Appian, *Civil Wars* 2.139–41.
35. 卢比乌斯·鲁加（Rubrius Ruga）很可能就是公元前49年任平民保民官的卢基乌斯·卢比乌斯（Lucius Rubrius），也可能是加图在乌提卡时身边的那个马尔库斯·卢比乌斯（Marcus Rubrius）。另外两名元老是凯基利乌斯·布奇利亚努斯（Caecilius Bucilianus）和他的兄弟（姓名不详）。然后有两个人可能是元老，也可能是骑士，他们是塞克斯提乌斯·纳索（Sextius Naso）和马尔库斯·斯普里乌斯（Marcus Spurius）。
36. 另一个不能归到任何团体的阴谋家是一个叫彼得罗尼乌斯（Petronius）的人，对于此人，我们只知道名字。
37. Plutarch, *Brutus* 12.3, trans. D. Sedley, "The Ethics of Brutus and Cassius", *Journal of Roman Studies* 87（1997）: 44.

38. Plutarch, *Brutus* 12.3–4; trans. Sedley, "Ethics of Brutus and Cassius" 44, modified.
39. Cicero, *Philippics* 2.25.
40. Cicero, *Letters to Atticus* 13.37.2.
41. Plutarch, *Brutus* 12.1.
42. Plutarch, *Brutus* 12.2.
43. Plutarch, *Antony* 13.1, *Brutus* 18.3; Appian, *Civil Wars* 2.114.
44. Plutarch, *Brutus* 12.8; Appian, *Civil Wars* 2.114, 139; Nicolaus of Damascus, *Life of Caesar Augustus* 23.81.
45. Nicolaus of Damascus, *Life of Caesar Augustus* 19.65–66.
46. Plutarch, *Antony* 13.2, *Brutus* 18.4–5; Appian, *Civil Wars* 2.113.
47. Plutarch, *Brutus* 18.3–6.
48. Livy, *History of Rome* 1.59–60.
49. Plutarch, *Sulla* 38.4.
50. Nicolaus of Damascus, *Life of Caesar Augustus* 80.4; Suetonius, *Julius Caesar* 80.4.
51. Suetonius, *Julius Caesar* 86.1; Appian, *Civil Wars* 2.107 and 114; Cassius Dio, *Roman History* 44.7.4.
52. Appian, *Civil Wars* 2.107, 109; Suetonius, *Julius Caesar* 86.1; Plutarch, *Caesar* 57.3; Cassius Dio, *Roman History* 44.7.4, 44.15.2; Velleius Paterculus, *History of Rome* 2.57.1.
53. Cicero, *For Marcellus* 21.
54. Suetonius, *Julius Caesar* 74.1.
55. 演讲词见 Cicero, *On Behalf of King Deiotarus*。
56. Suetonius, *Julius Caesar* 75.4–5.
57. Plutarch, *Caesar* 62.6; Suetonius, *Julius Caesar* 75.5.
58. Cassius Dio, *Roman History* 44.15.1.
59. 例如恺撒入侵不列颠时。Caesar, *Gallic War* 6.20–21.
60. Plutarch, *Caesar* 62.9; cf. Plutarch, *Brutus* 8.2; *Antony* 11.3; *Sayings of Kings and Generals* 206e.
61. Plutarch, *Brutus* 8.1.
62. Plutarch, *Caesar* 62.69.
63. Plutarch, *Caesar* 62.6; Plutarch, *Brutus* 8.3.
64. Suetonius, *Julius Caesar* 86.1.
65. Suetonius, *Julius Caesar* 86.2.
66. Roberta Wohlstetter, "Slow Pearl Harbours and the Pleasures of Deception", 载于 Robert L. Pfaltzgraff Jr., Uri Ra'anan, and Warren Milberg, eds., *Intelligence Policy and National Security*.（Hamden, CT: Archon Books, 1981）, 23–34。

67. Suetonius, *Julius Caesar* 86.1.
68. Cicero, *On the Command of Cnaeus Pompey* 41; Tacitus, *Annals* 2.2.4.
69. Appian, *Civil Wars* 1.55–56; Plutarch, *Sulla* 8–9, *Marius* 35.
70. Appian, *Civil Wars* 1.3, 103–104.
71. Nicolaus of Damascus, *Life of Caesar Augustus* 67; 我在托赫的帮助下翻译。
72. Appian, *Civil Wars* 2.107, 109; Suetonius, *Julius Caesar* 86.1; Plutarch, *Caesar* 57.3; Cassius Dio, *Roman History* 44.7.4, 44.15.2; Velleius Paterculus, *The History of Rome* 2.57.1.
73. Cassius Dio, *Roman History* 44.15.2.
74. Suetonius, *Julius Caesar* 87; Plutarch, *Caesar* 63.4; Appian, *Civil Wars* 2.115. 关于罗马的饮食习俗，参见 M. B. Roller, *Dining Posture in Ancient Rome: Bodies, Values and Status* (Princeton, NJ: Princeton University Press, 2006)。
75. Plutarch, *Caesar* 63.4; Suetonius, *Augustus* 45.12.
76. Plutarch, *Caesar* 63.7.
77. Appian, *Civil Wars* 2.115.
78. Suetonius, *Julius Caesar*, 87.
79. Suetonius, *Julius Caesar* 87.

第七章　恺撒离家

1. 基于 2014 年 3 月 15 日的计算，http://www.timeanddate.com/worldclock/astronomy.html?n=215&month=3&year=2014&obj=sun&afl=-13&day=1, accessed on April 18, 2014。
2. 或许只有门打开了，或者只有卡普尼娅一人被吵醒——史料对此各执一词。Plutarch, *Caesar* 63.8; Suetonius, *Julius Caesar* 81.3; Cassius Dio, *Roman History* 44.17.2; Julius Obsequens, *Book of Prodigies* (based on Livy) 67.
3. Plutarch, *Caesar* 63.9.
4. Plutarch, *Caesar* 63.9.
5. Appian, *Civil Wars* 2.115.
6. Plutarch, *Caesar* 63.8–9; Valerius Maximus, *Memorable Deeds and Sayings* 1.7.2; Suetonius, *Julius Caesar* 81.3; Cassius Dio, *Roman History* 44.17.1.
7. Cassius Dio, *Roman History* 44.17.2; Plutarch, *Caesar* 63.1–3; Suetonius, *Julius Caesar* 81.1–2.
8. Cicero, *On Divination* 1.119。
9. Valerius Maximus, *Memorable Deeds and Sayings* 8.11.2; Suetonius, *Julius Caesar* 81.2; Plutarch, *Caesar* 63.5.

10. Shakespeare, *Julius Caesar* 1.2.18.
11. Plutarch, *Caesar* 63.10.
12. Suetonius, *Julius Caesar* 81.3.
13. Appian, *Civil Wars* 2.115.
14. Suetonius, *Julius Caesar* 8.4.
15. Nicolaus of Damascus, *Life of Caesar Augustus* 23.83.
16. 此处及下文的医学推测均来自于哥伦比亚大学癫痫与睡眠部主任、医学博士卡尔·巴济尔（Carl Bazil）大夫的私人交流。
17. Sueto nius, *Julius Caesar* 45.1.
18. Plutarch, *Brutus* 16.1.
19. Andrea Carandini and Paolo Carafa, eds. *Atlante di Roma antica: biografia e ritratti della città* (Milano: Electa, 2012）, I:290.
20. Valerius Maximus, *Memorable Deeds and Sayings* 8.11.2; Appian, *Civil Wars* 2.149; Plutarch, *Caesar* 63.5–6; Suetonius, *Julius Caesar* 81.4; J. T. Ramsey, "At What Hour Did the Murderers of Julius Caesar Gather on the Ides of March 44 b.c.?" 载于 Stephan Heilen et al., *In Pursuit of Wissenschaft: Festschrift fór William M. Calder III zum 75. Geburtstag*（Zurich: Olms, 2008）, 353。
21. Shakespeare, *Julius Caesar* 3.1–2; Plutarch, *Caesar* 63.6; Suetonius, *Julius Caesar* 81.4; Appian, *Civil Wars* 2.149; Cassius Dio, *Roman History* 44.18.4; Florus, *Epitome of Roman History* 2.13.94; Valerius Maximus, *Memorable Deeds and Sayings* 8.11.2.
22. Plutarch, *Caesar* 63.7, *Brutus* 16.1; Appian, *Civil Wars* 2.115; Cassius Dio, *Roman History* 44.17.3.
23. Plutarch, *Caesar* 63.12; Appian, *Civil Wars* 2.115.
24. Suetonius, *Julius Caesar* 81.4; Florus, *Epitome of Roman History* 2.13.94.
25. Lucretius, *On the Nature of Things*, I.1–2, 10–16.
26. Cicero, *For Murena* 69.
27. http://weatherspark.com/averages/32307/3/Rome-Lazio-Italy, accessed August 1, 2014.
28. Nicolaus of Damascus, *Life of Caesar Augustus* 23.81; cf. Suetonius, *Julius Caesar*; Cassius Dio, *Roman History* 44.16.1.
29. Cassius Dio, *Roman History* 44.16.2.
30. Cicero, *On Divination* 2.110; Suetonius, *Julius Caesar* 79.4–80.1; Plutarch, *Caesar* 60.2, *Brutus* 10.2; Cassius Dio, *Roman History* 44.15.3; Appian, *Civil Wars* 2.110.
31. Julius *Caesar* 3.1.12.
32. Appian, *Civil Wars* 2.115.
33. Plutarch, *Brutus*, 14.3.

34. Appian, *Civil Wars* 2.114.
35. Plutarch, *Pompey* 25.4; Appian, *Civil Wars* 2.114; cf. Cassius Dio, *Roman History* 43.45.3.
36. Plutarch, *Romulus* 5.
37. Appian, *Civil Wars* 2.114.
38. Plutarch, *Romulus* 27.6–8.
39. Plutarch, *Brutus* 14.2.
40. "Dedit gladiatores sestertiarios iam decrepitos, quos si sufflasses, cecidissent", Petronius, *Satyricon* 45.
41. Nicolaus of Damascus, *Life of Caesar Augustus* 26a.98.
42. Appian, *Civil Wars* 2.118; Cassius Dio, *Roman History* 44.16.
43. 相关实例，请见 A. W. Lintott, *Violence in Republican Rome*, 2nd ed.（Oxford: Oxford University Press, 1999），83–85。再一个例子就是庞培的将军盖乌斯·孔西迪乌斯·朗格乌斯（Gaius Considius Longus）: Caesar, *Civil War* 2.23; Pseudo Caesar, *African War* 76, 9。
44. Asconius, *Commentary on Cicero's "For Milo"* 32c。
45. Asconius, *Commentary on Cicero's "For Milo"* 32C。参见 Chris Christoff, "Gladiators Outside of the Arena: The Use of Gladiators as Bodyguards and Soldiers ca. 100 BCE–100 CE", Senior Honors Thesis, Department of History, Cornell University, April 14, 2014, 12–14。
46. Nicolaus of Damascus, *Life of Caesar Augustus* 25.94, 26a.98; Plutarch, *Brutus* 12. 5.
47. Pseudo-Cicero, *Letter to Octavian* 9; Appian, *Civil Wars* 2.122; cited in Lintott, *Violence*, 84 and n. 4.
48. Cicero, *Philippics* 5.49.
49. Plutarch, *Caesar* 32.4.
50. Cicero, *Letters to Atticus* 7.14.2, 讨论载于 K.W. Welwei, *Unfreie im antiken Kriegsdienst*, vol. 3, *Rom*（Wiesbaden, Germany: Steiner, 1988），137。我采用的译本是 D. R. Shackleton Bailey, Cicero, *Letters to Atticus*, vol. 4 49 b.c. 133–210（Books 7.10–10），（Cambridge: University Press, 1968）19, 308–309。
51. Cassius Dio, *Roman History* 44.19.2; Zonaras, *Epitome of Histories* 10.12.
52. 长约 270 米，宽约 67 米。
53. L. J. F. Keppie, *Colonisation and Veteran Settlement in Italy, 47–14 B.C.*（London: British School at Rome, 1983），50.
54. Appian, *Civil Wars* 2.133.
55. Cicero, *Letters to Friends* 11.7.2.
56. 也就是早上 6 点 23 分。实际上，那是表面上的日出，比实际上的日出早了几分钟：http://www.esrl.noaa.gov/gmd/grad/solcalc/，访问时间为 2014 年 7 月 14 日。J. T. Ramsey, "Be ware the Ides of March!: An Astrological Prediction?" *Classical Quarterly*, new ser. 50.2（2000）: 444, cites sunrise on March 15, 44 b.c. as 6:17 a.m. LMT。

57. Plutarch, *Brutus* 14.7.
58. Plutarch, *Brutus* 13.2.
59. Plutarch, *Brutus* 15.2–3; Appian, *Civil Wars* 2.115.
60. Plutarch, *Brutus* 15.4; Appian, *Civil Wars* 2.115.
61. Plutarch, *Brutus* 15.5–9.
62. Cassius Dio, *Roman History* 44.17.3.
63. Cassius Dio, *Roman History* 44.18.1.
64. Nicolaus of Damascus, *Life of Caesar Augustus* 23.84; Velleius Paterculus, *History of Rome* 2.64.2; Plutarch, *Brutus* 13; Cassius Dio, *Roman History* 44.18.1.
65. 这个家庭显然有怪癖。塞姆普罗尼娅的哥哥是一个怪人，他过去常穿着演员的长袍和靴子登上罗马广场的演讲台，一边走一边向人们撒钱。Cicero, *Philippics* 3.16。
66. Sallust, *Catiline* 25.1.
67. Sallust, *Catiline* 40.5.
68. Nicolaus of Damascus, *Life of Caesar Augustus* 23.84。
69. Plutarch, *Caesar* 64.2.
70. Suetonius, *Julius Caesar* 81.4; Nicolaus of Damascus, *Life of Caesar Augustus* 23.84; Plutarch, *Caesar* 64.3.
71. Plutarch, *Caesar* 64.4.
72. Nicolaus of Damascus, *Life of Caesar Augustus* 23.84.
73. Plutarch, *Caesar* 64.3; Suetonius, *Julius Caesar* 79.4; Appian, *Civil Wars* 2.110. 西塞罗应该早已知道，故而宣称这只是一个谣言, *On Divination* 2.110。
74. Nicolaus of Damascus, *Life of Caesar Augustus* 23.84.
75. Nicolaus of Damascus, *Life of Caesar Augustus* 24.87; Plutarch, *Brutus* 16.1.
76. Plutarch, *Caesar* 64.6; Nicolaus of Damascus, *Life of Caesar Augustus* 24.87.
77. Nicolaus of Damascus, *Life of Caesar Augustus* 23.84, 24.87.
78. Plutarch, *Caesar* 64.6.
79. Appian, *Civil Wars* 2.116.
80. Suetonius, *Julius Caesar* 81.4 或者 Cassius Dio, *Roman History* 44.18.4。
81. Appian, *Civil Wars* 2.115.
82. Suetonius, *Julius Caesar* 81.4.
83. Plutarch, *Brutus* 16.1–2; Appian, *Civil Wars* 2.116.
84. Appian, *Civil Wars* 2.118.

85. Plutarch, *Caesar* 65; Appian, *Civil Wars* 2.116; Suetonius, *Julius Caesar* 81.4; Cassius Dio, *Roman History* 44.18.3.
86. Strabo 14.2.15, Loeb, http://penelope.uchicago.edu/Thayer/E/Roman/Texts/Strabo/14B*.html.
87. Plutarch, *Brutus* 65.1. 见 Christopher Pelling, *Plutarch Caesar*, translated with an introduction and commentary (Oxford: Oxford University Press, 2011) commentary ad loc., 476, and on 48.1, 377.
88. Plutarch, *Brutus* 16.2–4; Appian, *Civil Wars* 2.116.
89. Nicolaus of Damascus, *Life of Caesar Augustus* 24.86.
90. Nicolaus of Damascus, *Life of Caesar Augustus* 24.87.
91. Appian, *Civil Wars* 2.116; Suetonius 81.4, Cassius Dio, *Roman History* 44.18.4.
92. Appian, *Civil Wars* 2.116。
93. 基于 Cassius Dio, *Roman History* 44.16.1, where he uses the word Κιβώτια, which I translate as *capsae*。
94. 参见 Christopher Pelling, *Plutarch Caesar*, translated with an Introduction and Commentary (Oxford: Oxford University Press, 2011), 477。

第八章　实施谋杀

1. Suetonius, *Julius Caesar* 81.4; Appian, *Civil Wars* 2.116。
2. Carandini and Carafa, eds. *Atlante di Roma antica* 提供了一个假设性的重构, vol. 2: table 220, section c–c1。
3. Pliny, *Natural History* 35.59. Carandini and Carafa, eds. *Atlante di Roma antica*, vol. 1:505 称这幅画原本在元老院议事厅，但后来被奥古斯都搬走了。
4. M. Bonnefond-Coudry, *Le Senat de la Ripublique Romaine* (Rome: Icole Franηaise de Rome, 1989), 183。据估计，庞培元老院议事厅的内部面积约为 374 平方米，长约 22 米，宽 17 米，按内线测量。据另一组最近的估算数据，恺撒元老院议事厅的内部面积为 494 平方米，而庞培元老院议事厅只有 303 平方米，只有恺撒元老院的 61%。根据这个估计，庞培元老院议事厅的内部面积只有约 297 平方米，内线长 17.8 米，宽 17 米；该建筑只有 17.4 米高。按计划，罗马考古学家詹姆斯·E. 帕克（James E. Packer）的个人交流会在他即将出版的关于庞培剧场的书中亮相。
5. http://dlib.etc.ucla.edu/projects/Forum/reconstructions/CuriaIulia_1, accessed August 1, 2014。
6. 例如，恺撒元老院议事厅的法官席大约有 40 厘米高。
7. 参见来自卡西努姆（今卡西诺）和弗鲁利（今斯科皮托）的雕像，两尊都在意大利。见 Eugenio La Rocca, Claudio Parisi Presicce, and Annalisia Lo Monaco, eds. *I giorni di Roma: l'età della conquista*（Milan: Skira, 2010），291–292, ills. II.23 and II.24。罗马斯帕达宫的巨大雕像有时被认为是庞培，但它很可能是罗马皇帝之一。见 Wolfgang Helbig, *Führer durch die Öffentlichen Sammlungen klassicher Altertümer in Rom*, vol. 2:（Tübingen: Ernst Wasmuth, 1966）768–769, no. 2008。

8. Francis X. Ryan, *Rank and Participation in the Republican Senate*（Stuttgart, Germany: Franz Steiner, 1998），14, 26.
9. Cassius Dio, *Roman History* 44.19.1–3; Cicero, *Philippics* 2.34. 有关不同版本，请参阅 Plutarch, *Antony* 13.2（称 "一些人" 拖住了安东尼）and *Caesar* 66.4（错把特雷博尼乌斯说成了德奇姆斯）。
10. Plutarch, *Caesar* 66.5, *Brutus* 17.1–2; Nicolaus of Damascus, *Life of Caesar Augustus* 24.88.
11. Cicero, *Philippics* 2.88.
12. 苏维托尼乌斯只提到匕首（pugio）。希腊语史料同时提到了 egkheiridia（匕首）和 ksiphea（该词既可以指剑也可以指匕首）。匕首：Nicolaus of Damascus, *Life of Caesar Augustus*, 23.81, 24.88; Suetonius, *Julius Caesar* 82.2; Plutarch, *Caesar* 69.3; *Brutus* 14.4; Appian, *Civil Wars* 2.117。剑：Nicolaus of Damascus, *Life of Caesar Augustus*, 24.89; Plutarch, *Caesar* 66. 10, 67.3; *Brutus* 17.4–7; Appian, *Civil Wars* 2.117; Cassius Dio, *Roman History* 44.16.1。叫匕首也叫剑的武器：Plutarch, *Caesar* 66.7。
13. Personal communication, Dwight McElmore。
14. Cassius Dio, *Roman History* 25.3; M. H. Crawford, *Roman Republican Coinage*（London and New York: Cambridge University Press, 2001）1: 518, no. 508/3; cf. 100; 2:741.
15. Plutarch, *Caesar* 66.2.
16. 我从史料中挑选细节。虽然这种方法并非万无一失，但在这种情况下是合理的，因为这五份陈述非常相似。其中差别很小，我记录了下来。
17. 明确陈述于 Nicolaus of Damascus, *Life of Caesar Augustus* 26a.99。
18. Cicero, *On Divination* 2.23.
19. Plutarch, *Brutus* 17.3.
20. Pseudo-Caesar, *Alexandrian War* 48–55, esp. 52.2; Valerius Maximus, *Memorable Deeds and Sayings* 9.4.2.
21. Nicolaus of Damascus, *Life of Caesar Augustus* 24.88, cf. T. P. Wiseman, *Remembering the Roman People: Essays on Late Republican Politics and Literature*（Oxford: Oxford University Press, 2009），211 and n.1.
22. Nicolaus of Damascus, *Life of Caesar Augustus* 24.88.
23. Suetonius, *Julius Caesar* 82.1.

24. Cassius Dio, *Roman History* 44.19.4.
25. Nicolaus of Damascus, *Life of Caesar Augustus* 24.89; Appian, *Civil Wars* 2.117; Plutarch, *Brutus* 17.4. Plutarch, *Caesar* 66.7 称其为 ksiphos 和 egkheiridion。
26. Nicolaus of Damascus, *Life of Caesar Augustus* 24.89.
27. Cassius Dio, *Roman History* 44.19.5.
28. Nicolaus of Damascus, *Life of Caesar Augustus* 24.89.
29. Plutarch, *Caesar* 66.7; 刀柄: Plutarch, *Brutus* 17.5。
30. Appian, *Civil Wars* 2.117.
31. Suetonius, *Julius Caesar* 82.2.
32. Appian, *Civil Wars* 2.117.
33. Plutarch, *Caesar* 66.8; Cassius Dio, *Roman History* 44.19.5.
34. Suetonius, *Julius Caesar* 82.2.
35. Cassius Dio, *Roman History* 44.19.5.
36. Plutarch, *Caesar* 66.8, *Brutus* 17.5; Nicolaus of Damascus, *Life of Caesar Augustus* 24.89.
37. Nicolaus of Damascus, *Life of Caesar Augustus* 24.89.
38. Plutarch, *Caesar* 66.10.
39. Plutarch, *Caesar* 66.10.
40. Plutarch, *Caesar* 66.11, cf. *Brutus* 10.1; Florus, *Epitome of Roman History* 2.13.92.
41. Nicolaus of Damascus, *Life of Caesar Augustus* 24.89.
42. Nicolaus of Damascus, *Life of Caesar Augustus* 24.89.
43. Appian, *Civil Wars* 2.117.
44. Plutarch, *Caesar* 66.11.
45. Shakespeare, *Julius Caesar* 3.1.77.
46. Suetonius, *Julius Caesar* 82.2; Cassius Dio, *Roman History* 44.19.5.
47. Pelling, *Plutarch Caesar* 482–483.
48. Valerius Maximus, *Memorable Deeds and Sayings* 4.5.6.
49. Suetonius, *Julius Caesar* 82.2; Cassius Dio, *Roman History* 44.19.5.
50. Plutarch, *Caesar* 66.12, *Brutus* 17.6.
51. Appian, *Civil Wars* 2.117.
52. Suetonius, *Julius Caesar* 82.2; Cassius Dio, *Roman History* 44.19.5.
53. Valerius Maximus, *Memorable Deeds and Sayings* 4.5.6.
54. Nicolaus of Damascus, *Life of Caesar Augustus* 24.89.
55. Livy, *Periochae* 116; Plutarch, *Caesar* 66.7; Suetonius, *Julius Caesar* 82.3; Appian, *Civil Wars* 2.117 and 147; Valerius Maximus, *Memorable Deeds and Sayings* 4.5.6; Florus, *Epitome of Roman History* 2.13.95; Eutropius, *Abridgement of Roman History* 6.25;

Zonaras, *Epitome of Histories* 10.11.
56. Nicolaus of Damascus, *Life of Caesar Augustus* 24.90.
57. Nicolaus of Damascus, *Life of Caesar Augustus* 24.90.
58. Nicolaus of Damascus, *Life of Caesar Augustus* 19.59.
59. Homer, *Iliad* 22.371, Toher, commentary ad loc.
60. Cicero, *Letters to Atticus* 14.14.4.
61. J. T. Ramsey, "Did Julius Caesar Temporarily Banish Mark Antony from His Inner Circle?", *Classical Quarterly* 54. 1（2004）: 168–169.
62. Plutarch, *Caesar* 66.9.
63. Nicolaus of Damascus, *Life of Caesar Augustus* 26.96.
64. Suetonius, *Julius Caesar* 82.2.
65. Wolfgang Klemm, *Caesar, Biografie*, vol. 2（Vienna and Munich: Neckenmarkt, 2009），185, 209.
66. Florus, *Epitome of Roman History* 2.13.95.
67. 科尔多瓦大学和西班牙国家研究委员会（CSIC）的安东尼奥·蒙特洛索（Antonio Monterroso）教授是一名考古学家，他重新研究了庞培元老院议事厅的废墟，并于2012年宣布，他发现了一座纪念碑。这座纪念碑标记的正是恺撒倒下的确切地点，就在法官席所在建筑物的东端。但其他学者持怀疑态度，此事目前仍无定论。见"Spanish researchers find the exact spot where Julius Caesar was stabbed", *ScienceDaily* www.sciencedaily.com/releases/2012/10/121010102158.htm（accessed February 2, 2014）。
68. Plutarch, *Caesar* 66.13.
69. Cicero, *On Divination* 2.23. 西塞罗此处夸大其词。据更审慎的估计，恺撒精心挑选了罗马元老院三分之一以上的成员。Martin Jehne, *Der Staat des Dictators Caesar*（Cologne, Germany: Böhlau, 1987），393, 404; Ronald Syme, *Roman Papers*, vol. 1, ed. E. Badian（Oxford: Clarendon Press, New York: Oxford University Press, 1979），98–99.

第九章　风雨共和

1. Appian, *Civil Wars* 2.119; Plutarch, *Tiberius Gracchus* 19.4.
2. Plutarch, *Gaius Gracchus* 16.3.
3. Appian, *Civil Wars* 2.119; Florus, *Epitome of Roman History* 2.17.2.
4. Cicero, *Letters to Atticus* 14.21.3.
5. Plutarch, *Antony* 14.1.
6. Nicolaus of Damascus, *Life of Caesar Augustus* 26.95; Plutarch, *Caesar* 67.1–2, *Brutus* 18.3, *Antony* 19.1. Appian, *Civil Wars* 2.118; Cassius Dio, *Roman History* 44.22.2; Cicero, *Philippics* 2.88。

7. Plutarch, *Caesar* 67.1, *Brutus* 18.1; Appian, *Civil Wars* 2.119。
8. Appian, *Civil Wars* 2.115。
9. Nicolaus of Damascus, *Life of Caesar Augustus* 25.92.
10. Nicolaus of Damascus, *Life of Caesar Augustus* 25.94.
11. Velleius Paterculus, *Roman History* 2.58.1–2.
12. Nicolaus of Damascus, *Life of Caesar Augustus* 25.94, cf. 25.91; Plutarch, *Brutus* 18.3.
13. Nicolaus of Damascus, *Life of Caesar Augustus* 25.94; Plutarch, *Caesar* 67.3, cf. *Brutus* 18.7.
14. Nicolaus of Damascus, *Life of Caesar Augustus* 25.94; Plutarch, *Caesar* 67.3, cf. *Brutus* 18.7.
15. Appian, *Civil Wars* 2.119。
16. Cicero, *Philippics* 2.28 and 30; Cassius Dio, *Roman History* 44.20.4.
17. Plutarch, *Caesar* 67.4; Appian, *Civil Wars* 2.119.
18. Cicero, *Letters to Friends* 12.14.
19. T. P. Wiseman, "Some Republican Senators and their Tribes", *Classical Quarterly* 14（1964）：124.
20. 关于马尔库斯·阿奎那乌斯、帕提斯库斯、卢基乌斯·斯塔提乌斯·墨尔库斯和多拉贝拉，请参见 Pelling commentary on *Plutarch Caesar* 67.4, 487–488。
21. Appian, *Civil Wars* 2.118; Cassius Dio, *Roman History* 44.20.2–3.
22. 这个广场占地大约 8 万平方米。卡比托利欧山的最高点海拔大约 49 米。
23. Nicolaus of Damascus, *Life of Caesar Augustus* 25.94.
24. Velleius Paterculus, *History of Rome* 2.58.2, cf. Livy, *Periochae* 116.
25. Tacitus, *Annals* 1.8; Nicolaus of Damascus, *Life of Caesar Augustus* 26a.99.
26. Suetonius, *Julius Caesar* 76.1; Cicero, *Philippics* 13.2.
27. Cicero, *Letters to Atticus* 12.2, trans D. R. Shackleton Bailey, *Cicero: Epistulae ad Familiares: vol. 2, 47–43 BC*（Cambridge and New York: Cambridge University Press, 1977），481.
28. Cicero, *Letters to Friends* 11.27.8.
29. Cicero, *Letters to Atticus* 11.28.
30. Velleius Paterculus, *History of Rome* 2.57.1; cf. Cicero, *Letters to Atticus* 14.22.2.
31. Appian, *Civil Wars* 2.111.1; Cassius Dio, *Roman History* 44.1.1; Florus, *Epitome of Roman History* 2.13.92.
32. Cicero, *Letters to Friends* 6.15.
33. Cicero, *Letters to Friends* 11.5.1.
34. Cicero, *Philippics* 2.32。

35. Plutarch, *Brutus* 18.9–11.
36. Nicolaus of Damascus, *Life of Caesar Augustus* 26a.99.
37. Nicolaus of Damascus, *Life of Caesar Augustus* 26a.99.
38. Plutarch, *Brutus* 18.11.
39. Nicolaus of Damascus, *Life of Caesar Augustus* 26a.99; Plutarch, *Brutus* 18.11, *Caesar* 61.4.
40. Appian, *Civil Wars* 2.122.
41. Plutarch, *Brutus* 18.12; Nicolaus of Damascus, *Life of Caesar Augustus* 26a.100; Appian, *Civil Wars* 2.122.
42. Tacitus, *Dialogue on Oratory* 25.5.
43. Tacitus, *Dialogue on Oratory* 18.5.
44. Tacitus, *Dialogue on Oratory* 21.5, 指布鲁图斯为德奥塔鲁斯国王做的演讲。
45. Appian, *Civil Wars* 2.122, cf. Cassius Dio, *Roman History* 44.21.
46. Nicolaus of Damascus, *Life of Caesar Augustus* 26a.99.
47. Cicero, *Letters to Atticus* 15.11.2.
48. Nicolaus of Damascus, *Life of Caesar Augustus* 17.49.
49. Appian, *Civil Wars* 2.122.
50. Plutarch, *Caesar* 67.7, *Brutus* 13.
51. Nicolaus of Damascus, *Life of Caesar Augustus* 27.100.
52. Cicero, *Letters to Friends* 11.2.2.
53. Plutarch, *Brutus* 18.12–13, cf. Appian, *Civil Wars* 2.121, 126。
54. 例子参见 Eutropius, *Abridgement of Roman History* 10.5。君士坦丁进攻妹夫李锡尼就是滥用这种亲属关系的一个例子。
55. 依据 Appian, *Civil Wars* 2.122。
56. Robert Morstein-Marx, *Mass Oratory and Political Power in the Late Roman Republic*（Cambridge and New York: Cambridge University Press, 2004）, 150–158, esp. 157 在这个问题上有突破性进展。
57. Cicero, *Philippics* 2.89.
58. Cicero, *Letters to Atticus* 14.10.1.
59. Cicero, *Letters to Atticus* 14.10.1.
60. Cornelius Nepos, *Life of Atticus* 8.1, 另请参阅 Tacitus, *Annals* 1.10。关于奈波斯（Nepos）和他的政治，请参见 Cynthia Damon, Nepos, *Life of Atticus*（Bryn Mawr, PA: Thomas Library, Bryn Mawr College, 1993）, 1–2。
61. Cornelius Nepos, *Life of Atticus* 8.1.
62. Appian, *Civil Wars* 2.127.

63. Nicolaus of Damascus, *Life of Caesar Augustus* 26.95.
64. Suetonius, *Julius Caesar* 82.3, 47.
65. Suetonius, *Julius Caesar* 82.3; Appian, *Civil Wars* 2.118.
66. Suetonius, *Julius Caesar* 82.3; Appian, *Civil Wars* 2.118.
67. Nicolaus of Damascus, *Life of Caesar Augustus* 26.97.
68. Nicolaus of Damascus, *Life of Caesar Augustus* 26.97.
69. Suetonius, *Julius Caesar* 82.4.
70. Cassius Dio, *Roman History* 44.52.1. Pseudo-Aurelius Victor, *De viris illustribus* 78.10 称在恺撒葬礼那天太阳没有显现。
71. 事实上，这是表面的日落（比实际的日落时间稍晚了些）。参见 http://www.esrl.noaa.gov/gmd/grad/solcalc/; Nicolaus of Damascus, Life of Caesar Augustus 27.101–102。
72. Elizabeth Rawson, "The Aftermath of the Ides"，载于 J. A. Crook, Andrew Lintott, and Elizabeth Rawson, eds., *The Cambridge Ancient History*, 2nd ed., vol. 9, *The Last Age of the Roman Republic*（Cambridge: Cambridge University Press, 1994）, 468.
73. Nicolaus of Da mascus, *Life of Caesar Augustus* 25.94; Florus, *Epitome of Roman History* 2.17.2.
74. Nicolaus of Damascus, *Life of Caesar Augustus* 27.106; Zonaras, *Epitome of Histories* 10.12（492C）.
75. Cassius Dio, *Roman History* 44.22.2.
76. Nicolaus of Damascus, *Life of Caesar Augustus* 27.103, 106.
77. Nicolaus of Damascus, *Life of Caesar Augustus* 26.106.
78. 位于奥比安山（Oppian）和韦利亚山（Velian）之间鞍部的罗马广场东北部，大致就在今天的罗马斗兽场地铁站和圣伯多禄锁链堂（San Pietro in Vincoli）之间。
79. 或者可能因为这里的地势看起来很像一排倒置的船。参见 Lawrence Richardson, *A New Topographical Dictionary of Ancient Rome*（Baltimore: Johns Hopkins University Press, 1992）, 71.
80. Appian, *Civil Wars* 2.124。关于会议的细节，另见 Nicolaus of Damascus, *Life of Caesar Augustus* 27.106。
81. Cicero, *Letters to Atticus* 14.1.1, 14.9.3.
82. Cicero, *Letters to Atticus* 16.4.2.
83. Cassius Dio, *Roman History* 44.34.5–6.
84. Appian, *Civil Wars* 2.124.
85. Appian, *Civil Wars* 2.125, 134.
86. Appian, *Civil Wars* 2.125.
87. Plutarch, *Antony* 15；大概相当于 2500 万第纳里乌斯或 1 亿塞斯特斯。参见 Plutarch,

Cicero 43.8; Appian, *Civil Wars* 3.17; Christopher Pelling, *Life of Antony/Plutarch* (Cambridge and New York: Cambridge University Press, 1988), commentary ad loc., 155。

88. Appian, *Civil Wars* 2.126; Cicero, *Letters to Atticus* 14.14.2, *Philippics* 2.89.
89. Nicolaus of Damascus, *Life of Caesar Augustus* 17.49, 27.103.
90. Nicolaus of Damascus, *Life of Caesar Augustus* 17.49.
91. 斯普利乌斯·卡西乌斯·维奇里努斯（Spurius Cassius Vicellinus），公元前485年被处死。
92. 或者可能是讽喻性表述。Varro, *On Agriculture* 1.2.1; Lawrence Richardson, *A New Topographical Dictionary of Ancient Rome* (Baltimore: Johns Hopkins University Press, 1992), 379.
93. 关于以下段落中的要点，请参见 Appian, *Civil Wars* 2.126–35; Cassius Dio, *Roman History* 44.22–34。
94. 与从前不同，该省现在包括法国中部和北部及比利时，但不包括普罗旺斯或马赛，这两个地方现在是分开的。
95. Suetonius, *Tiberius* 4.1.
96. Appian, *Civil Wars* 2.131.
97. Cicero, *Philippics* 1.1; Cassius Dio, *Roman History* 44.22–34; Plutarch, *Cicero* 42.3; Livy, *Periochae* 116.4.
98. Cicero, *Letters to Atticus* 13.37.2.
99. Appian, *Civil Wars* 2.135.
100. Cicero, *Philippics* 1.3, 2.91.
101. Cicero, *Philippics* 2.90–92.
102. Cicero, *Letters to Atticus* 14.10.1, 14.14.2; *Philippics* 1.1.
103. Appian, *Civil Wars* 2.141.
104. Appian, *Civil Wars* 2.137–42.
105. Cicero, *Letters to Atticus* 15.1a.2.
106. Cassius Dio, *Roman History* 44.34.5.
107. Appian, *Civil Wars* 2.142.
108. Cassius Dio, *Roman History* 44.34.3.
109. Cassius Dio, *Roman History* 44.34.3.
110. Appian, *Civil Wars* 2.142; Joel Allen, *Hostages and Hostage-Taking in the Roman Empire* (Cambridge: Cambridge University Press, 2006), 47–48.
111. Appian, *Civil Wars* 2.142.
112. Cassius Dio, *Roman History* 44.35.1; Livy, *Periochae* 116.4.
113. Cassius Dio, *Roman History* 44.34.7.

第十章 葬礼记忆

1. Plutarch, *Brutus* 20.1; Appian, *Civil Wars* 2.135–36; Suetonius, *Julius Caesar* 83.1。
2. Cicero, *Letters to Atticus* 14.10.1, 14.14.3.
3. Appian, *Civil Wars* 2.134.
4. Suetonius, *Julius Caesar* 83.2; Nicolaus of Damascus, *Life of Caesar Augustus* 17.48; Appian, *Civil Wars* 2.143; Cassius Dio, *Roman History* 44.35.2。
5. Nicolaus of Damascus, *Life of Caesar Augustus* 17.49.
6. Nicolaus of Damascus, *Life of Caesar Augustus* 17.50.
7. Caesar, *Gallic War* 6.19.4。
8. Nicolaus of Damascus, *Life of Caesar Augustus* 17.48.
9. Appian, *Civil Wars* 1.105–106; Plutarch, *Sulla* 36–38. 就苏拉的葬礼，参见 Arthur Keaveney, *Sulla: the Last Republican*, 2nd ed.（London and New York: Routledge, 2005），174–176; 论及"香尸"苏拉，参见 Adrienne Mayor, *The Poison King: The Life and Legend of Mithradates, Rome's Deadliest Enemy*（Princeton, NJ: Princeton University Press, 2010），256。
10. Suetonius, *Julius Caesar* 6.
11. Cicero, *For Milo* 33, 90; Asconius, *Commentary on Cicero's "For Milo"* 33, 42C; Cassius Dio, *Roman History* 40.49.3; Geoffrey S. Sumi, "Power and Ritual: The Crowd at Clodius' Funeral", *Historia: Zeitschrift für Alte Geschichte* 46.1（1997）: 80–102; W. Jeffrey Tatum, *The Patrician Tribune: Publius Clodius Pulcher*（Chapel Hill: University of North Carolina Press, 1999），241.
12. http://www.archaeology.org/news/1694-140106-roman-wax-masks-funeral，http://news.yahoo.com/uncannily-lifelike-roman-masks-recreated-wax-180427165.html.
13. Appian, *Civil Wars* 2.143.
14. Appian, *Civil Wars* 2.143.
15. Cicero, *Philippics* 2.91; Appian, *Civil Wars* 2.143–146; Plutarch, *Antony* 13.3; Cassius Dio, *Roman History* 44.35.4–50.
16. Suetonius, *Julius Caesar* 84.2.
17. Appian, *Civil Wars* 2.143–146.
18. Appian, *Civil Wars* 2.146; H. I. Flower, *Ancestor Masks and Aristocratic Power in Roman Culture*（Oxford: Oxford University Press, 2000），125–126.
19. Suetonius, *Julius Caesar* 84.2.
20. Shakespeare, *Julius Caesar* 3.28.83, 124, 151, 153.
21. Cassius Dio, *Roman History* 44.50.2–3; Appian, *Civil Wars* 2.148 中称是朱庇特的祭司阻止了他们。

22. Suetonius, *Julius Caesar* 84.3.
23. Cicero, *Letters to Atticus* 14.10.2.
24. Cicero, *Philippics* 2.91.5.
25. Plutarch, *Caesar* 68.2–3, *Brutus* 20.5–6; Suetonius, *Julius Caesar* 85; Cassius Dio, *Roman History* 44.50.4; Appian, *Civil Wars* 2.147; Valerius Maximus, *Memorable Deeds and Sayings* 9.9.
26. Cassius Dio, *Roman History* 44.52.3.
27. Cicero, *Philippics* 2.91.4.
28. Cicero, *Philippics* 2.91.2.
29. Cicero, *For Sextus Roscius Amerinus* 84; *For Milo* 32.
30. Suetonius, *Julius Caesar* 84.5, Carlotta Scantamburlo 随后翻译为意大利语并评注, *Suetonio, Vita di Cesare, Introduzione, traduzione e commento*（Pisa: Edizioni Plus, Pisa University Press, 2011）。
31. Cassius Dio, *Roman History* 44.51.1.
32. Cicero, *Philippics* 13.11.25.
33. Appian, *Civil Wars* 2.143, 146.
34. Cicero, *Letters to Friends* 11.1.
35. Cicero, *Letters to Friends* 11.1.1.
36. Cicero, *Letters to Friends* 11.1.3.
37. Cicero, *Letters to Friends* 11.1.6.
38. Cicero, *Letters to Friends* 11.10.1, 11.11.2, 11.14.2（西塞罗引用了德奇姆斯写给诋毁者的信中的话）; cf. 11.4.1。
39. Cicero, *Letters to Friends* 11.13a.2.
40. 见 Liva Baker, *The Justice from Beacon Hill: The Life and Times of Oliver Wendell Holmes*（New York: HarperCollins, 1991）, 90–91.

第十一章　为意大利而战

1. 屋大维从阿波罗尼亚向布林迪西的转移, 参见 Nicolaus of Damascus, *Life of Caesar Augustus* 16.38–18.57。
2. Nicolaus of Damascus, *Life of Caesar Augustus* 16.38–39.
3. Appian, *Civil Wars* 3.24.
4. Nicolaus of Damascus, *Life of Caesar Augustus* 16.41, 17.46; Velleius Paterculus, *History of Rome* 2.59.5.
5. Nicolaus of Damascus, *Life of Caesar Augustus* 16.42.

6. Nicolaus of Damscus, *Life of Caesar Augustus* 18.51.
7. Cicero, *Letters to Atticus* 15.11.2; *Philippics* 2.34.
8. 这桩婚姻似乎不太可能发生。参见 Richard D. Weigel, *Lepidus: The Tarnished Triumvir* (London: Routledge, 1992), 47–48。
9. 关于纪念柱和祭坛，我同意 Geoffrey S. Sumi, "Topography and Ideology: Caesar's Monument and the Aedes Divi Iulii in Augustan Rome", *Classical Quarterly* 61.1 (2011): 205–219 的论证。主要的史料有：Cassius Dio, *Roman History* 44.55.1; Suetonius, *Julius Caesar* 84.5, 85; Cicero, *Philippics* 1.5。
10. Cicero, *Letters to Atticus* 16.8.1, 16.14.1, 16.15.3.
11. Nicolaus of Damascus, *Life of Augustus* 28.108, cf. Appian, *Civil Wars* 3.28; Cassius Dio, *Roman History* 45.6.5.
12. Plutarch, *Brutus* 21.1.
13. Cicero, *Letters to Atticus* 12.19.
14. Nepos, *Atticus* 8.1–3.
15. Cicero, *Letters to Atticus* 11.2.1, end of May.
16. Cicero, *Letters to Atticus* 15.11; 另见 15.12。
17. Cicero, *Letters to Atticus* 15.16.
18. Cicero, *Letters to Atticus* 15.11.2.
19. 例如 Cicero, *Letters to Atticus* 15.10–12。
20. Cicero, *Letters to Atticus* 16.4.1–2.
21. Cicero, *Letters to Friends* 11.3.1.
22. Cicero, *Letters to Friends* 11.3.2.
23. Cicero, *Letters to Friends* 11.3.4.
24. Velleius Paterculus, *History of Rome* 2.62.3.
25. Plutarch, *Brutus* 23.
26. Appian, *Civil Wars* 3.49; Cicero, *Letters to Friends* 10.24.3, 该书记述，第二军团在公元前 43 年时便已拥有两年作战经验。
27. Cicero, *Letters to Friends* 11.4.
28. Cicero, *Letters to Friends* 11.4, 6.
29. Cicero, *Letters to Friends* 11.6.
30. Cicero, *Letters to Friends* 11.6a.1–2, 11.8.1.
31. Cicero, *Letters to Friends* 11.8.1.
32. Cicero, *Letters to Friends* 11.4.3.
33. Cicero, *Letters to Atticus* 15.13.2, 16.11.5.
34. Cicero, *Philippics* 4.8–9.

35. *Res gestae divi Augusti*（《神圣奥古斯都的功业》）1.1。
36. Appian, *Civil Wars* 3.48.
37. Cassius Dio, *Roman History*, 45.14–15.
38. Cicero, *Letters to Brutus* 1.4a.2–3.
39. Cicero, *Letters to Brutus* 1.10.1,5; 1.12.2; 1.14.2.
40. Cicero, *Philippics* 13.13.
41. Appian, *Civil Wars* 3.49; Jürgen Malitz, *Nikolaos von Damaskus, Leben des Kaisers Augustus*, edited, translated, with a commentary (Darmstadt, Germany: Wissenschaftliche Buchgesell schaft, 2003) 172, n. 327.
42. Cicero, *Letters to Friends* 11.8.
43. Appian, *Civil Wars* 3.64.
44. Cicero, *Letters to Friends* 12.16.4.
45. Cassius Dio, *Roman History* 46.36.1–5, 37.3–5; cf. Cicero, *Philippics* 8.7.20; Frontinus, *Strategems* 3. 13.7–8; Pliny, *Natural History* 10.110.
46. Frontinus, *Strategems* 3.14.3–4.
47. Cicero, *Letters to Brutus* 2.1; *Letters to Friends* 12.6.2.
48. 该战役的资料来源于 Cicero, *Letters to Friends* 10.30; Appian, *Civil Wars* 3.66–70; Cassius Dio, *Roman History* 46.37.1–7。
49. Appian, *Civil Wars* 3.68.
50. Cicero, *Letters to Friends* 10.30.
51. Caesar, *Gallic War* 3.1–6.
52. 该战役的资料来源于 Appian, *Civil Wars* 3.71–72; Cassius Dio, *Roman History* 46.38; Suetonius, *Augustus* 10.4; Plutarch, *Antony* 17.1。
53. Suetonius, *Augustus* 10.4.
54. Suetonius, *Augutus* 10.4.
55. Cicero, *Letters to Brutus* 1.15.8.
56. Appian, *Civil Wars* 3.73.
57. Cicero, *Letters to Friends* 11.13.1.
58. Cicero, *Letters to Friends* 11.10.4.
59. Cassius Dio, *Roman History*, 45.14–15.
60. Cicero, *Letters to Friends* 11.10.4.
61. "laudandum adulescentem, ornandum, tollendum" , Cicero, *Letters to Friends* 11.20.1.
62. Cicero, *Letters to Friends* 11.10.5. 参见 Crawford, *Roman Republican Coinage*, vol. 2: 697。
63. Cicero, *Letters to Brutus* 1.10.2.
64. Cicero, *Letters to Friends* 11.9.1.

65. Cicero, *Letters to Friends* 11.11.2.
66. Cicero, *Letters to Brutus* 1.14.2; Cassius, *Letters to Friends* 12.9.2.

第十二章　报仇雪耻

1. Cicero, *Letters to Atticus* 15.13.4.
2. Cicero, *Letters to Brutus* 1.4a.3.
3. Plutarch, *Brutus* 53.5–7 版本比 Valerius Maximus, *Memorable Deeds and Sayings* 4.6.5 和 Appian, *Civil Wars* 4.136 耸人听闻的自杀描述更可信。
4. Cicero, *Letters to Brutus* 1.9.2.
5. Cicero, *Letters to Brutus* 1.18.1–2.
6. Cicero, *Letters to Brutus* 1.13.1.
7. Suetonius, *Augustus* 26.1, cf. Cassius Dio, *Roman History* 46.43.4.
8. 他就是西里西乌斯·科罗纳（Silicius Corona）。Cassius Dio, *Roman History* 46.49.5; Appian, *Civil Wars* 3.95。
9. Cicero, *Letters to Atticus* 15.11.2; Nepos, *Atticus* 11.
10. Cassius Dio, *Roman History* 47.8.4.
11. Velleius Paterculus, *History of Rome* 2.14.3.
12. Appian, *Civil Wars* 3.98; Livy, *Periochae* 120; Velleius Paterculus, *History of Rome* 2.64.1; Valerius Maximus, *Memorable Deeds and Sayings* 4.7.6, 9.13.3; Cassius Dio, *Roman History* 46.53.3, cf. Seneca, *Letters to Lucilius* 82.12.
13. Cicero, *Philippics* 5.5; 阿庇安声称卡西乌斯也有类似的评论，Appian, *Civil Wars* 4.99。
14. Cassius Dio, *Roman History* 7.32.2.
15. Plutarch, *Brutus* 28.1.
16. Plutarch, *Brutus* 28.2.
17. Appian, *Civil Wars* 4.76–82 的描写比 Plutarch, *Brutus* 30–32 的亲布鲁图斯的公关版本更具说服力。
18. Appian, *Civil Wars* 4.88, 108; 参见 Adrian Goldsworthy, *Antony and Cleopatra*（New Haven, CT: Yale University Press, 2010），252。
19. Appian, *Civil Wars* 4.98.
20. Appian, *Civil Wars* 4.100.
21. Cassius Dio, *Roman History* 47.42.5.
22. Appian, *Civil Wars* 4.99.
23. Appian, *Civil Wars* 4.99.
24. 见 M. H. Crawford, *Roman Republican Coinage*（London and New York: Cambridge

University Press, 2001), vol. 1: 513–518, nos. 498–508; cf. 100; vol. 2: 741。

25. Crawford, *Roman Republican Coinage*, vol. 1: 518, no. 507/2; cf. 100; vol. 2: 741.
26. Crawford, *Roman Republican Coinage*, vol. 1: 518, no. 508/3; cf.100; vol. 2: 741.
27. Cassius Dio, *Roman History* 47.25.3, Loeb 翻译。
28. Cicero, *Philippics* 13.23; 2.31; 就携带匕首的人，另见 Suetonius, *Julius Caesar* 72。
29. Plutarch, *Brutus* 36, 关于幻影的第二次显现见 48.1。Shakespeare, *Julius Caesar* 4.2.325–336 中让布鲁图斯在战斗前夜看见了恺撒的幽灵，但史料记载并非如此。
30. Valerius Maximus, *Memorable Deeds and Sayings* 1.8.8.
31. Plutarch, *Brutus* 29.9.
32. 关于这次战役的史料有 Appian, *Civil Wars* 4.109–131; Cassius Dio, *Roman History* 47.42.1–49.4; Plutarch, *Brutus* 40–52。
33. Velleius Paterculus, *History of Rome* 2.71.1–2.
34. Cassius Dio, *Roman History* 47.41.3.
35. 就卡西乌斯的死，参见 Plutarch, *Brutus* 43; Appian, *Civil Wars* 4.113–14; Cassius Dio, *Roman History* 47.46.2–5。
36. 尽管第一次腓立比战役的日期存在争议，但史料称那天是卡西乌斯的生日。Plutarch, *Brutus* 40.4; Appian, *Civil Wars* 4.113.
37. Appian, *Civil Wars* 4.114.
38. Plutarch, *Comparison of Dion and Brutus* 3.1–2; Velleius Paterculus, *History of Rome* 2.72.2.
39. Plutarch, *Brutus* 50–52; Appian, *Civil Wars* 4.131; Cassius Dio, *Roman History*, 47.49.1–2; see Clarke, *The Noblest Roman*, 70–72.
40. Velleius Paterculus, *History of Rome*, 2.71.1–2.
41. Horace, *Odes* 7.2.11。关于贺拉斯与布鲁图斯的美德，见 John Moles, "Politics, Philosophy, and Friend ship in Horace: Odes 2,7", 载于 William S. Anderson, ed., *Why Horace? A Collection of Interpretations*（Wauconda, IL: Bolchazy-Carducci, 1999）, 130–142。
42. Plutarch, *Brutus* 1.2–3.
43. Plutarch, *Brutus* 53.4.
44. Appian, *Civil Wars* 4.135; Suetonius, *Augustus* 13.1; Cassius Dio, *Roman History* 47.49.2.
45. Shakespeare, *Julius Caesar* 5.5.69.
46. Plutarch, *Brutus* 29.7.
47. Plutarch, *Brutus* 29.10–11.
48. 参见 Josiah Osgood, *Caesar's Legacy: Civil War and the Emergence of the Roman Empire*（Cambridge and New York: Cambridge University Press）, 108–151。

49. Suetonius, *Augustus* 15.
50. Suetonius, *Julius Caesar* 89.
51. Cassius Dio, *Roman History* 51.8.2–3; Valerius Maximus, *Memorable Deeds and Sayings* 1.1.19.
52. Velleius Paterculus, *History of Rome* 2.87.3; Valerius Maximus, *Memorable Deeds and Sayings* 1.7.7.
53. Horace, *Epistles* 1.4.3。
54. Suetonius, *Augustus* 4.2; Kenneth Scott, "The Political Propaganda of 44–30 b.c.", *Memoirs of the American Academy in Rome* 11（1933）: 13–16.
55. Velleius Paterculus, *History of Rome* 2.87.3.

第十三章　奥古斯都

1. Cassius Dio, *Roman History* 51.21.
2. 克利奥帕特拉·塞琳娜（Cleopatra Selene）和亚历山大·赫利俄斯（Alexander Helios），书中没有提及第三个孩子托勒密·斐勒达奥弗乌斯（Ptolemy Philadelphus），推测已经夭折。Cassius Dio, *Roman History* 51.21.8.
3. Arius in Plutarch, *Antony* 81.2.
4. Cassius Dio, *Roman History* 51.22; Augustus, *Res Gestae* 19.
5. Cassius Dio, *Roman History* 47.18.6. 恺撒实际上是在 7 月 13 日出生的，但是这一天与一年一度的阿波罗节冲突。
6. Cassius Dio, *Roman History* 51.19.3. 参见 Jerzy Linderski, "The Augural Law", 载于 Hildegarde Temporini, ed., *Aufstieg und Niedergang der römischen Welt* 2.16（1986）: 2187–2188。
7. Suetonius, *Julius Caesar* 88; Cassius Dio, *Roman History* 47.19.1.
8. Suetonius, *Julius Caesar* 88, *Augustus* 31; Cassius Dio, *Roman History* 47.19; Eva Margareta Steinby, ed., *Lexicon Topographicum Urbis Romae*（Rome: Edizioni Quasar, 1993）, vol. 1: 334–335.
9. Shakespeare, *Julius Caesar*, 3.2.75–76。
10. "Se vogliamo che tutto rimanga come è, bisogna che tutto cambi", *Giuseppe Tomasi di Lampedusa, Il Gattopardo*, 1. ed. in "Le comete".
11. 因此，我们可以从德奇姆斯在大马士革的尼古劳斯心目中的重要性来判断，尼古劳斯受到了奥古斯都回忆录的影响。
12. Seneca, *Letters to Lucilius* 10.82.12.
13. 普布利乌斯·沃伦尼乌斯、恩庇卢斯、阿西尼乌斯·波利奥，卢基乌斯·塞斯提乌斯（Lucius Sestius）和毕布卢斯。见 Ramsay MacMullen, *Enemies of the Roman Order*, 18；关于毕布卢斯，参见 Plutarch, *Brutus* 13.
14. Plutarch, *Comparison of Dion and Brutus* 5.
15. Tacitus, *Annals* 3.76.
16. 关于她的年龄，参见 L. Hayne, "M. Lepidus and His Wife", *Latomus* 33（1974）: 76 and n. 4。

致 谢
ACKNOWLEDGMENTS

对于被我请求过、打扰过、寻求过帮助的人,"感激"一词完全不足以表达我的情感。本书的优秀归于他们,瑕疵无疑全在我自身。

我深深地感激阅读了所有或部分手稿的朋友、学生和同事:戴维·布洛梅(David Blome)、朱迪丝·杜普雷(Judith Dupré)、迈克尔·方丹(Michael Fontaine)、克里斯托弗·哈珀(Christopher Harper)、阿德里安娜·梅厄(Adrienne Mayor)、J.金伯尔·麦克奈特(J.Kimball McKnight)、亚当·莫格隆斯基(Adam Mogelonsky)、雅各布·纳贝尔(Jacob Nabel)、艾多·内塔尼亚胡(Iddo Netanyahu)、乔尔·鲁丁(Joel Rudin)、马修·西尔斯(Matthew Sears)、蒂莫西·索格(Timothy Sorg)和雅各布·沃恩(Jacob Vaughan)。他们向我提出了十分宝贵的建议。

皇家炮兵部队的陆军中校(已退休)蒂莫西·威尔逊(Timothy Wilson)提供了专业的军事建议,他谦逊地将对我的帮助称作"为我的福尔摩斯扮演华生",其实远不止于此。

众多学者从百忙之中抽出时间与我见面,详细讨论他们研究的方方面面。其中,我要特别感谢的是安妮塔·亚历山德里迪斯(Annetta Alexandridis)、玛格丽特·安德鲁斯（Margaret Andrews）、伊丽莎白·巴特曼（Elizabeth Bartman）、阿瑟·埃克斯坦（Arthur Eckstein）、哈里特·弗劳尔（Harriet Flower）、凯瑟琳·格利森（Kathryn Gleason）、伊丽莎白·麦考利–刘易斯（Elizabeth Macaulay–Lewis）、斯特尔特·曼宁（Sturt Manning）、约西亚·欧博（Josiah Ober）、詹姆斯·帕克（James Packer）和巴里·温格斯特（Barry Weingast）。

科尔多瓦大学的安东尼奥·蒙特罗索（Antonio Monterroso）教授在罗马友好地接待了我，并在恺撒被刺的地方与我讨论了他的作品。哥伦比亚大学癫痫与睡眠部主任卡尔·巴济尔博士（医学博士和哲学博士）亲切地回答了我就癫痫和恺撒可能出现的身体状况提出的问题。布鲁克·曼维尔（Brook Manville）与我兴奋地聊了多次关于古代与现代的领导力的问题。戴维·布洛梅提供了战刀方面的专家意见。我非常感激联合大学的马克·托赫教授让我分享了他尚未发表的资料。

雅各布·纳贝尔和塞尔汗姆·京格尔（Serham Güngör）是我赴法国拜谒恺撒战事遗址时刚毅无畏的旅伴，在这里和土耳其，我们还得到了安德烈·比戈特（André Bigotte）的帮助。洛伦佐·加斯佩罗尼（Lorenzo Gasperoni）、詹卡洛·布里吉（Giancarlo Brighi）和意大利"切塞纳特雷森都利亚协会"（Terre Centuriate association of Cesena）友好地安排我参观了卢比孔河三处可能的遗址（其认同存在争议），以及罗马人在今日的切塞纳外围测量部署的地域方格网——这里很可能就是恺撒在渡过卢比孔河前夜迷路的地方（见苏维托尼乌斯《尤利乌斯·恺撒》31.2），谁又能说得清呢？史蒂文·埃利斯（Steven Ellis）与我一同参观了"罗马阿根廷剧场"（Rome's Teatro Argentina）的地下室，多亏了他的考古学知识，帮助我弄懂了庞培柱廊的基础结构。约翰·瓜尔（John Guare）、丹尼尔·P.雅各布森（Daniel P. Jacobson）及他的妻子卢·雅各布森（Lou Jacobson）与我一道完成了一次永生难忘的对银塔广场（Largo Argentina）废墟的探访。卡罗尔·沃肖斯基

（Karol Warshawsky）提供了慷慨的款待。

通过喝咖啡、通电话、发电邮甚至写信，诸多朋友、学生和同事与我分享了他们的专业知识和智慧，特别是斯蒂芬·阿什利（Stephen Ashley）、帕特里克·贝克（Patrick Baker）、桑德拉·伯恩斯坦（Sandra Bernstein）、艾玛·布莱克（Emma Blake）、杰弗里·布兰卡德（Jeffrey Blanchard）、尼基·博南尼（Nikki Bonanni）、乔凡尼·布里兹（Giovanni Brizzi）、米凯拉·德贝纳丁（Michela De Benardin）、安娜·切伦扎（Anna Celenza）、阿黛尔·查特菲尔德-泰勒（Adele Chatfield-Taylor）、克里斯托弗·克里斯托夫（Christopher Christoff）、戴维·德罗埃（David DesRosiers）、拉比·莫迪凯·迪纳曼（Rabbi Mordechai Dinerman）、洛朗·费里（Laurent Ferri）、乔瓦尼·焦尔吉尼（Giovanni Giorgini）、肖恩·戈德史密斯（Shawn Goldsmith）、斯蒂芬·格林布拉特（Stephen Greenblatt）、伊丽莎白·哈珀（Elizabeth Harper）、理查德·霍奇斯（Richard Hodges）、阿莱格拉·霍奇斯（Allegra Hodges）、阿莱格拉·亚弗拉特（Allegra Iafrate）、唐纳德·卡根（Donald Kagan）、卡尔·柯奇韦（Karl Kirchwey）、埃里克·康德拉季耶夫（Eric Kondratieff）、布兰达·朗费罗（Brenda Longfellow）、德怀特·麦克勒莫尔（Dwight McLemore）、凯思琳·米尔恩（Kathryn Milne）、伊恩·莫里斯（Ian Morris）、克劳迪娅·莫泽（Claudia Moser）、沃勒和杰基·纽厄尔（Waller and Jackie Newell）、简·帕克（Jan Parker）、卡瑟琳·彭纳（Catherin Penner）、埃里克·勒比亚尔（Eric Rebillard）、安德鲁·罗伯茨（Andrew Roberts）、考特尼·罗比（Courtney Roby）、克劳迪娅·罗赛特（Claudia Rosett）、罗伯特·朔恩（Robert Schon）、伊丽莎白和杰夫·舒尔特（Elizabeth and Jeff Shulte）、拉比·伊莱·西尔伯斯坦（Rabbi Eli Silberstein）、拉米·塔戈夫（Ramie Targoff）、戴维·蒂加登（David Teegarden）、罗伯·滕皮奥（Rob Tempio）、克里斯蒂安·文特（Christian Wendt）、莉拉·亚恩（Lila Yawn）、比尔·瑟尔（Bill

Zeiser)和M.西奥多拉·泽梅克（M. Theodora Zemek）。

能与如此优秀的学生、同事和康奈尔大学历史与古典系的职员们合作是我的荣幸。我衷心感谢康奈尔大学约翰·M.奥林（John M. Olin）图书馆提供的帮助。

我要对罗马美国学院表示深深的感谢，特别是现任和前任的负责人金伯利·鲍斯（Kimberly Bowes）和克里斯托弗·切伦扎（Christopher Celenza），是他们接纳我作为2012年和2013年的住客和访问学者。该学院是写作本书的理想之地。在学院的帮助下，得益于罗马文化遗产监管局（Soprintendenza Speciale per i beni archeologici di Roma）、梵蒂冈博物馆和罗马阿根廷剧场，我得以走访多个遗址，目睹了在其他情况下不可能对我开放的诸多物件。我还要感谢J.保罗·盖提博物馆（J. Paul Getty Museum），在这里，我得以查看各种各样的物品。

苏珊娜·朗（Suzanne Lang）提供了（军事）后勤学和文献方面的帮助。山姆·莫格隆斯基（Sam Mogelonsky）重新设计了我的网站，拉里·莫格隆斯基（Larry Mogelonsky）负责维护。

就西蒙与舒斯特（Simon & Schuster）出版社来说，我要感谢我的编辑鲍勃·本德（Bob Bender），他的智慧、判断和理智唯有他的支持、慷慨和幽默感能与之相匹。我还要感谢他的助手约翰娜·李（Johanna Li），项目在她的不断呵护下得以顺利完成。我的文稿代理人凯西·赫明（Cathy Hemming）始终与我如影相随，提供正确的建议、专业的知识和友谊。

一如既往地，我还要感谢我家人的帮助和支持，感激他们付出的耐心，对他们来说，这些年来的每一天都如同3月15日一般。

最后，我要感谢我的妻子玛西娅（Marcia）。在整个创作过程中，她一直伴我左右，在我眼中，这本书既是我的，也是她的。

译后记
TRANSLATION POSTSCRIPT

历时大半年的翻译终于结束了。翻译，于我而言，是件苦乐参半的活儿，苦苦乐乐，苦尽甘来。难说我以后还会不会继续做翻译。

翻译非创作，但却是再创作。翻译讲求"信、达、雅"，关乎译者对原文的理解、领会和把握，更重要的是译者的文化学养和语言素养。翻译有法，但无定法，故而，见仁见智。在我的译作中，虽有神来之笔，却也不乏老旧套路，甚至难免愚拙之处。借作者巴里·施特劳斯之言，"瑕疵无疑全在我自身"，故而，热忱欢迎同行和读者们批评指正。

本书从表面上看是一个谋杀故事；深层地说，它集中反映了罗马共和国晚期各种政治主张、各大利益集团之间的矛盾与冲突、博弈及其后果。

恺撒这个名字几乎家喻户晓。作为终身独裁官和一代政治、军事伟人，是他奠定了后来那个无比强大而高度繁荣的罗马帝国的根基。四处的征战，为罗马带来了巨大的物质财富，使罗马的疆域得到了极大的拓展。他建立的丰功伟绩，成就了他极高的个人威望，也让他产生了成为君主的梦想，也正是这种君主欲望导致了共和派的极度不安。于是，在"阴谋家之友"西塞罗等人的支持下，作为精英共和派典型代表的布鲁图斯鼓动了部分元老院成员，精心设计了一场刺杀，并且大功告成。从伦理上看，作为晚辈的布鲁图斯一直得到恺撒的器重和提携，照理应该心怀感激，不该向恩人下"毒手"，这是"不仁不义"；但在具有强烈共和情怀的布鲁图斯本人来说，恺撒的"称王"严重背离了自己的共和主张，自己是"替天行道"（或许借亚里士多德的句式：爱恺撒，更爱共和），此为"大仁大义"。客观地说，在那个时代，共和已经成为浩浩荡荡的历史潮流，而君主制和寡头制早已丧失了正当性和合理性。试想，如果没有布鲁图斯"阴谋集团"的坚守和（后来的）牺牲，西方的共和传统会不会就此夭折，这种可能性不能说没有。正是因为布鲁图斯采取的这一极端行为向后来怀有君主梦想的政治野心家敲响警钟，也正是恺撒的前车之鉴，屋大维才有所忌惮，没有为所欲为。虽然布鲁图斯集团在与后来的后三头同盟（安东尼、屋大维和李必达）的对抗中覆灭，但他们的矛盾和冲突（总体上）没有导致罗马城内发生暴力革命，相反，成就了一个伟大帝国的诞生。后来的帝国虽为帝制，但元老院的权力依然得到了良好的维护，这倒有几分类似后来的"君主立宪制"。

有人说，希腊是一个松散的文化共同体，罗马是一个强大的政治共同体。前者提出了共和的伟大构想，后者践行了这一伟大的构想，使共和思想形成价值和规范，深入人心。任何君主意识和君主欲望，无一不因受到民意和制度的抑制而难成气候。这一点不能不说为后世的西方留下了宝贵的政治遗产，堪称西方之幸。此外，西方文明基因中的好战与共和（民主）、精英政治与平民主义，西方人对非西方人的态度、暴力与妥协……如此等等，一切皆能从《恺撒之死》这个历史的万花筒中得以管窥。我以为，这可能也是这部伟大作品的重要价值之一。总之，有100个读者，就有100个"哈姆雷特"。对此书如何解读、如何欣赏，全赖读者的兴趣和审美。

作为世界古典学大师级学者的巴里·施特劳斯，他以严谨的治学态度，不辞辛劳，多方考察求证，所完成的著述堪称杰作。作者以他的《恺撒之死》向莎士比亚的《尤利乌斯·恺撒》致敬；我能为这部作品做些译介，也是幸事。此外，在翻译过程中，幸得多位师友、同行从旁帮助及鼓励，在此致以衷心的感谢。

苏前辉
2018 年 9 月 10 日

图书在版编目（CIP）数据

恺撒之死 /（美）巴里·施特劳斯著；苏前辉译
. —北京：北京联合出版公司，2020.4
　　ISBN 978-7-5596-2810-7

Ⅰ.①恺… Ⅱ.①巴… ②苏… Ⅲ.①古罗马—古代史—通俗读物 Ⅳ.①K126-49

中国版本图书馆CIP数据核字（2018）第264100号

Simplified Chinese Translation copyright by Beijing United Publishing Co., Ltd.
THE DEATH OF CAESAR: The Story of History's Most Famous Assassination
Original English Language edition Copyright © 2015 by Barry Strauss
All rights reserved.
Published by arrangement with the original publisher, Simon & Schuster, Inc.

Simplified Chinese edition copyright © 2020 by Beijing United Publishing Co., Ltd.
All rights reserved
本作品中文简体字版权由北京联合出版有限责任公司所有

恺撒之死

作　　者：［美］巴里·施特劳斯（Barry Strauss）
译　　者：苏前辉
出版监制：刘　凯　马春华
选题策划：联合低音
责任编辑：闻　静
封面设计：何　睦

关注联合低音

北京联合出版公司出版
（北京市西城区德外大街83号楼9层　100088）
北京联合天畅文化传播公司发行
北京华联印刷有限公司印刷　新华书店经销
字数269千字　787毫米×1092毫米　1/16　21印张
2020年4月第1版　2020年4月第1次印刷
ISBN 978-7-5596-2810-7
定价：60.00元

版权所有，侵权必究
未经许可，不得以任何方式复制或抄袭本书部分或全部内容
本书若有质量问题，请与本公司图书销售中心联系调换。电话：（010）64258472-800